全国高等院校旅游专业规划教材

生态旅游与可持续发展

冯凌 梁晶 编著

北京·旅游教育出版社

责任编辑：刘彦会

图书在版编目（CIP）数据

生态旅游与可持续发展 / 冯凌，梁晶编著. -- 北京：旅游教育出版社，2018.12
全国高等院校旅游专业规划教材
ISBN 978-7-5637-3869-4

Ⅰ．①生… Ⅱ．①冯… ②梁… Ⅲ．①生态旅游－可持续性发展－高等学校－教材 Ⅳ．①F590.75

中国版本图书馆CIP数据核字（2018）第269847号

全国高等院校旅游专业规划教材
生态旅游与可持续发展
冯凌　梁晶　编著

出版单位	旅游教育出版社
地　　址	北京市朝阳区定福庄南里1号
邮　　编	100024
发行电话	（010）65778403　65728372　65767462（传真）
本社网址	www.tepcb.com
E - mail	tepfx@163.com
排版单位	北京旅教文化传播有限公司
印刷单位	天津雅泽印刷有限责任公司
经销单位	新华书店
开　　本	710毫米×1000毫米　1/16
印　　张	14
字　　数	224千字
版　　次	2018年12月第1版
印　　次	2018年12月第1次印刷
定　　价	29.00元

（图书如有装订差错请与发行部联系）

前　言

可持续发展的思想起源于西方社会的20世纪50年代开始的环境保护运动，旨在解决世界范围内由人口爆炸和消费增长所引起的生态退化、环境污染、资源短缺等一系列全球性环境问题。从1987年由联合国环境与发展委员会在《我们共同的未来》中明确提出这一概念，到1992年在联合国环境与发展大会上各国对此达成共识后，可持续发展的思想迅速向社会各个领域渗透，掀起了一场世界范围内可持续发展研究和实践的风潮。

旅游业已经成为当今全球第一大产业。随着旅游产业规模日益壮大和人们的消费水平不断提高，旅游活动和消费对生态资源的占用、对生态环境的影响引起广泛关注，生态旅游概念由此应运而生，希望通过相关研究和实践，寻求更加可持续的旅游发展路径和模式。综合众多概念，生态旅游的核心内涵主要包括强调旅游行为的自然性、保护性和带动社区发展的共享性这三个原则，这三个原则同时也对应"可持续发展"理念关于环境可容、经济增长和公平分配的三个关键主题。因此，无论从发展实践还是学术研究而言，对生态旅游的关注点都离不开可持续发展这一宏观背景。

正是基于此，这本教材从作者自己关于可持续发展的研究入手，继而总结汲取相关论著、教材等成果，较为系统地介绍了有关生态旅游的理论成就与实践经验。随着生态虚拟体验方式增多，教材在第三部分特意将以生态文化为主题的影视作品等相关研究纳入进来，以应对当前越发蓬勃的虚拟旅游发展趋势。全书主要内容包括三个部分，共16章。第一部分讲可持续发展，介绍了可持续发展的历史争论与研究展望、可持续发展与相关经济学科的关系、可持续发展背景下相关概念的新认识等三个方面内容；第二部分讲生态旅游，介绍了生态旅游的发展与研究、生态旅游的环境伦理、生态旅游资源及其评价、生态旅游者与生态旅游市场、生态旅游的规划与开发模式、生态旅游体验的动机与类型、生态旅游管理的多角度考察七个方面内容；第三部分讲生态虚拟体验，介绍了生态文化与影视作品概述、影视作品中的生态文化蕴含、影视动画中的生态文化蕴含、真实纪录片中的生态文化蕴含、真人秀节目中的生态文化蕴含、从生态文化影视作品中反思生活六个方面的内容。

在具体编写上，本教材由北京第二外国语学院旅游管理学院冯凌统筹主编，并组织了作者任教的北京第二外国语学院旅游管理专业141班、142班学生参与编撰部分初稿，作者的2015届入学研究生梁晶为全书的组稿、校对、修订和出版付出了大量心血。具体编写分工如下：冯凌拟订编写大纲并修改统稿，撰写了第一部分的第一章、第二章、第三章；第二部分的第一章由辛雨霏、张淇萍、王子孺、王爽、谢立萱、徐心悦、薛睿、郭宏利编写初稿，第二章由王萌、谭杨、杨慧超、胡闰妍、祁昊楠、王启尧、韦帮辉、张会怡编写初稿，第三章由严秋丽、郭钰婷、张子妍、张宇彤、杜诗娴、国蕊、张志恒、高怡丹编写初稿，第四章由李欣悦、朴是彦、刘朗、冯木林、孟紫玉、商子臣、陈俊竹、王逸冰编写初稿，第五章由朱然、李爽、刘思雯、王碧婷、戴安娜、张静雯、孙晔、王蕾编写初稿，第六章由赵雪、才华、刘坤、寇景朝、张明智、宋禹潇、马宇晴、谢天罡、杨沫编写初稿，第七章由张一诺、李文杰、刘雨晨、李嘉祺、胡子婕、阿吉穆萨·图尔迪、池仁荣、徐帅、李娥瑛编写初稿；第三部分的第一章由张思伟编写初稿，第二章由李莹编写初稿，第三章由李嘉婕编写初稿，第四章由阮子健编写初稿，第五章由李孟娇编写初稿，第六章由张咏心编写初稿。

本教材的编著出版受国家社会科学基金（13CJY015）、北京市社会科学基金（14JGB025）、国家旅游局2015年"旅游业青年专家"培养项目等课题资助。在编撰过程中，参考和引用了许多专家、学者的相关著作和研究成果，在此表示衷心的感谢。旅游教育出版社的刘彦会老师为本书出版付出了大量心血，在此也表示衷心的感谢。由于作者水平有限，书中的不足之处在所难免，敬请各位专家和广大读者予以批评指正。

冯凌
2018年10月于北二外

目 录

第一部分 可持续发展

第一章 可持续发展的历史争论与研究展望 ……………………………… 3
第一节 可持续发展研究争论的原因 ………………………………… 3
一、现实的复杂 …………………………………………………………… 4
二、概念的模糊 …………………………………………………………… 4
第二节 争论的几个焦点 ……………………………………………… 4
一、价值 …………………………………………………………………… 4
二、资本 …………………………………………………………………… 6
三、技术的作用 …………………………………………………………… 6
四、规模和尺度 …………………………………………………………… 7
五、实现的方法 …………………………………………………………… 7
六、小结 …………………………………………………………………… 9
第三节 研究展望 ……………………………………………………… 9
一、多视角研究 …………………………………………………………… 9
二、系统综合 …………………………………………………………… 10
三、价值融合与公众决策 ……………………………………………… 10
四、设计与管理 ………………………………………………………… 11
五、学科综合与可持续文明 …………………………………………… 11

第二章 可持续发展与相关经济学科 …………………………………… 13
第一节 问题的提出 …………………………………………………… 13
第二节 福利经济学的贡献与不足 …………………………………… 14
一、福利经济学对可持续发展研究的贡献 …………………………… 14
二、福利经济学研究的不足 …………………………………………… 15

第三节　资源与环境经济学的贡献与不足 …………………………………… 16
　　一、资源与环境经济学对可持续发展研究的贡献 ………………………… 16
　　二、资源与环境经济学研究的不足 ………………………………………… 17
第四节　生态经济学的贡献与不足 …………………………………………… 18
　　一、生态经济学对可持续发展研究的贡献 ………………………………… 18
　　二、生态经济学研究的不足 ………………………………………………… 19
第五节　各学科研究的联系与区别 …………………………………………… 19
第六节　讨论与展望 …………………………………………………………… 20
　　一、生态损益关键阈值研究 ………………………………………………… 20
　　二、系统集成与模拟研究 …………………………………………………… 21
　　三、低碳循环经济系统与相关政策制度设计研究 ………………………… 21
　　四、基于生存底线的经济分配、福利制度设计与反贫困研究 …………… 21

第三章　价值、资本与产业重构——基于可持续发展的新概念认识 …… 22
第一节　价值认识的演进 ……………………………………………………… 23
第二节　资本及其评估 ………………………………………………………… 24
第三节　产业概念的拓展与重构 ……………………………………………… 24
　　一、产业概念拓展 …………………………………………………………… 24
　　二、复合系统的产业重构 …………………………………………………… 25
　　三、成本—收益分析 ………………………………………………………… 27
第四节　实践意义 ……………………………………………………………… 28

第二部分　生态旅游

第一章　生态旅游的发展与研究 ……………………………………………… 33
第一节　生态旅游概述 ………………………………………………………… 33
　　一、生态旅游的概念 ………………………………………………………… 33
　　二、生态旅游的内涵 ………………………………………………………… 35
　　三、生态旅游的基本特征 …………………………………………………… 36
第二节　生态旅游的发展历程 ………………………………………………… 38
　　一、国际生态旅游的发展历程 ……………………………………………… 38
　　二、国内生态旅游发展 ……………………………………………………… 39
　　三、生态旅游发展的国际经验 ……………………………………………… 41
第三节　生态旅游的国内外研究 ……………………………………………… 42
　　一、国外生态旅游研究 ……………………………………………………… 42

二、国内生态旅游研究 ································ 46

第二章　生态旅游的环境伦理 ···························· 50
第一节　生态旅游与生态旅游环境伦理概述 ················· 50
第二节　生态旅游环境伦理的发展阶段 ····················· 51
　　一、生态环境伦理产生前的"回归自然"思潮 ············· 51
　　二、生态环境伦理的萌芽时期 ·························· 52
　　三、生态环境伦理获得定位的时期 ······················ 55
第三节　生态环境伦理的基本内容及其在生态旅游中的指导作用 ··· 56
　　一、生态环境伦理的基本内容 ·························· 56
　　二、环境伦理在生态旅游中的作用 ······················ 59
第四节　生态旅游环境伦理的基本原则及对人们的要求 ········· 60
　　一、生态旅游环境伦理的原则 ·························· 60
　　二、生态旅游环境伦理观对人们的要求 ·················· 62

第三章　生态旅游资源及其评价 ···························· 64
第一节　生态旅游资源概述 ······························· 64
第二节　生态旅游资源的分类系统 ························· 65
　　一、生态旅游资源的分类依据 ·························· 65
　　二、生态旅游资源分类系统 ···························· 66
第三节　生态旅游资源类型 ······························· 67
　　一、陆地生态旅游资源 ································ 67
　　二、水体生态旅游资源 ································ 68
　　三、农业生态旅游资源 ································ 70
　　四、园林生态旅游资源 ································ 71
　　五、科普生态旅游资源 ································ 71
　　六、自然保护生态旅游资源 ···························· 72
　　七、文化保护生态旅游资源 ···························· 73
第四节　生态旅游资源的评价 ····························· 75
　　一、生态旅游资源评价原则 ···························· 75
　　二、生态旅游资源评价的技术路线 ······················ 76
　　三、生态旅游资源的评价方法 ·························· 77

第四章　生态旅游者与生态旅游市场 ························ 90
第一节　生态旅游者 ····································· 90

一、生态旅游者定义 ·· 90
　　二、生态旅游者分类 ·· 91
　　三、生态旅游者的权利与责任 ·· 93
　　四、生态旅游者的特征及行为特征 ·································· 95
　第二节　生态旅游市场 ··· 98
　　一、生态旅游市场的发展 ··· 98
　　二、生态旅游市场的特点 ··· 99
　　三、生态旅游市场的培育与管理 ··································· 100
　　四、生态旅游市场营销 ·· 102

第五章　生态旅游的规划与开发模式 ····································· 113
　第一节　生态旅游目的地与产品 ······································· 113
　　一、生态旅游目的地 ·· 113
　　二、生态旅游区的概念 ·· 114
　　三、我国主要的生态旅游区 ·· 114
　第二节　生态旅游开发 ··· 115
　　一、生态旅游的开发特点 ··· 115
　　二、生态旅游的开发原则 ··· 116
　第三节　生态旅游规划 ··· 120
　　一、生态旅游规划概述 ·· 120
　　二、生态旅游规划原则 ·· 121
　　三、生态旅游规划体系 ·· 123
　　四、景观生态规划与设计 ··· 130
　　五、生态旅游开发的空间模式 ····································· 132

第六章　生态旅游体验的动机与类型 ····································· 139
　第一节　生态旅游体验 ··· 139
　　一、体验经济与生态旅游体验 ····································· 139
　　二、体验式生态旅游 ·· 139
　　三、旅游体验的主要特点 ··· 140
　　四、生态旅游体验的层次 ··· 141
　第二节　生态旅游体验动机 ·· 142
　　一、生态旅游体验动机 ·· 142
　　二、生态旅游者旅游动机的特点 ·································· 143
　　三、生态旅游者旅游动机的产生条件 ···························· 143

第三节　生态旅游体验类型 ································· 147
　　　一、生态旅游体验类型分类标准 ························· 147
　　　二、生态旅游体验类型分类方法 ························· 149
　　　三、生态旅游体验类型分类定义的不足 ··················· 150
　　第四节　生态旅游体验设计 ································· 151
　　　一、设计原则 ··· 151
　　　二、设计过程 ··· 151
　　　三、生态旅游体验顾客化设计内容 ······················· 153

第七章　生态旅游管理的多角度考察 ····························· 156
　　第一节　生态旅游性质的经济学分析 ························· 156
　　第二节　生态旅游中的利益相关者 ··························· 157
　　　一、生态旅游中的利益相关者 ··························· 157
　　　二、生态旅游利益相关者框架 ··························· 159
　　　三、利益相关者评价方法 ······························· 160
　　第三节　生态旅游与社区参与 ······························· 163
　　　一、基本概述 ··· 163
　　　二、社区参与生态旅游内容 ····························· 166
　　　三、社区参与生态旅游的一些案例 ······················· 167

第三部分　生态虚拟体验

第一章　生态文化与影视作品概述 ······························· 175
　　一、生态文化与影视作品的关联 ····························· 175
　　二、人与自然——生态文化形成的背景 ······················· 175
　　三、生态文化建设的必要性 ································· 177
　　四、生态文化与影视艺术 ··································· 178

第二章　影视作品中的生态文化蕴含 ····························· 180
　　一、影视作品中的生态主题 ································· 180
　　二、影视作品中的生态思想 ································· 181

第三章　影视动画中的生态文化蕴含 ····························· 185
　　一、尊重与和谐 ··· 185
　　二、机械与战争 ··· 186

三、回归与制衡 ··· 189

第四章　真实纪录片中的生态文化蕴含 ··· 191
　　一、纪录片中的生态文化 ··· 191
　　二、生态纪录片的背景与发展 ··· 191
　　三、真实纪录片的生态文化蕴含 ··· 192

第五章　真人秀节目中的生态文化蕴含 ··· 197
　　一、真人秀简介 ··· 197
　　二、生态视域下的真人秀节目 ··· 197
　　三、真人秀中的生态文化蕴含 ··· 198
　　四、真人秀节目的生态评价 ··· 200

第六章　从生态文化影视作品中反思生活 ··· 201

参考文献 ·· 206

第一部分　可持续发展

第一章

可持续发展的历史争论与研究展望

可持续发展的思想起源于西方社会20世纪50年代开始的环境保护运动，旨在解决世界范围内由人口爆发式增长和消费增长所引起的生态退化、环境污染、资源短缺等一系列全球性的环境问题。1987年由联合国环境与发展委员会（WECD）在《我们共同的未来》中明确提出这一概念，1992年在联合国环境与发展大会上各国或地区对此达成共识后，可持续发展的思想迅速向社会、经济各个领域渗透，掀起了一场世界范围内研究可持续发展的风潮。许多学科都纷纷披上了可持续发展研究的"外衣"，各国学者从本学科的角度对其进行了分析和研究，尤其是当人们认识到人类社会与自然环境的关系越来越恶化，整个地表系统已经进入"人类世"时，人们对可持续发展寄予了更多希望，许多学者甚至呼吁建立一门综合的可持续发展学科。然而对于什么是可持续发展、它对自然生态和社会经济等不同领域有哪些不同的要求以及人类社会如何才能够实现这一美好愿望，基于生态学、经济学和社会学视角的各学科却是各执一端、莫衷一是，由此引发了学术界大量的争论。为了厘清可持续发展概念的内涵及其与主要相关学科的关系，本章回顾了关于可持续发展的争论并对其进行总结。在此基础之上，作者对可持续发展的研究提出一个一般性的研究范式。

第一节 可持续发展研究争论的原因

由于可持续发展概念的模糊、现实问题的繁杂而人们追求美好未来的愿望又那么强烈，所以自它诞生之日起就引发了学术界众多的质疑、争论和不断的修正。围绕生态限制与保护、经济效率与财富分配、社会民主与公正等议题，包括自然生态学家、经济学家和社会学家在内的众多学者都试图利用这个"公共的广场"发出自己的声音，也正是这些争论的声音使它逐渐"成熟"起来，让我们通过它越来越清楚地认识到这个自然环境与人类活动复杂联系在一起的现实世界的本来面目。

一、现实的复杂

生活在地球上的所有生命组织都在不断地改变着这个星球，而现今，人类无疑是其中最强大的力量。地球上已经没有绝对不受人类影响的自然环境了，而且许多生态系统已经完全受控于人类活动。人类为了满足自己的需求和欲望，以各种社会经济方式深刻地改变着地球表层，形成了完全服务于人类的各种人造景观。事实上，这个星球表层已经是一个由生态系统和社会经济系统相互交织、相互作用、相互混合而构成的复合系统了。在这个典型的复杂系统中，各子系统间以物质交换和能量流动存在着复杂的互相作用关系，这些复杂的内部作用使系统具有了自适应和自组织的系统动力学特征，推动系统以非线性方式演进。在这个生态经济复合的巨大系统中，人类以其自身的创造力和能动性成为人与自然协同进化最大的驱动力。这个复合系统的未来演进无疑主要取决于人类自身对它的认识和行动。然而我们对它的认识到底有多少，我们又该以什么样的战略指导我们的行动呢。可持续发展概念及其引发的讨论似乎有助于我们找到这两个问题的答案。

二、概念的模糊

联合国环境与发展委员会（WECD）在《我们共同的未来》中把可持续发展定义为："既满足当代人的需要，又不对后代人满足其需要的能力构成危害的发展。"尽管该定义的总体意旨似乎非常清楚，但要成为一个广泛的政策目标，该定义在一系列重要方面却是模糊的。发展的定义应该包含这一过程的目标和实现这些目标的手段，而这个概念对于要持续什么，代际间的公平如何实现，当代与后代的需求是什么，如何以发展来实现对所有人需求的满足，用什么标准来衡量这些目标在时间和空间维度上实现的程度等问题都没有做出明确的表述。

第二节　争论的几个焦点

由于可持续发展概念形成之初的表述不清，众多学者从生态学、经济学和社会学等不同角度对其进行了探讨，而他们争论的焦点大致可以反映在以下几个问题上。

一、价值

迄今为止，关于价值的定义一直都还遵循着"人类中心主义"或"非人类中心主义"的争辩。一般来说，生态学家不愿意使用"价值"这个词语，因为他们认为自然系统不以追求特定目标为目的。但如果人们赋予了某一事物对相关事物或系统整体特定行为一定的主观意义，就可以衡量它对后者贡献率的大小，也就是在这种情景下，人们就可以具体量化它的价值。在生物与环境相互选择与适应的进化过程中，生态学家也常常借用价值一词来表达某物种对其他物种或对整个生态系统在进化中的作用，因此，生态学家认为自然有其内在价值，"自然内在价值论"构成了生态学家所坚持的生物多样性保护的内在伦理基础，因而他们认为可持续发展的对象应该是包括人类在内的地球上的所有物种。生态学家还认为，在现今全球巨大的人口与消费压力下，人类越来越显示出他们对自然生态系统所提供的产品和服务的依赖性，自然生态系统对人类的生存与发展的效用价值也越来越大。然而由于生态系统服务的"不可替代性"、生态系统组分的"补偿效应"、生态过程的不可逆特征和与人类协同进化的不确定性等因素，人类对自然生态系统价值量的估计远比其真实量要小得多。在批判经济学价值理论的基础之上，生态学家发展了基于物质与太阳能量比率的"能值理论"，并认为它是衡量物品内在价值更真实、更一般化的标准。

相比而言，经济学家对价值定义的范围要小得多。经济学家的价值理论往往以"人类中心主义"为前提，衡量物品对于人类效用的大小和福利改进的程度，其实质是衡量物品对人类的"工具价值"。除使用价值外，经济学还研究商品在市场交换中的交换价值。在"边际革命"之前，古典经济学一直对使用价值和交换价值的关系存在着"钻石与水"的困惑。边际理论以物品的稀缺和效用把供给和需求联系起来，认为物品的边际效用是衡量其交换价值的内在标准，从而解决了物品使用价值和交换价值的矛盾。基于边际理论的新古典经济学同时还认为，在完全竞争的自由市场中，以货币衡量的物品价格能够体现其效用和稀缺性，从而可以反映其真实价值。之所以在现阶段大部分生态系统所提供的服务还没有被市场反映出来，是因为它们还不具备足够的稀缺性，因此还不具有价值。

社会学从人的心理行为和人与人之间关系的角度来考察价值。与经济学认为的人的偏好是固定的有所不同，社会学从考察人的真实心理行为出发，认为人在时间序列上的喜好是一个非常复杂的动态变化过程，因此人在不同时间段的价值观具有不确定性。由于无法准确预知人们未来的偏好，所以应该更谨慎地保护自然环境以体现代际公平，这也是自然生态系统具有选择价值的原因。从社会整体来看，社会学认为可持续发展是具有不同偏好和想法的个人和集体对未来的一致协定；由于可持续发展到现在为止已经有很多种不同的定义，所以要求它必须是一个融合所有价值观的综合概念。而实现可持续发展的必要条件一是开放不同思想，二是各种思想得到有效表达。

二、资本

价值是资本形成的基础，对价值的认识不同必然导致各学科对资本的不同态度。在自然资本、人造资本、人力资本和社会资本四种资本形式中，最具争议的是自然资本和人造资本的替代性问题。根据自然资本与人造资本之间的可替代性以及总资本存量的变化，可持续发展可以划分为两种基本情况：①总资本存量（自然资本与人造资本存量之和）不随时间而下降，在世代之间保持不减少。②自然资本存量不随时间而下降，在世代之间保持或增加自然资本存量。经济学家坚持前一个观点，他们认为不同资本形式之间可以互相替代，特别是允许人造资本可以替代日益减少的自然资本。他们认为如果自然资本转化为人造资本后总资本存量不减甚至增加，那么自然资本就应该转化为人造资本以满足人类需求。生态学家一般认为不同资本对人类福利具有不同的功用，它们之间不可替代或者由于过程复杂和代价昂贵，资本的替代是不可行的。由于不同资本的补偿效应、系统的不可逆和演化的不确定性等原因，自然资本不应该被无限制地转化为人造资本，尤其是其中特别重要的关键自然资本更应该得到保存。由于人们未来偏好的不确定性，从社会学角度出发的学者一般赞同生态学家对自然资本的保护。除此之外，他们更重视人力资本和社会资本对可持续发展的作用，他们认为人口的快速增长和过度消费是自然资本不断转化为人造资本的根本原因。通过人类对自身行为的反省和价值观的重构有可能形成一种新的消费观念和社会文化，从而实现社会的可持续发展。

三、技术的作用

技术对可持续发展的作用一直是争论的一个焦点。生态学家认为，一方面技术进步可以延缓危机，但另一方面它也可以制造危机，这一点可以从近代全球范围内的工业化运动对全球环境与资源造成严重破坏的后果中得到证明。他们认为由于自然系统的复杂性和不可逆性，技术进步不可能解决所有的环境修复问题。他们更认同在充分认识自然生态规律的基础上，发展学习和依照自然生态系统高效低耗进行生产的"绿色"技术。新古典经济学专家认为在自由市场条件下，完善的价格体系总是能够催生新技术和新产品，从而自动解决资源短缺和环境破坏问题。他们通过数学模型证明，即使自然资源存量有限，人口增长率为正，技术进步仍能保持经济持续增长从而保证人均消费的可持续改善。站在社会学立场的学者认为可持续发展更应该是个社会命题而不仅是科学技术问题。由于可持续发展的中心议题既然是如何协调人与自然的关系，那么它就不应该仅仅是一个关于科学或技术的问题。他们认为科学知识有助人类客观真实地认识这个世界，但它并不能提供解决问题的办法，而且科学知识本身并非完全客观，它也包括了人类自身的经验认识并且有待于实践的检验。而技术的进步也许有助于提高经济生产的效率，但却无法提高财富分配的公平性及社会公正性。所以他们坚持认为可持续发展的研究应该超越科学技术和经济生产领域，向保证财富分配公平和民主公正的社会文化和组织制度等领域推进。

四、规模和尺度

生态学家认为人类社会经济系统内生于自然生态系统，它从自然生态系统中吸收低熵的能量和物质以维持自己的持续运转。但是由于地球系统并不与外界进行物质交换，所以人类社会经济系统只能"占据"自然系统的一部分，也就是它具有终极的规模和尺度。经济系统并非完全受制于自然系统，它以各种物质流和能量流与自然生态系统存在着各种反馈关系，如果它的规模越大，它破坏地球生命支持系统结构和功能的可能性也就越大。遵循这一思路，生态学家发展了一系列企图计算出自然生态系统承载社会经济系统规模的方法，最具代表性有基于能量计算的"能值理论"、基于土地面积的"生态足迹"方法和基于各种物质生产与消费的"承载力"计算方法（包括生态承载力、资源与环境承载力、基于食物的人口承载力等）。

与生态学家往往关注社会经济系统对整个生命支持系统的尺度和规模问题不同，经济学家更关注那些在经济生产中具有直接效用的物质资源的供给与配置。他们利用跨期生产函数和动态模型计算资源在时间序列上的开发利用，以回答是否可以实现最优配置和人均消费，是否可以持续改善等问题。由于他们的答案往往是肯定的，这遭到了其他一些学者对其忽视自然生态系统复杂性与现实严峻性的批评。

五、实现的方法

对于如何实现可持续发展，各个学科也各有侧重。生态学家往往首先从人类社会与自然生态系统关系的角度出发，偏重于考虑如何实现发展的可持续性。他们对"时间""空间""尺度""过程"与"机制"等概念更加敏感，注重从系统整体角度研究从区域到全球的可持续性问题。

实现的具体手段上，虽然他们不否认市场机制的作用但往往更强调政府干预和制度安排在保持自然资本方面的职能。他们认为在处理自然生态环境等公共领域时，由于信息的不对称、不完全和产权关系的模糊，存在着市场作用不充分甚至完全失灵的情况，这就必然需要政府的行政干预和制度的明确安排。在经济生产领域，生态学家更认同按照生态规律运行、实行资源循环利用和清洁生产的循环经济形态，并已经在从企业到园区到整个社会的不同层面得到成功实践。

相对而言，经济学家更偏重于考虑如何实现可持续的经济发展，他们一般将人类福利等同于物质消费，从生产供给与消费需求的关系出发，研究如何高效配置资源以生产出更多的物质产品。经济学家对"生产"与"消费""供给"与"需求""价格"与"市场"等概念更为敏感，注重从投入产出角度研究从微观到宏观层次经济活动的成本和收益。他们批评生态学家只把生态保护作为追求的唯一目标，忽视了人类包括物质需求在内的多重需要的平衡。他们认为可持续发展实现的关键是解决由物质产品匮乏带来的贫穷，因此只有经济的快速增长才能解决众多不发达国家的贫穷问题，从而实现世界范围内的可持续发展。其中，《布兰特兰报告》中就曾认为世界经济在21世纪必须增长5~10倍才能满足可持续发展的需要。对于如何实现可持续发展，经济学家更认同市场机制和自由贸易。他们认为只有在完全竞争的自由市场中才能实现资源有效配置的帕累托最优，才能以更高的经济效率满足人类福利需求的物质产品的生产和分配。

从社会学角度出发进行研究的学者更注重可持续发展的公平性和共同性，他们强调人类本身和社会的组织与结构在可持续发展中的重要性。首先，他们通过人类需求行为的精神分析得出，人类福利的改善并不仅仅等同于拥有的财富量和物质产品消费的多少，而是更多的和身心健康、人际关系、安全感、婚姻、知识、教育和信仰等联系在一起。而且，由于优美而安全的自然环境比物质消费能够给人们带来更多的愉悦感，所以对人类福利的改善必须加强对自然生态环境的保护。除此之外，人们的幸福感还来源于不同个人之间效用的比较和更多的社会认同，而且他们认为可持续发展必然是所有人对未来的共同选择，因此财富的公平分配以及个人意愿得到充分表达和尊重是可持续发展的必要前提，这就要求社会组织与制度的设计必须能够为社会中所有人提供民主公正的表达平台。可持续发展的社会学领域还包括对人自身的重视，对教育的投资能够提高人们的素质，使人们主动追求低物质化的消费行为，形成更可持续的社会消费习惯。

此外，高素质的人力资本能够提高经济的效率，在一定程度上降低经济生产对自然资源的依赖，从而有利于生态经济系统可持续发展的实现。由于研究角度的差异，生态学、经济学和社会学等学科对可持续发展的价值、资本、技术、社会经济系统的规模和实现方法等方面各有侧重，形成了可持续发展概念从强到弱的一系列层次。习惯上，我们简单地依据自然资本与人造资本是否具有较强的可替代性作为划分可持续发展强弱的标准，而事实上，由于可持续发展所面对的是生态经济社会复合系统中众多不可持续的现实问题，研究领域包括了生态健康、经济发展和社会进步等一系列主题，所以简单的强弱之分并不能帮助我们完全认识当前发展中的众多现实问题。分别来看，生态学由于长期根植于对自然生态系统的研究，所以他们更注重人类社会与自然环境关系的协调，在生态学的文献中，"可持续性"的概念往往代替了可持续发展的概念。经济学的社会责任一直都是以资源的高效配置来满足人类的物质消费需要,所以他们更强调以经济的快速增长消除人类生存与发展不可持续的物质贫穷,他们更侧重于发展的一面,容易将可持续发展等同于经济的可持续增长。可持续发展的社会学研究从人的真实心理行为和人与人之间的社会关系出发,更强调人在可持续发展中的主体性作用。社会学家一方面认为人类自身的可持续发展是可持续发展的重要组成部分甚至终极目标,因此注重自然和经济环境对人类福利的影响,强调分配的公平性。另一方面他们也认为人类社会对自然和经济环境具有主动反馈,因而强调人力资本的重要性及民主参与的共同性。

六、小结

简单总结起来,由于不同学科从不同角度对现实问题加以认识和理解并借助可持续发展进行表达,这一概念从产生之初到现在已经经历了侧重经济可用、生态可容和社会公正三个阶段。可以想象,由于它本身的开放性和理想性,它在未来还会吸引更多学科的关注并且融合更加多样化的价值观,成为一个更为综合完善的概念。可持续发展是现阶段人类社会对自身行为和与外界环境关系等问题的反思,是所有人对未来长远发展的共同选择,是一个过程而非状态。只要人类追求美好世界的理想不止,它就必然会伴随我们一起成长,变得更加成熟和完善。在庆幸找到这一学科间相互交流与知识集成的平台之余,我们更应该遵循它所综合的自然、经济和社会规律,把它作为人类社会在生产与生活中的共同规范和行为准则,指导我们向着可持续发展的未来前进。

第三节 研究展望

可持续发展是生态经济社会系统发展协调高效的一种状态,绝对的强可持续要求各子系统之间以及系统整体长期协调运转。和经济学中的帕累托最优一样,受到现实中的诸多限制,绝对的可持续状态只是人们对未来的一种理想期望,是不可能存在的。但在对这一复合系统深入研究的基础之上,依据其所昭示的客观规律改进人们的行为、优化发展的战略和模式从而达到一个比现在更可持续的状态却是可能的。人类社会未来发展的方向和结果在很大程度上依赖于自身对这一系统的认识和采取的行动,因此对可持续发展的研究十分重要,作者试图在对以上内容进行归纳总结的基础之上对可持续发展的一般研究范式进行探讨,以丰富可持续发展研究的理论和内容。

一、多视角研究

生态经济社会复合系统以物质流、能量流将各子系统联系在一起成为一个复杂的巨系统，对系统中的元素循环、物质流转和能量流动进行深入研究有助于清楚认识系统内复杂的生物物理作用机制。除了这些客观世界不同形式的流之外，复合系统内还存在着人口的流动、价值和文化的交融与冲突、货币资本的流动等主观世界的多种流。主客观世界这些不同形式的流之间相互作用并形成合力驱动地球系统的演化。在特定的时空条件下，一定质量和数量的某种流总是对应了相应质和量的其他形式的流，它们以单独的或组合的形式满足人类不同层次的需求。工业革命后技术的进步使人类逐渐淡忘了各种自然流对社会发展的限制，在决策中往往更多地以各种主观世界的流作为决策依据，其中尤以对单纯资本流的考虑为最，这也正是半个多世纪以来我们越来越感受到遭遇"自然瓶颈"的原因。可持续发展要求各种形式流的良性循环以及相互之间具有合理的匹配关系，这就要求对可持续发展的研究必须把握各种流的运行规律及其相互关系。由于各学科对各种流信息提取的角度和表达方式的差异，使得我们对以系统形式融合在一起各种流的认识被分割开来。由于从任何单一角度都不能完全揭示系统的真实面目，因此，多学科、多视角的研究十分必要。

二、系统综合

对生态经济社会复合系统中各种流的研究还不能对系统的整体结构、功能和演化特征进行深入的认识和理解，因此还不能满足可持续发展研究的要求。生态经济社会系统是生态系统、经济系统和社会系统相互交织和耦合而成的一个复杂系统，同各子系统相比，它是一个结构和功能更复杂的、更高层次的系统。它并不是其中所有子系统的简单叠加，而是以各种形式的流相互联系和相互影响构成的有机体，是所有的生物物理要素和社会经济要素遵循内在规律而形成的集合体，在功能上具有整体突现性的特征。由于人类经济社会对地球生态系统影响的范围和作用的程度已经是全球变化的重要原因，从某种角度来说，地球生态系统已经受控于人类活动，这个复合系统也越来越表现为具有自创生、自生长、自适应和自复制等自组织系统的一系列特征。人类活动作用的多样性和地球生态系统内在的复杂非线性以及反馈的延时性，造成了人类认识的局限性和系统未来演化的不确定性，因此除了对这一复合系统的结构和功能进行研究之外，还必须对系统演化的内在机制和动力学特征进行深入研究以适应可持续发展研究的战略需求。总之，对可持续发展战略的研究要求我们站在地球系统的高度，对这一生态经济社会复合系统的结构和功能进行深入研究，并对这一"人—地"复合系统的未来演化方向做出合理的预测。

三、价值融合与公众决策

可持续发展的选择是所有人对未来的一致期望，它是在保障人类福利最大的同时而又使得地球复合系统的长远可持续性。人类福利的满足是人们在对整个复合系统认识与理解的基础之上，对人类社会总体效用最大化做出选择的结果。不同学科对福利的概念和来源有不同的解释，比较一致性的认识是福利和物质分配与消费、个人选择的自由度与激励相容的制度安排等多方面因素有关，社会福利的增大总是和物质分配更公平、选择更自由和高效而和谐的制度安排等因素联系在一起。可持续发展强调公平性和共同性，二者互为条件，而个人的平等自由和决策的民主开放是其实现的基本前提。在对可持续发展的共同战略进行公共选择的决策过程中，总是存在着个人偏好之间以及个人偏好与社会公益的矛盾。在社会选择的过程中，如何融合更多样化的价值观以体现不同主体的利益诉求，如何更好地解决个人理性与集体理性的冲突，以及如何形成保障可持续发展战略制度产生、实施与改进的基础制度，都是亟待研究的问题。

四、设计与管理

人是生态经济社会复合系统中最活跃的因素，具有客观性与主观性相统一的特征。人类活动一方面受到系统环境的约束和调节，另一方面人类也以自身的价值观为基础，直接或间接地对系统进行设计和管理。对地球系统设计与管理的思想起始于20世纪70年代，尤其是当"人与生物圈计划"（MAB）启动以来，人类便开始探讨如何以可持续发展理念来设计生物圈可持续利用，设计世界经济秩序，保护人类共同的未来。人类由以往对地球圈、生物圈和大气圈以及地球生态系统变化的被动适应，已经开始走向实施有意识的控制管理。在可预见的未来，由于人口膨胀与消费增长等原因，人类对地球的改造只会加剧。因此，未来研究的焦点将是如何设计与管理地球系统，以使其在满足人类需求的同时维持地球生命系统的活力。对地球复合系统的管理需要在深入认识理解系统的结构、功能与过程机制的基础上，综合应用人类已经掌握的实践技术、相关政策和管理策略对系统的演替进程和演替方向进行动态调控，其中尤其应注重对系统动态演替的关键性作用因素进行调控管理。对地球复合系统的设计与管理并不是要求将其修复到原来的状态，而是要创造一个功能完善的新的复合系统，以使我们拥有一个更可持续的未来。

五、学科综合与可持续文明

现实中生态、经济、社会与制度等众多方面的问题纠缠在一起，给全人类赖以生存的这个星球在未来的命运蒙上了一层阴影。带着希望与反思，人类社会在争论中逐渐达成了一个共识：只有可持续的发展才能给我们带来一个美好的未来。然而我们赖以生存的这个星球演化的内在动力机制到底是什么？现实中哪些因素尤其是哪些关键因素妨碍了这个系统的良性演替？全人类如何对未来达成共识？在此基础之上我们又该以怎样的方式和策略对这个系统进行调控来保证它的长远发展？对这些问题我们不得不承认到现在为止还知之甚少。在对以上问题进行的研究过程中，各个学科从不同角度给出了各种不同的答案。正如钻石的光辉来源于它各个面对现实的映射，对可持续发展的研究必须以一元观、整体观和系统观为基础，对以上各种答案进行集成与综合。只有站在地球系统的高度综合地理学、生态学、地质科学、大气科学等自然学科以及经济学、政治学、管理学等社会科学的所有研究成果上才有希望找到一个真实的答案，只有循着这条在探索中逐渐明朗的道路前进人类文明才有更加可持续的未来。

第二章

可持续发展与相关经济学科

可持续发展是生态经济社会系统协调高效发展的一种状态，它包括生态可容、经济发展与社会公正等多方面内涵，但因其概念起源于20世纪50年代的西方环境保护运动，在该领域研究中生态、环境等自然科学一直占据主导地位。在经济学日渐交叉细化的发展体系中，福利经济学对资源配置最优与社会总福利最大的观点、资源与环境经济学面对资源耗竭与环境退化的现实并力图将之纳入传统经济核算、生态经济学强调人类社会经济系统具有终极规模和尺度的观点，与可持续发展研究的内在要求也具有较强的理论一致性；但面对现实的复杂性和可持续发展概念内涵的丰富性，以上学科研究同时也尚存较多局限；展望未来，对可持续发展的研究应以系统观为基础，针对关键领域和重大科学问题进行多学科综合集成。

第一节 问题的提出

在可持续发展概念萌芽之初，可持续发展研究侧重从自然科学视角强调资源环境对人口与消费增长的刚性限制。但由于这一概念本身的开放性和理想性，此后经济学和社会学等学科也纷纷加入研究阵营，从不同角度对现实问题加以认识并借助这一"公共广场"加以表达。正是由于多学科视角的切入和长期争论，推进了这一领域研究的不断进展和对发展问题复杂性的深入认识。从产生至今，可持续发展概念已经吸收了生态可容、经济发展和社会公正等各方面内涵。由于可持续发展思想诞生于20世纪中后期的环境保护运动，从资源环境与自然生态等自然科学角度的研究较受关注，而从经济学视角开展的研究较少得以系统梳理。其中，尤其是福利经济学、资源与环境经济学以及生态经济学的主要观点，本质上与可持续发展的内在要求具有较强的理论一致性；但同时，由于自身发展的局限，各学科领域的研究都尚未能得窥"可持续发展"之全貌。正是基于此，本书归纳了各相关经济学科的主要理论，分析了各学科对可持续发展研究的贡献与不足，并以此提出了进一步的研究建议。

第二节 福利经济学的贡献与不足

自庇古建立福利经济学以来，福利经济学就一直以追求社会最大福利为研究目标。在生产自由竞争、消费"自由选择"和边际效用规律的假设前提下，研究在生产、交换和消费的经济系统中达到帕累托最优状态的必要条件和充分条件，以及这一状态如何形成社会总的最大福利。福利经济学的主要特点是：以一定的价值判断为出发点，确立福利标准；以边际效用基数论或序数论为基础，建立理论体系；以社会目标和福利理论为依据，制定经济政策方案。福利经济学所倡导的社会目标，其简洁的表述是效率、公平、发展，这既是福利经济理论纵深研究的三个核心议题，同时也是可持续发展实现的几个必要条件。

一、福利经济学对可持续发展研究的贡献

福利经济学对可持续发展研究的主要理论贡献体现在它的三个定理以及对这三个定理的自我批判中。

福利经济学第一定理：在个人效用既定、产权明确和完全竞争的理想市场条件下，生产、交换以及生产与交换的最优条件都可以通过主体的自由选择得以实现，从而达到资源高效配置的帕累托最优状态。这一定理证明了完全竞争的自由市场可以发挥最高的经济效率，能够最适当地配置经济资源，从而使国民收入或社会经济福利总量达到最大。帕累托最优的理想状态揭示了经济生产领域的内在规律，为可持续经济增长提出了标准并同时提供了达到这一目标的最优方法。由于这一理论具有高度的理想性，运用到现实当中必须考虑众多的约束条件。庇古的外部性理论就指出，现实中往往存在个人边际生产成本与社会生产成本不一致的情况，导致自由市场不能对资源进行最优效配置，因此必须借助税收等政府干预手段加以调整。外部性理论为资源与环境等经济领域的外部性问题提供了一个经济学的解决方法，改变了以往经济学不关注自然环境可持续发展的传统。

福利经济学第一定理实际上只是指出了社会最大福利形成的必要条件，由于它忽视了分配问题，所以并没有揭示最大福利产生的充分条件。社会福利函数论者研究发现，帕累托最优状态不是一个而是有许多个，以往的研究者并未能指出在哪一种状态下社会福利是最大的。他们认为，要达到唯一最优状态，除了生产和交换的最优条件外，还必须具备福利在个人间进行合理分配的条件。他们认为，政府通过合适的收入分配政策能够有效地矫正"市场失灵"，实现社会总福利的最大化或帕累托最优，这就是福利经济学的第二定理。福利经济学第二定理表述为：假设所有个人和生产者都是以自我利益为中心的价格接受者，通过竞争机制可以实现帕累托最优均衡，前提是对个人和企业进行了适当的综合税收和转

移支付。

社会福利函数理论强调财富分配的公平性，其内在含义以所有人地位平等为前提，体现了公平、正义的伦理思想，这是可持续发展在社会领域的重要理论基础。阿罗证明了不存在满足普遍性、帕累托相容性、独立性和非独裁性的阿罗社会福利函数，这就是福利经济学的第三定理。阿玛蒂亚·森等人的研究成果揭示了导致这一不可能性结论的原因，即阿罗投票式的集体选择规则无法揭示出有关人际间效用比较的信息，因而不可能实现总福利的最大化，但这并不排除其他类型集体选择的可行性。所以他认为应该拓展福利经济学的信息基础以避免对社会福利的判断出现错误。他进一步指出，包括政治自由和公民权利、经济基础设施、社会机会、社会透明度、安全性等多方面的选择自由度是判断人类福利的信息基础。阿玛蒂亚·森指出这五个方面的基本自由是互为促进的，并且个人的自由与社会发展密切联系。一方面，人们能够得到的经济成就取决于经济机会、政治自由、公民权利、社会保障、基础教育以及社会对于各种权利所提供的制度保障；另一方面，提供这种机会和选择的制度安排又取决于人们如何通过自由地参与社会选择和公共决策来建立这些制度安排。因此，个人选择和采取经济行为的自由权利及其可持续性，不仅仅是发展的一个组成部分，而且是发展的主要引擎。他的福利经济学思想深入地涉及关注贫穷、经济发展、政治民主与公共制度等多个领域，其中尤其是他认为个人选择的自由度是所有问题的核心这一观点，是对可持续发展理论在社会学领域的重要探索。

二、福利经济学研究的不足

（1）可持续发展包括自然生态系统的长期可持续，只满足经济系统的最优和社会福利的最大化而忽视了自然的生物物理限制，必将导致整个地球系统长远发展的不可持续。福利经济学的研究基本只关注于社会经济的发展而忽略了自然生态系统的有限性和复杂性。

遵循新古典经济学的思路，福利经济学认为在自由市场中，只要价格体系完善，经济生产系统就可以自动达到最高效率。它以货币化的价格来衡量资本，因此允许自然资本与人造资本的无限替代。而且，它认为只要这样的替代所产生的资本总量更大，就完全应该将自然资本转化为人造资本以提高社会的物质福利。然而自然资本与人造资本在满足人类福利时总是部分替代部分补偿的，不可能完全替代。这是因为人们的福利不仅来源于对物质产品的消费，很多的基本生存条件更依赖于自然生态系统提供的众多产品和服务，而其中只有很小一部分体现在市场中。即使是在市场中进行交换的那一部分，价格也相当低廉。而且由于生态系统在未来的不确定性和不可逆的特征，将自然资本转化为人造资本相对简单，对因此所造成的生态灾难的修复过程却复杂而且代价昂贵，这不仅造成生态不可持续，对人类福利实际上也是一种损害。

（2）在实际分析中，福利经济学把对个人的福利往往理解为人均物质消费或人均货币购买力，把社会福利简单地等同于个人效用的累加，福利经济学家认为一项政策如果至少使得一个人的境况好起来而没有一个人的境况坏下去，那么它就是可行的。首先，把福利完全等同于物质消费或拥有货币收入的多少并不符合人们的真实心理行为。其次，它认为个人的福利与人际间的比较没有关系，这也是不恰当的。社会中的每个人在生理和心理需求上都有一些基本的共同特征，所以福利更多地依赖于每个人福利增减的相对程度。再次，社会福利的总量等同于每个人福利的累加也是没有根据的，社会福利依赖于社会的组织制度、选择自由、人际关系等多方面的因素。对于为改进社会福利的政策设计必须综合社会、自然环境和经济的更多指标。最后，福利经济学在处理代际间资源分配时，认为当代和后代所有人的偏好固定而且都可以得到，这样的假设无疑太理想化。

总的来说，福利经济学研究的只是一种弱可持续性。福利经济学作为经济学的一门分支学科，它必然沿袭经济学的传统，将研究的重点放在物质产品的生产和消费上，它对自然生态领域基本不做分析，更不可能考虑到生态系统的客观复杂性。相对于新古典经济学进步的一面，它将人类福利的概念纳入研究视野，把为提高人类福利的价值判断作为经济生产的标准和目标，具有规范性与实证性、主观性与客观性相统一的特征。但由于它并不能完全包融社会领域的所有客观规律，在对福利的定义、计量等多方面采取了相对简略的办法，所以不能揭示可持续发展在经济社会领域的所有真实规律。

第三节 资源与环境经济学的贡献与不足

资源与环境经济学作为现代经济学的一门应用性学科，专注于研究传统经济分析中所忽略的资源与环境等外部性问题。从资源环境无价到资源环境稀缺都是它的研究前提，在吸收与发展了福利经济学关于外部性理论的基础之上，利用现代经济学的一般均衡分析和动态计量模型等先进方法，研究如何解决在资源环境领域的外部不经济性问题，并提出了一系列可行的政策与制度措施。

一、资源与环境经济学对可持续发展研究的贡献

资源与环境经济学对可持续发展研究的贡献首先是它强调了资源与环境对人类社会可持续发展的重要性。资源与环境经济学家认为，自然资源与环境对人类福利的重要性包括：提供经济生产所必需的原材料和能源；吸收、容纳生产与生活中排放的污染物；提供气候调节等生物物理的自然流服务和休闲、美学欣赏等直接的福利效益。

在吸收庇古关于外部性的思想之后，资源与环境经济学进一步将它发展为资源环境价值论。以马歇尔为代表的众多古典经济学家在研究了经济发展与资源环境的关系后，已经充分证明了自由市场中资源环境的相对稀缺性。随着经济发展对自然资源的掠夺性开发和大范围的环境污染，现代资源与环境经济学认识到资源环境已由相对稀缺向绝对稀缺转变。资源环境的绝对稀缺及其对人类社会重要的生命支持作用构成了它的边际效用价值，资源与环境经济学家认为这一价值可以通过市场定价的方式得到解决。除此之外，马克思的劳动价值论也构成了一部分资源环境的价值理论基础。

在资源环境价值理论基础上，资源与环境经济学进一步研究了如何将其纳入市场进行定价、在国家层次上如何纳入国民经济计量体系，以及资源环境等自然资本如何在代际间进行分配等问题，丰富了可持续发展的研究内容和方法。评估资源环境价值的方法有很多种，但总的来说可以分为直接市场法、替代市场法和假想市场法三类。在宏观层面，价值内部化的研究对可持续发展更有决策指导意义，其思路是用国内生产总值减去资源消耗和环境破坏的自然资本补偿量，得到反映真实财富积累的"绿色GDP"，这个指标比纯粹经济意义的GDP更能真实地反映国家整体的可持续发展能力。由于可持续发展还要求资本存量能满足后代人持续发展的需求，因此资源环境必须在代际间进行合理分配。环境库兹涅茨曲线（EKC）就是针对时间序列上资源环境动态变化的典型模型。

资源与环境经济学不仅在理论和方法上丰富了可持续发展的研究，它还为解决实际的资源环境问题提出了一系列有效的政策与制度措施，保障了社会发展的可持续性。这些措施主要包括明确资源环境产权的制度安排、资源开发与排污许可控制、资源税与排污收费制度及排污权交易制度等。

二、资源与环境经济学研究的不足

资源与环境经济学作为现代经济学中的一门应用学科，充分吸收了微观经济学和福利经济学的理论观点，将资源与环境问题作为主要研究对象，不仅丰富了经济学的研究内容，同时对经济学研究可持续发展提供了更广阔的空间和更开阔的视野。但由于它局限于经济学的研究视角和方法，几乎不关注自然生态系统复杂的内部结构和功能，更未从生态经济社会复合系统的内部作用机制和整体进化等方面进行系统研究，所以不能揭示可持续发展所需的所有真实条件。此外，由于研究对象的局限，资源与环境经济学很少考虑经济系统中物质产品的生产、分配和效率等问题。总的来说，资源与环境经济学将以往经济学不考虑的资源与环境问题纳入研究领域，并提出了多种基于经济学原理的解决方法，尤其是它对宏观政策的应用性指导作用，保障了社会经济系统的更可持续发展。但由于其自身方法论和研究内容的局限，对可持续发展的研究同样具有较大的局限性。

第四节 生态经济学的贡献与不足

生态经济学是生态学和经济学相互交叉、渗透、有机结合而形成的新兴边缘学科，是一门跨越自然科学和社会科学的交叉学科，它强调综合性、整体性、前瞻性和交叉性。生态经济学在形成之初，吸引了包括社会经济学、主流经济学、生态学和物理学等多学科学者的参与。科斯坦塔认为生态经济学所要达到的研究目的有三个：可持续发展的规模、有效的资源配置与经济产品的公平分配，这三者之间以对经济系统适度规模的研究为首要目标，有效的资源配置和公平分配则是手段和途径。

一、生态经济学对可持续发展研究的贡献

生态经济学首要的观点就是相对于自然生态系统，人类发展的社会经济系统具有一定的规模和尺度。以物质流和能量流等物理方法研究结果显示，人类经济社会系统是地球生态系统的一个子系统，而地球生态系统有一定的承载限制。由于经济社会系统是一个远离平衡态的自组织系统，所以为了维持自身稳定必须不断从自然界吸收低熵的物质和能量，经过生产和消费后又以高熵的废弃物形式排放到环境中。同时，由于地球生态系统是一个有限的物质封闭系统，所以社会经济系统必须在前者的承载范围之内发展，也就是它具有最大的规模和尺度。生态经济学认为一个好的尺度至少是使生态系统和经济系统都能够持续发展，并试图用各种方法找出这个最优尺度。

除了物质、能量等真实的生物物理方法外，生态经济学也注重生态经济系统的经济分析尤其是自然生态系统对人类社会的价值分析。然而与资源和环境经济学不同的是，它在评价自然资产时强调必须以生物物理观为基础，在清楚认识生态系统的结构、功能和对人类的效用之后再进行经济价值的计算。生态经济学家的自然资产评估通常分为物质量的计算和价值量的计算两个步骤。在第一部分往往借鉴生态学和地理学等自然科学对生态系统的研究成果，对研究区域的土地面积、生态系统类型、生物生产力和各种生态功能进行盘查和计量。在第二部分则参照资源与环境经济学的市场化价值方法，但不同的是生态经济学家认为只有对人类直接或间接有用的价值才能计算出来，而自然内在的价值却不能也不应该进行经济化的计算。

生态经济学从系统观的角度出发，认为还应该深入研究生态经济系统的复杂性。认为系统各要素之间的相互联系是整体性形成的唯一原因，地球生态系统中的各个要素通过能量流动、物质循环和信息流维系在一起，形成复杂的统一整体。生态经济学研究生态经济系统的结构和功能、生态平衡与经济平衡的关系、

生态效益与经济效益的统一、生态供给与经济需求的矛盾。提出需要深入研究生态经济系统演替的复杂性特征和生态经济系统发展的机制模型。研究揭示出生态经济不可持续的原因是生态系统负反馈机制和经济系统正反馈机制之间的内在矛盾，并认为生态经济持续发展的根本在于复合系统必须要形成一个负反馈机制。负反馈机制的实现既有赖于生态调节机制，也需要人类的自觉理性行为。

生态经济学认为无论是在生产还是消费领域，人类社会都应该主动按照自然生态规律进行实践。它推崇循环经济模式，认为产业设计应该以完整的生命周期、高效的代谢过程与和谐的生态经济功能为目的。在物质闭环流动的基础上，强调严格遵循"减量化、再利用、再循环"的"3R原则"。在区域系统的生态经济规划中，它强调本土性和尺度效应，认为应该依据不同的地域特征和目的设计网络化、复合型的区域生态经济系统，以保证生态效益、经济效益和社会效益的统一。生态经济学在消费领域倡导可持续的"绿色消费"原则，认为应克服盲目的过度消费和各种愚昧消费，以保持社会经济系统在生命支持系统的承载能力之内。由于人类是生态经济系统中最活跃的因素，具有能动性和创造性，所以应该通过生态经济教育来强化整体意识和长远意识，改变人们的生活方式、消费行为和价值观念以使人类社会的发展更加可持续。

二、生态经济学研究的不足

生态经济学从学科形成之初就定位于可持续发展的研究、评估与管理，认为应该研究可持续发展关于经济规模、社会公正和资源高效配置的一系列问题。但由于现实世界中关于不可持续发展的问题十分繁杂，涉及自然、经济和社会的众多方面；而学科本身发展的历史还较短，因此它很少涉及人们长期偏好变化中物质产品生产、交换和消费的经济过程如何组织以及财富分配公平、社会公正如何实现等具体问题；目前为止，其主要贡献还是集中在自然生态环境和人类经济社会的关系上。生态经济学注重从系统视角对生态经济系统进行整体把握，虽然在实践中也运用经济学的一些方法，但它更强调对地球生态系统生物物理过程的研究和对系统内在运行机制的理解。所以在经济生产和消费等领域，它更强调研究如何实现物质和能量的高效流转。在社会领域，它认为可持续发展不仅是生态环境和经济发展的问题，还更多地有赖于人们对自身行为的反思和观念的改进。

第五节 各学科研究的联系与区别

通过对福利经济学、资源与环境经济学和生态经济学研究领域、核心思想、价值论和研究方法与工具等各个方面的综合提炼，对各学科在可持续发展研究领域的联系和区别进行了系统总结（见表2-1）。

表 2-1　各学科研究的联系与区别

比较	福利经济学	资源与环境经济学	生态经济学
研究核心	几乎不关注自然生态系统。以社会总福利最大为价值目标，以边际效用规律为理论基础，研究经济系统可持续发展的理想效率和社会系统可持续发展的公平正义，并提出针对以上目标的政策方案。	一般不关注经济生产效率与社会公正。20世纪全球环境运动直接推动产生、强烈关注自然资源消耗和环境污染，以资源环境价值论为依据，研究资源环境定价及如何纳入经济核算体系的理论与政策安排。	自然、社会和技术等多学科综合产生，涉及生态经济社会复合系统整体研究，但目前为止主要关注生态容量、经济循环和复合系统的复杂性研究，其目标是生态经济和社会效益协调从而达到更可持续发展。
价值论与方法论	以效率、公平、发展为核心的强烈的社会价值取向，运用新古典经济学边际理论、均衡理论和外部性理论进行研究。	资源环境由相对稀缺向绝对稀缺变化产生自然价值论，全面继承福利经济学的边际、均衡和外部性理论，主要依据外部性理论。	在生物物理分析基础上继承了资源环境价值论，运用系统论、复杂性理论切入生态经济复合系统进行整体研究，从而提出生态容量概念和经济尺度理论，并以现代工程论、控制论进行系统重构及改进。
研究方法与工具	基于帕累托最优的模型分析、基于社会调查的经验分析等。	基于直接市场法、替代市场法和假想市场法等的环境经济核算、基于一般均衡分析和动态计量模型的资源环境分配以及排污权交易等相关制度设计。	基于能量流的太阳能值研究方法、基于物质流的生态足迹研究方法、基于生物生产力、多样性和生态服务价值的生态服务研究方法，以及循环经济系统规划设计、生态补偿制度设计等。
研究共性	由20世纪中后期全球环境运动激发产生或此后强烈关注可持续发展研究，研究横跨自然生态、经济生产分配、社会公正协调等其中两个及以上领域，主要运用新古典经济学和新制度经济学等理论和方法，最终成果以经济学语言进行表达、以经济系统设计优化改进。		

第六节　讨论与展望

可持续发展是生态经济社会系统发展协调高效的一种状态，绝对的强可持续要求各子系统之间以及系统整体协调运转。和经济学中"帕累托最优"一样，受诸多现实限制，绝对的可持续状态只是人类对未来的一种理想期望。但在对这一复合系统深入研究的基础之上，依据客观规律改进社会行为、优化发展战略和模式从而达到更加可持续的状态却是可能的。针对当前发展现状，基于生态经济社会复合系统的集成研究可重点从以下几个方面深化：

一、生态损益关键阈值研究

自然生态系统对社会经济系统具有一定的承载极限。基于不同的地理气候与生物生产等自然条件、经济发展条件和社会消费水平，不同生态系统具有一定的生态服务与承载阈值。对典型生态系统的关键生态经济过程深入实证研究，分析生态系统对人类活动和经济利用的敏感性、适应性，将有助于阈值的确定。

二、系统集成与模拟研究

由于过量的碳排放，当前全球气候变化已经成为影响经济社会不可持续的核心自然因素，而其中不合理的化石燃料利用和土地利用等人类活动是关键原因。结合生态系统和气候系统阈值研究，开展各尺度、大样本的生态经济社会全过程链调查和试验，并利用较成熟的生态系统模型、经济流模型和社会消费调查数据对这一过程、机制进行系统模拟和情景分析，其结果对可持续的生态经济管理具有重要的政策预警和社会传播意义。

三、低碳循环经济系统与相关政策制度设计研究

从源头上，经济生产和社会消费系统的低碳化、循环化设计是减少资源消费、各类污染和碳排放的关键；根据共同但有区别的责任制定碳排放总量、设计科学的碳交易和自然资源交易制度，有利于最优利用资源获得较高发展效益，并从总量上控制全球碳排放；针对典型生态系统的服务功能进行试验观测，并与社会即时支付意愿调查相结合，推进生态服务价值评估及生态补偿制度研究，对生态保护与环境建设，尤其是对脆弱生态区和限制性功能发展区生态经济持续发展具有重要现实意义。以上各方面都需要生态经济学、环境经济学和制度经济学等的跨学科综合研究。

四、基于生存底线的经济分配、福利制度设计与反贫困研究

技术进步和区域性市场一体化一方面推动经济繁荣，同时也继续拉大各国、各地区和各阶层贫富差距。基于福利经济学公平正义的价值取向和理论研究，为维持人的基本生存权和底线尊严，在不严重损失经济效率前提下研究设计基于转移支付、社会救援等方式的福利性分配制度，研究基于教育平等、起点公平的反贫困制度设计和社会机制建设，对于可持续的社会发展具有重要意义。

第三章

价值、资本与产业重构
——基于可持续发展的新概念认识

20世纪五六十年代后,伴随对全球生态退化、环境污染与社会发展失衡的审视与反思,可持续发展的思想迅速萌芽传播,与此同时,自然生态系统与人类自身对持续发展的重要性得到社会的广泛认可,自然资本论与人力资本论迅速发展。以广义资本论为基础,本文将传统的三次产业拓展划分为六次产业,并重新归并为三大类——生态产业、经济产业与人力产业,阐述了各类产业不同的产业范围、生产行为、产业功能和对应的社会需求;进一步,以价值型投入—产出表初步刻画了各类产业间的联系。新的产业分类体系拓展了产业发展的自由度,有利于区域产业优化选择、组织与产业结构调整,并有可能改变传统的递进式经济发展模式,这对我国现阶段产业结构升级与社会转型发展提供了新的思路,为区域更可持续发展提供了理论基础。

价值来源于认识,对事物价值的判断决定了人类社会对其选择、对待的态度与行为,而这一过程的结果又直接影响到全社会的福利。20世纪50年代以来,出于对生态退化、环境污染与社会发展失衡的审视与反思,可持续发展的思想开始萌芽,1987年,联合国环境与发展委员会(WECD)在《我们共同的未来》中明确提出了这一概念。由于可持续发展本来概念的模糊、现实问题的繁杂以及人类追求美好未来的强烈愿望,围绕价值、资本、技术的作用、社会经济系统的规模和尺度以及实现的方法等各方面,基于生态学、经济学和社会科学视角的各学科各执一词,以此"公共广场"发出自己的声音,也正是众多争论的声音使其逐渐成熟和完善。从诞生至今,这一概念已经吸收了生态可容、经济发展和社会公正等各方面的内容,而正是伴随其内涵的拓展,自然生态系统与人类自身对社会发展的价值得以重新发现并逐渐被社会广泛接受。至今,对自然生态系统的反馈投入、建设保育和对人力资源的培育、管理已经成为全球决策者关注的重要问题,成为区域和国家持续发展竞争力的核心环节。在学术界,这一趋势的直接反映就是自然资本论与人力资本论迅速发展。

本书从经济学视角对以上学术发展历程进行了简单梳理，论述了价值观、资本观的拓展对"产业"概念的新启示和新意义，并以之对区域产业体系进行了重新划分，其目的是要将"沉默的自然"和被忽略的人文关怀主动纳入经济社会发展的宏观视野，揭示自然资本和人力资本自我增值发展的内在动力，为探索新的经济增长点、改进社会行为、优化发展战略和模式寻求理论依据，从而真正将"生态文明观"和"以人为本"的理念贯彻到更可持续发展的决策管理中。

第一节 价值认识的演进

价值是人们对事物在达成人类某一具体目标时的作用和重要性的认识，并以之在所有目标间进行权衡以形成对事物处置的一种选择。以"人类中心主义"或"非人类中心主义"为准则，生态学等自然科学与经济学等社会科学相互影响，在此历程中，经济学对价值概念的认识不断演变和拓展。

西方古典经济学将土地、劳动和经济资本看作生产投入中不可或缺的三种要素，甚至在一些经济学家的著述中更强调土地和劳动的重要性，如斯密在《国富论》中就十分强调农业的重要性，认为具有土地和劳动投入要素的农业生产比工业生产具有更高的社会生产率。萨伊的"土地、资本（经济资本）和劳动是生产投入中平等的三要素"的观点一度曾是古典经济学所公认的理论核心。

工业革命的兴起加速了以食物生产为目的的农业经济进入以机器进行工业生产的历程，与此同时，经济学的"边际革命"催生了新古典经济学，相对于古典经济学注重经济过程的物理机制而言，新古典经济学则引入了更多的数学方法，经济分析只考虑以价格为标准的商品交换价值，以往古典经济学中注重物理意义的分析传统逐渐被价格和分配理论所代替，这直接导致在经济分析中往往认为各种投入要素间可以完全替代。由于土地和劳动的再生产都需要经济资本的投入，所以很多新古典经济学家认为经济资本是财富再生产的唯一限制因子，因而逐渐忽略了土地和劳动对经济发展的贡献。

在生态学者与各类非政府组织的影响下，20世纪五六十年代的环境运动推动了对自然生态系统效用价值认识的深化；同时，经济发展对科技进步的日益依赖也让经济学家逐渐认识到人类自身创造力的重要贡献。20世纪70年代Holder和Ehrlich、Westman在进行的全球环境服务功能、自然服务功能的研究中，指出生物多样性的丧失将直接影响生态系统服务功能，至此明确产生了生态系统对人类社会服务功能的概念；1997年Daily和Costanza的成果把这一领域的研究推向了一个新的高潮，此后以生态系统服务功能为据进行自然资本的价值评估在学术界广为传播。舒尔茨在1961年发表了《人力资本的投资》一书，标志着现代意义上的人力资本理论正式形成。自舒尔茨后，贝克尔、罗默尔和卢卡斯等人分别从微观和宏观视角对人力资本理论做了进一步发展和完善。

第二节 资本及其评估

人类福利来源于生态经济复合系统提供的所有服务，人类社会的可持续发展有赖于复合系统多样性功能的整体、长远、协调发展。当社会逐渐认识到自然生态系统和人类自身都以其功能表现形成对全社会的福祉，自然资本论和人力资本论就和传统的经济资本论具有同样重要的地位。自然资本论和人力资本论不仅强调了自然生态系统和人力系统的服务功能对社会福利的重要性；更主要的是，它们的发展使生态经济复合系统中各子系统提供的不同性质的服务功能变得可以比较，从而方便了对系统的整体状态加以表征，并在系统变化之后形成统一的经济核算，核算结果则可以作为系统发展可持续性的度量指标，并以此进行适应性管理和决策改进。

对自然资本（Natural Capital）——地球生态系统服务功能（Ecosystem Services）的评估通常分为物质评估和价值评估两部分。在第一部分需要借鉴生态学和地理学等自然科学对生态系统的研究成果，对研究区域的土地面积、类型、生物生产力和各种生态功能进行盘查和计量。由于没有定量的生态服务功能价值，常常不能有效地约束和规范人们对生态系统的各种行为和活动，因此还必须对生态系统对人类的服务功能进行价值化的资本评估。价值评估是在物理评估的基础上，利用市场价值法、替代市场法和假想市场法等方法对生态系统的直接利用价值（DUV）、间接利用价值（IUV）和选择利用价值（OV）进行量化的过程。

人力资本（Human Capital）是指体现于人类自身的知识、能力和健康，可以被用来提供未来收入的一种资本。对人力资本的评估一般也可分为物理量和价值量的评估两部分，第一部分往往采用人群（或人）的健康状况、预期寿命、受教育的时间和程度以及掌握的各种技能等指标对人群（或人）的生理状态和社会能力进行计量。第二部分以上一步的结果为基础，对其进行资本化的定价。由于未来收益的不确定性和难以度量，对人力资本的未来收益价值进行计量的模型还不成熟，目前以计量方法形成的人力资本投入成本的成本法应用得比较广泛。

第三节 产业概念的拓展与重构

一、产业概念拓展

人类社会累进式的发展进程使其变化日新月异，一些新兴的生产活动已经超出了克拉克所认识的传统三次产业范畴。以生物技术、电子技术、空间技术和信息工程为代表的新兴产业对物质投入的依赖越来越少，而更多的是依靠对科学规律的新发现或者对已有发现加以创造性运用，知识创新与技术进步对经济发展和社会进步的贡献日益凸现，"知识经济"已经到来，有学者倡议把它们归为"第四产业"。

以往将产业定义为服务于社会的国民经济各部门各行业的总称，一般根据历史时期的发展顺序将其统分为第一、第二、第三和知识密集的第四产业。当自然生态系统和人类自身的价值越来越被社会重视并可评估为一定的资产量，且现阶段社会主动调控管理的范围也扩展到包括人类自身在内的复合系统各部分时，对产业的划分则应该包括对自然资本和人力资本经营管理的生产活动。同传统产业一样，对自然资本和人力资本的经营管理也应该在认识其生产的生物物理过程基础之上，以收益最大化为发展目标；与传统产业不同的是，由于这两类产业内在的运行特征，还具有以下独特的特点：

（1）产业系统的复杂性。这两类产业活动的生产过程都受到多种因素影响，其中相当多因素和过程当前并不为人类所认知。

（2）功用的弱替代性。它们提供的产品和服务一般不能由其他产业活动的生产替代，或者在当前技术条件下替代的成本太高。

（3）在目前条件下市场化运作的交易费用较高，主要由政府投入，收益由社会群体共享。

（4）考虑可持续的长远收益。

二、复合系统的产业重构

根据产业新的概念，将产业系统划分为生态产业、经济产业和人力产业并细化为六次产业（见表3-1），这一新的分类标准既明确了自然生态系统和人力系统有别于传统经济生产活动的基础性特征，又强调了它们和经济系统一样所具有的、对人类社会福利的贡献，它是自然资本论和人力资本论的进一步发展。这种价值多元化的视角有利于唤起大众对经济系统之外资源的重视，提醒人类珍惜所拥有的每一份财富、根据实际调整社会投资策略以达到各产业协调发展的目的。但正如所有的经济活动一样，对于生态产业和人力产业的发展，也应该以充分认识并遵循其自身运行的规律为基础。

表 3-1　拓展的产业体系标准

产业划分 Industry classification			产业范围 Industry categories	生产行为 Producing mechanisms	产业功能 Function services of industries	对应社会需求 Social demands
类别 Classes	旧 Traditional system	新 New system				
生态产业		一	国家公园、自然保护与生态建设、生态旅游等	自然生态系统自运行的物质循环、能量流动和信息传递，提供非实物的服务	多样性物种的生命支持功能；对C、N、S、H₂O等生物地球化学循环的调节；审美与休闲	人类社会存在和发展的基石和根本，是人类外在的有形躯壳和内在的精神家园
	一	二	农、林、牧、渔等	利用生态系统本来具有的产出功能，提供食物与原料	食物满足了人体的物质和热量需求、纤维等；为其他产业提供生产的原料	是人类生存最基本的物质条件，是其他经济产业的基础
经济产业	二	三	能矿、加工制造、建筑等	利用人类的劳动、技术、资本和土地资源，生产自然生态系统不能提供的物质产品	提供的物质产品方便了现代社会的人类生活，是其他产业的发展工具和应用平台	满足了人类发展的需求
	三	四	交通、物流、金融、商贸、地产与其他生产性服务业	物品的流通、信息的交换和资本的调节	一般不直接生产产品，但有利于生产与消费的对接和人们生活的便利	更细微的生产、生活服务和高速发展
	四	五	由生物技术、电子技术、空间技术和信息工程带动的新兴产业	以高素质的人力资本为主要投入要素，产出形式为新知识或对以往知识的创造性应用	改造传统产业并提升其功效，其创造能力是现代文明中一国竞争力的标志	更高效的发展需求；探索未知世界，满足人类的好奇
人力产业		六	医疗卫生、教育培训、旅游休闲、文化娱乐等直接投资于人的生活性服务产业	人类自身生长、繁殖的生理过程和知识技能的积累、提升和再生产过程，提供人力资源和资本	一切发展都以人的能动性为条件，一切发展都是为了人类自身的福利，具有工具性和目的性的统一	对人类自身的认识和关怀催生了"以人为本"的理念，满足了人类这一物种的终极追求

需要指出的是，在六次产业中，农、林、牧、渔等第二产业和新兴的生物工程、信息技术等第五产业（按照新的划分标准）具有过渡产业的性质，它们都兼具两个系统的功能，其经济产出功能都主要利用并依赖于生态系统和人力系统自身的发展。对农业等第二产业来说，在现有技术条件下，高强度投入、耕作面积和生产规模的扩展虽然能够增强其经济产出功能，但一般都会削弱其生态功能，一定程度上两者具有排挤效应；第五产业则相反，它的发展不仅能够改造传统产业从而增强经济系统的功能，同时知识和信息的丰富还有利于人类自身的素质提高、社会的和谐发展，这两种功能具有协同效应。

产业概念的扩展有利于将传统的产业经济理论运用到区域复合系统的分析中，如产业生命周期理论、产业组织与区域发展理论等。

三、成本—收益分析

对生态系统服务功能评估和人力资本评估有利于人们认识和理解各产业的状态、互动的格局及其变化过程。如果一类产业（如经济产业）的发展阻碍或者干扰了另一类产业（如生态产业）的发展，则可根据后者的资产受损数量制订补偿的标准；但是，这还不足以指导人们对未来的投资决策。对于生态产业、经济产业和人力产业，时空上变化的资产评估不能传递应该向哪种产业投资以及应该投资多少这样的信息，而这些信息直接主导公共领域的投资行为和政策设计。生态系统和人力系统和经济产业一样具有资本特征，也就是具有投入后增殖的特点。对于这几种产业来说，选择投入的对象以及投入的多少取决于它们自身的生产函数和社会偏好，也即是在特定状况下它们的边际效益。

投入产出法是由里昂节夫最早提出的，其理论基础是数理经济学家里昂·瓦尔拉的一般均衡论。投入产出法通过编制投入产出表来反映国民经济各产业部门之间的复杂关系，其中价值形态的投入—产出表则是一种直观地分析产业成本—收益的方法。区域复合系统六次产业简化的价值型投入产出表如表3-2所示，表中最后一行列出了各产业的收益成本比，可以作为对各产业的投资依据。

表 3-2　广义产业投入产出框架

投入来源 Input		分配去向 Output	中间使用 Intermediate part				最终产出 Final output	总产出 Gross output
			生态产业 Ecological industry	第二产业 Agriculture	...	人力产业 Human industry	产出小计 Output Subtotal	
中间投入		生态产业	X_{11}	X_{12}	...	X_{16}	U_1	Y_1	X_1
		第二产业	X_{21}	X_{22}	...	X_{26}	U_2	Y_2	X_2
		...	...	...	...	...	...	...	...
		人力产业	X_{61}	X_{62}	...	X_{66}	U_6	Y_n	X_n
	成本小计		C_1	C_2	...	C_6	C	Y	X
增加值	生态报酬(E_j)		E_1	E_2	...	E_6	E		
	社会纯收入(M_j)		M_1	M_2	...	M_6	M		
	人力(劳动)报酬(V_j)		V_1	V_2	...	V_6	V		
	小计		N_1	N_2	...	N_6	N		
总产值			C_1+N_1	C_2+N_2	...	C_6+N_6	$C+N$		
收益/成本			C_1+N_1/C_1	C_2+N_2/C_2	...	C_6+N_6/C_6	$C+N/C$		

与一般投入产出表的格式一样，表中黑线十字所构成坐标系的左上方为第Ⅰ象限，右上方为第Ⅱ象限，左下方为第Ⅲ象限，右下方为第Ⅳ象限。第Ⅰ象限和第Ⅱ象限联合起来表示各类产品生产的投入和使用、积累和消费等物质过程；第Ⅰ象限和第Ⅲ象限联合起来表示产业生产的成本、增值的一次分配和总产值等价值实现过程；由于理论上尚未完全解决如何反映再生产的全过程，故第Ⅳ象限空置。

与以往投入产出表不同的有以下两点：在表中加入最后一行以反映各产业的成本收益值；以往在价值增值的过程中，只考虑了劳动的报酬（作者认为"人力资本"一词同时涵盖了体力劳动和脑力劳动，以人力资本报酬代替劳动报酬更合适）和社会纯收入（经济资本报酬和税金等），在此表中则加入了"生态报酬"一栏，以表示"沉默"的大自然在为其他产业的生产提供巨大服务功能的同时，也理应得到相应的反馈投入以维持自身再生产。源于产业经济分析的投入产出法，通过对经济部门投入产出表的编制和投入产出数学模型的运算，可以清楚地表达区域各种产业部门间的结构性联系、深入分析甚至预测经济发展形势。

第四节　实践意义

在现实中，新的产业概念和发展模式其实已有较多成功实例。如地中海沿岸区域将优美的自然景观和悠远的历史文化结合起来，大力发展生态产业和文化产业，已经成为全世界公民都向往的旅游胜地，它给地中海沿岸国家尤其是北岸一些城市带来的直接收入和产业拉动效益远高于一般经济产业的产值。又如美国硅谷，围绕着斯坦福大学和伯克利加州大学这两个高端人力产业基地，分布着3000多家高科技企业和许多研究开发机构，如今已经成为全球电子产业和信息产业的研发制高点，它不仅给美国带来了长期持续的经济增长，甚至带动了全球产业链的优化升级。

因此，包含了生态产业、经济产业和人力产业的产业概念范畴延伸与体系重构，扩大了区域产业选择的自由度，并可能形成一些全新的区域产业结构。甚至，它有可能改变传统的经济发展模式，对"农业→工业→服务性产业→信息产业"这一渐进式的现代化进程形成新的认识，这为我国现阶段的产业结构升级与社会转型发展提供了新的思路。

第二部分

生态旅游

第一章

生态旅游的发展与研究

第一节 生态旅游概述

一、生态旅游的概念

（一）生态旅游概念的产生

生态旅游是当今世界旅游发展的潮流，也是旅游研究的热点。生态旅游的概念起源于20世纪60年代，最初源于绿色旅游或自然旅游，指的是以自然环境为基础的旅游，是一种旅游产品。1965年，赫泽尔（Hetzer）在反思当时文化、社会和旅游的基础上提出了"生态性旅游"（Ecological Tourism）的发展思路——这标志着生态旅游开始具有雏形。

（二）生态旅游的定义

"生态旅游"一词由世界自然保护联盟（IUCN）生态旅游特别顾问Ceballos-Lascuráin于1983年首次提出："所有观览自然景物的旅行，且强调被观览的景物不应该受到的损失。"第二次世界大战后，全球经济飞速发展，同时环境破坏也越发严重，人们开始逐渐将目光转移至生态旅游上。

尽管生态旅游活动非常流行，但国内外对"何为生态旅游"众说纷纭，争议不断，始终没能达成共识。据不完全统计，国际上与生态旅游相关的定义有140多种，包括世界自然保护联盟、世界银行以及澳大利亚、美国、日本等国家的旅游机构提出的生态旅游定义，国内学者提出的定义也有近100种，但至今还没有令学界信服的统一的定义。

1. 国外对生态旅游的主要定义

1980年加拿大学者莫林（Claude Moulin）在霍金斯（Hawkins）等人编著的《旅游规划与开发问题》一书中发表了《有当地人和当地组织参与的生态旅游和文化旅游规划》（*plan for ecological and cultural tourism involving participation of local population and associations*）一文，提出了与生态学直接有关的旅游概念——生态型旅游（Ecological Tourism），强调对旅游资源的保护和当地居民（或社区）

的参与。

赫克托（Hector，1987）在《生态旅游之未来》(*The future of ecotourism*)一书中最早对生态旅游下了定义，指出生态旅游是"前往相对没有被干扰或污染的自然区域，专门为了学习、赞美、欣赏这些地方的景色和野生动植物与存在的文化表现（现在及过去）的旅游"。

拉斯喀瑞（Lascuráin，1987）给生态旅游的定义是：去往相对原始的地区或未被污染的自然区域的旅行活动，其目的是研究、欣赏和品味自然风光、野生动植物及当地文化遗迹。

库提（Kutay，1989）则认为生态旅游是一种旅游发展模式，在选定的自然区域中规划出游憩基地以及可供游憩的生物资源并标示出它与邻近社会经济区域的联结；另一方面，相对于一般观光旅游的规划，生态旅游必须有事先的计划并且谨慎处理营利和环境冲击的课题。

布（Boo，1999）认为，生态旅游是指去相对原始的自然区域，以欣赏自然风光和野生动植物为目标，并能为保护区筹集资金，为当地居民创造就业机会，为旅游者提供环境教育，从而有利于自然保护的旅游活动。

国际生态旅游协会（Ecotourism Society，1992）将生态旅游界定为"为了解当地环境的文化与自然历史知识，有目的地到自然区域所做的旅游，这种旅游活动的开展在尽量不改变生态系统完整的同时，创造经济发展机会，让自然资源的保护在财政上使当地居民受益"。

世界旅行旅游理事会从 1994 年起创立"绿色环球 21（Green Globe 21）"生态旅游认证标准体系，从 1999 年起开始独立运作，全球有超过 1500 家企业或机构得到认证，有一定的权威性。理事会对生态旅游的定义做出如下阐释："着重通过体验大自然来培养人们对环境和文化的理解、欣赏和保护，从而达到生态上可持续的旅游。"该定义强调生态的可持续性，强调以体验大自然为核心，强调必须实现其增进人们对环境和文化的理解、欣赏和保护。

2. 国内对生态旅游的主要定义

生态旅游的概念在国内外都是争论比较多的主题之一。生态旅游在 20 多年的发展过程中，许多中国学者都从各自的专业背景出发，对生态旅游进行了定义。

王家骏（2002）选取国内外具有代表性的 44 种生态旅游定义进行聚类分析，提出了一个归纳性的定义："生态旅游是一种非大众化的特殊旅游，通常发生在生态系统保持相对完好的自然地区及与之相伴的文化遗产地和传统社区；生态旅游者选择环境可接受性强的活动，使用资源消耗性低的设施，在欣赏、享受、学习、探究自然与文化生态的同时，承担环境保护责任，直接或间接地维护社区利益；生态旅游开发者与管理者密切联系社区居民，将自然生态和社会文化生态的保护放在首位，小规模、低密度、分散开发生态旅游资源，实施控制性管理，加强环境监测与评估；在确保生态旅游者获得非凡体验的同时，使环境变化维持在可接受范围内，使社区经济、社会可持续发展。"

本书认为，生态旅游的定义为：生态旅游是在生态学和可持续发展理念指导下所确定的一种区域旅游发展战略，是以区域可持续发展为目标，以自然区域或某些特定的文化区域为对象，以享受和理解自然景观、野生生物及当地文化为内涵，以对生态系统的影响最小化和环境保护为标志，以对当地社区和居民经济上受益为基本原则的旅游对象。

二、生态旅游的内涵

生态旅游的内涵与环境、生态、旅游等概念是息息相关的。在理解生态旅游的内涵时，有必要分析环境、生态、旅游的实质。环境是一个广泛的概念，环境是客体，其类型是由主体决定的。通常我们所说的环境是以人类为中心，描述人类与周围一切事物和因素之间的关系，人周围的事物统称为环境。所谓生态是指生物与环境之间相互关系的总和。生态是以生物为中心而言的。生态旅游的基本内涵可以归纳为三点：

（一）与自然和文化生态的关系

生态旅游强调旅游过程中对自然与文化生态的感悟与体验，特别是通过环境教育与解说，使旅游者增强对自然与文化生态的认识和理解。

以自然区域的资源为核心，将当地具有生态教育价值的特色生物、自然及人文风貌等通过良好的规划与服务，使旅游者得以深入体验。因此区域的独特自然和人文资源是规划及经营生态旅游的必要条件。

（二）与环境保护和生态保护的关系

生态旅游必须有利于促进当地环境的保护和生态的养育。生态旅游必须和生态环境的保护有机结合起来，强调在维护良好环境质量的前提下开展旅游，生态旅游不能把消费摆在首位，不能以牺牲环境为代价。因此，必须保持旅游区域内的环境质量与保持生态自然资源和文化遗产的多样性，实现生态系统的良性循环和有序发展，保持优美的自然环境。

生态旅游致力于旅游影响的最小化，即努力通过重复使用或者主要使用当地建筑材料，促进可更新能源的开发和使用，安全处理和再利用废弃物，谨慎对待涉及环境和文化敏感的旅游设施，规范旅游者的数量和行为等来确保将旅游活动对生态的影响控制在限定的范围内。生态旅游还致力于环境意识的普及，不仅需要对旅游者进行必要的科学普及，同时也需要对管理人员和当地居民做适当的科普教育。

（三）与当地经济和社会发展的关系

生态旅游致力于促进当地社会经济和文化的发展，特别是当地社区及居民生活水平的提高。生态旅游活动的开展大部分都是在比较偏远的地方，地方经济普遍不发达，居民生活水平低下，因此成功的生态旅游应该有助于当地社会经济的发展。带动当地的经济发展，即通过旅游开发，为当地基础设施建设筹集资金，为当地居民创造就业机会，有效发展经济，能够使当地居民在生态环境质量不降低的基础上，在经济上、财政上获得益处。

生态旅游致力于为自然保护直接提供资金，加强当地生态与人文资源的保护、研究和教育，通过公园门票收入，饭店、航空公司、旅游公司等旅游企业的税收，志愿者贡献等方式寻求资金支持。生态旅游业致力于尊重当地文化，特别是要尊重地方文化传统和居民长久形成的习惯，将旅游开发对当地人群的文化影响降至最低。

总体来看，生态旅游与过去传统的自然旅游、绿色旅游等共同之处在于它们都是在大自然环境中进行的，如野生动物旅游、观鸟旅游和森林旅游等。但是生态旅游与传统旅游的最大区别在于在似乎相同的形式背后，即生态旅游发展的目的是要促进当地的生态环境保护，发展当地经济，提高当地居民的生活水平。

根据上文所述，生态旅游的概念与内涵虽然还处于"百家争鸣，百花齐放"的阶段，尚未最终达成一致的看法，但在以下几个方面已达成共识：

（1）旅游地主要为生态环境良好、文化气息浓郁的地区，特别是生态环境有重要意义的自然保护区。

（2）旅游者、当地居民、旅游经营管理者等相关利益者的环境意识很强。

（3）旅游对环境的负面影响很小。

（4）旅游能为环境保护提供资金。

（5）当地居民能参与旅游开发与管理并分享其经济利益，因而为环境保护提供支持。

（6）生态旅游对旅游者和当地社区等能起到环境教育作用。

（7）生态旅游是一种新型的、可持续的旅游活动。

三、生态旅游的基本特征

生态旅游的基本特征是其内涵的外在表现形式。通过对不同的生态旅游概念分析归纳出生态旅游具有以下几个基本特征：

（一）自然性

自然性是指旅游地自然生态和地方文化的原始性以及旅游服务的自然性。首先是指旅游者所到的旅游区域具有独特的自然生态风光，由于受外界影响较小，这些区域保存着生态环境的相对原始状态。其次是强调旅游服务的自然性，即指生态旅游过程中的各个环节，对各服务项目要求原汁原味和自然。

这是国内外学者基本公认的观点，一般而言，开展生态旅游的热点地区大多为远离都市的自然保护区、风景名胜区、国家森林公园和地质公园等。这些地区地处偏远的山区，交通条件相对落后，受到人为干扰较少，保存了相对完整的自然和文化生态系统，能够使旅游者获得与众不同的旅游经历，享受到大自然独特的恩惠。此外，生态旅游过程中的各个环节，对各服务项目也要求原汁原味和自然。例如生态旅游区大力使用绿色能源以维护生态环境自然。

（二）可持续性

生态旅游是一种有助于实现资源环境的可持续利用的旅游活动，它是针对传统旅游活动对旅游资源和环境的负面影响而提出的，可持续性是它区别于传统旅游的最大特点。生态旅游要求旅游者和旅游业约束自己的行为。生态旅游的开发要在确保生态旅游者获得愉悦旅游体验的同时，使环境变化维持在可接受范围内。在旅游的过程中，生态旅游注重维护旅游地的自然和人文特色，避免损害旅游对象本身及其周围的环境。这使得生态旅游资源可以持续利用，而不会因为旅游的开发而被消耗掉。

（三）高层次性

生态旅游是以自然生态环境为域元开展的旅游活动，但是它并非只是单纯地到生态环境去走一趟，观赏一番，或对之感慨一番之后便打道回府。参加生态旅游的人，其旅游目的主要是观赏和感受生态环境、了解生态知识，维护生态环境的良性发展，而不是寻求刺激和冒险。真正的生态旅游是要明了保护生态的重要意义并为之做出自己的奉献。此外，生态旅游能提供爱护环境的设施和进行环境教育，可有效提高旅游者的生态环境意识，为环境的保护和文化的保护做出贡献。生态旅游是一种"具有强烈环境意识的高品位旅游活动"。生态旅游的高层次性并不表明生态旅游是少数人的旅游。事实上，生态旅游已经成为一种旅游热潮，正在被大多数人接受。

（四）专业性

生态旅游具有比较高的科学文化内涵，要求旅游设施、旅游项目、旅游路线、旅游服务的设计和管理均要体现出很强的专业性，以使游客在较短的时间内获得回归大自然的精神享受和满足，启发和提高游客热爱和保护大自然的意识，进而自觉地保护旅游资源和环境。旅游管理的专业性也是旅游资源和环境得以保护和持续利用以及三大效益的协调发展的前提条件之一。

生态旅游多以特定生态系统为核心，如陆地生态系统、海洋生态系统、草原生态系统、城市生态系统等，这使得生态旅游有着明显的专业性。一些生态旅游项目，如参观地震遗址、火山遗迹、雪山冰川、古生物化石等，都要求有一定的专业知识作为支撑。因此，生态旅游对旅游经营者的专业知识要求较高。

（五）高度参与性

生态旅游的旅游过程有很强的参与性，这主要表现在两个方面：

（1）在旅游开发和经营过程中有当地人的积极参与。当地人参与旅游开发，并在这一过程中受益，可以提升当地人对生态旅游的认同感，有利于生态环境的保护，也有利于当地经济的发展。社区公众的广泛参与是生态旅游可持续发展战略成功的前提与保证，社会公众对于自己生存环境的选择权和管理权得到了承认，才能实现生态旅游开发与目的地经济、社会和生态环境目标的协调发展。

（2）生态旅游可以让旅游者亲身体验大自然的奥秘，从大自然中获得知识和乐趣。游客在旅游过程中参与到自然与人文生态系统中去，亲身体验原生态系统的神奇与奥妙，如亲手摘草莓、踩水车、住农家屋、吃农家饭等，这种参与体验无疑有利于对自然与人文旅游资源的保护。

第二节　生态旅游的发展历程

一、国际生态旅游的发展历程

（一）生态旅游兴起阶段（1960—1980年）

进入20世纪六七十年代，由于欧美各国经济快速发展导致观光旅游人口大增，越来越多的游客开始对造访原始自然生态环境、体验原住民族传统文化产生浓厚兴趣，此类观光地产生了人满为患的困扰，人类生态环境出现逐步恶化的趋势。在"永续发展"的思考下，赫泽尔（Hetzer）于1965年开始呼吁旅游发展以对当地文化和环境冲击最小，对当地经济发展效益最大和旅游者满意程度最大为衡量标准，提出发展"生态型旅游（Ecological Tourism）"。

这一时期生态旅游的总体特征表现为：生态旅游活动基本处于传统大众旅游向生态旅游转变的调整时期，期间既有生态旅游发展较好的国家，也有在发展过程中走弯路的国家，这些国家的生态旅游为后期生态旅游的蓬勃发展奠定了基础；这一时期生态旅游只是在世界部分地区和国家展开，还未形成规模；各国对生态旅游这个新兴的旅游形式还不够了解，人们对生态旅游也存在误解，把生态旅游等同于自然旅游。

此时热门的生态旅游产品有哥斯达黎加的热带雨林游、海底观赏；加拿大的国家公园、滨海旅游、观鸟旅游等；肯尼亚的野生动物之旅、土著文化旅游等。

（二）生态旅游蓬勃发展阶段（1980年—20世纪90年代中期）

生态旅游作为一种新兴、环保的旅游方式，受到世界各国的认同。不仅发展中国家，即便如美国、欧洲、日本、澳大利亚和新西兰等经济发达国家和地区，也都根据各自的生态环境特点，开发了生态旅游产品。

这一时期生态旅游的总体特征是：人们开始注重生态旅游发展所带来的社会、经济和环境的综合效益；各国政府开始注重生态旅游发展，成立了生态旅游相关组织，旨在促进其发展，保护环境和生物多样性；生态旅游地域范围越来越广，生态旅游活动规模越来越大，生态旅游产品类型越来越丰富；生态旅游对规模的限制和世界范围内的"生态旅游热"产生矛盾；在生态旅游发达的国家已经出现官方和非官方的组织，如国际生态旅游协会（TIES），目的是促进生态旅游发展，建立生态旅游基金，保护脆弱的生态系统；生态旅游发展较快的国家已经开始意识到生态旅游与当地社区之间的紧密联系，并努力改善生态旅游发展和社区发展的关系，为社区发展谋福利。

此时热门的生态旅游产品有美国的森林游憩、滑雪旅游；日本的环保之旅、观光农业、跨国生态公益旅游；澳大利亚的农场度假、滨海旅游、观鸟和动物巡游；新西兰的观鸟、海洋生物之旅、珊瑚礁之旅；法国的绿色旅游和乡村旅游等。

（三）生态旅游稳定成熟阶段（20世纪90年代至今）

随着生态旅游在世界范围内的进一步发展，生态旅游进入了稳定成熟发展阶段。生态旅游市场的细分是根据生态旅游者不同的兴趣爱好划分的，具体可分为观鸟、潜水、自然爱好者、考古学家、洞穴学者、徒步旅行者、登山者、环境保护主义者和自我价值实现者。学者彼得森把生态旅游产品分为九类，分别是包价旅游、节庆、住宿、导游服务、观光胜地、非营利性协会、餐饮服务、零售、交通运输。

这一时期生态旅游的总体特点是：生态旅游发展遍及整个世界范围，生态旅游规划更加规范。生态旅游市场针对性越来越强；政府的重视程度提高，扶持政策多样化，为生态旅游发展起到重要的推动作用；生态旅游的发展促进新兴学科的产生和发展，如社会生态学、农业生态学等；生态旅游市场和产品的细分日趋合理。此时生态旅游的主要类型有森林旅游、海洋岛屿、野生生物、草原和湿地旅游等。

二、国内生态旅游发展

（一）从概念接受到理解

20世纪80年代后期，生态旅游这一概念被引入我国，在学界引起了热烈的讨论，并受到了政府部门的关注。这一时期，一系列的生态旅游机构涌现出来。随着大量研讨会的召开，人们对于生态旅游的认识逐步深化，我国的生态旅游实践活动也逐步展开。

1993年9月，"第一届东亚地区国家公园和自然保护区会议"在北京召开，会议通过了《东亚保护区行动计划摘要》。此次会议分析了生态旅游是解决由旅游引起的环境问题的一种途径。生态旅游概念首次在中国以文件的形式通过，标志着中国对生态旅游的认可，并将这一概念上升到了国家政策的层面，表明对其的开展实施给予一定的支持。

1994年，国务院第十六次常务会议审议通过了《中国21世纪议程》，议程中将可持续发展作为国策的高度被提出。由此生态旅游被赋予了深刻的意义与内涵。会上，以中国科学院各生态科研单位为基础的中国旅游协会生态旅游专业委员会正式成立。

1995年1月，云南西双版纳召开了全国第一届生态旅游学术研讨会。来自全国各地的118位从事旅游和自然保护的管理者、专业学者，提出了《关于开拓我国生态旅游产业的倡议》。1996年6月，在联合国开发计划署的支持下，国际生态旅游学术研讨会在我国武汉召开，进一步推进了生态旅游的发展。

（二）从概念到实践

1999年是中国生态旅游发展的重要一年，被誉为是我国的生态旅游年。国家旅游局、国家环境保护总局、国家林业局、中国科学院四个部门联合举办了"99中国生态环境游"活动，此次活动的主题是"走向自然、认识自然、保护环境"。在此期间，四川、湖南分别推出了一系列以生态旅游为主题的活动。由新闻媒体作为传播媒介，"生态旅游"的概念普遍为大众所接受。

同年，我国首次承办的"99昆明世界园艺博览会"也取得圆满成功，专家们的发言主要涉及如下问题：生态旅游概念；中国生态旅游产品类型；中国在开发生态旅游过程中所遇到的困难等。许多生态公园在此之后也陆续诞生。

进入21世纪，我国生态旅游全面发展起来。很多专家、学者不断地吸取和学习国际生态旅游的先进发展理念和方式方法，为我国生态旅游的发展提供了宝贵的经验。

2001年，"建立一批国家生态旅游示范区"被列为我国"十五"期间旅游业发展的重点之一，2007年7月28日，国家旅游局、国家环境保护总局将东部华侨城列为我国第一个国家级生态旅游示范区，生态旅游研讨会也在不断召开。至此，"生态旅游"的概念已深入国人内心。

（三）从实践走向示范

2009年中国生态旅游年启动仪式在海南三亚举行，表明中国生态旅游开始逐步从实践走向示范；2012年9月，为科学引导全国生态旅游发展，指导和监督国家生态旅游示范区建设和运营工作，国家旅游局和环境保护部制定并颁布了《国家生态旅游示范区管理规程》和《国家生态旅游示范区建设与运营规范（GB/T26362-2010）》评分实施细则；2013年12月，国家旅游局、国家环保部公布了2013年国家生态旅游示范区名单共39家；2015年，国家旅游局和环保部拟认定北京市平谷区金海湖风景区等35家单位为国家生态旅游示范区，这也是我国的第三批国家生态旅游示范区。

我国的生态旅游实践已有20多年，除了生态旅游区外，开展生态旅游的单位还有森林公园、自然旅游点、风景名胜区、自然保护区、天然湿地保护区等。

目前我国的生态旅游尚处于初级发展阶段，在世界上仍处于相对落后的地位。这与我国拥有的丰富生态资源很不相称。但可以预计的是，生态旅游这一特殊形式的旅游产业在我国具有广阔的发展前景。

三、生态旅游发展的国际经验

国外旅游业的发展历程表明生态旅游已经成为国际旅游业的发展趋势。不少国家在生态旅游管理体制、资源开发、环境教育与居民权益保护等方面形成了较为成熟的系统管理经验，为我国生态旅游发展提供了有益的借鉴。

（一）立法保护，严格执法

健全的环保法规与严格的执法为生态旅游的发展奠定了法律基础。如1916年，美国通过了关于成立国家公园管理局的法案，国家公园管理纳入了法制化的轨道。在英国，1993年通过了新《国家公园保护法》，旨在加强对自然景观、生态环境的保护。

另外，重视制定发展计划和战略也是旅游目的地生态旅游持续开展的基础。美国在1994年就制定了生态旅游发展规划，以适应游客对生态旅游日益增长的需求。澳大利亚斥资1000万澳元，实施国家生态发展战略。墨西哥政府制订了"旅游面向21世纪规划"，生态旅游是该规划的重点推介项目。

（二）政府主导，多层协作

政府主导型发展模式是澳大利亚生态旅游迅速发展的一大成功经验。澳大利亚各级政府高度重视自然资源和遗产的保护，政府的政绩评价标准不仅包括GDP增长、就业、社会福利，而且包括环境保护的软指标。澳大利亚有专职的政府部门负责指导环境保护与生态旅游发展，目前形成了联邦政府、州政府、地方政府三个互为补充的完备的政府环保机构。

（三）全民参与，综合协调

发动全民参与、综合协调各方利益是国外推进生态旅游发展的成功经验之一。生态旅游发展较早的国家肯尼亚，在生态旅游发展的过程中提出了"野生动物发展与利益分享计划"。菲律宾通过改变传统的捕鱼方式不仅发展了生态旅游业，同时也为当地人提供了替代型的收入来源。

（四）环保宣传，教育示范

在发展生态旅游的过程中，很多国家都提出了不同口号和倡议。如英国发起了"绿色旅游业"运动；日本旅游业协会召开多次旨在保护生态的研讨会，并发表了"游客保护地球宣言"。

（五）多种手段，加强管理

在进行生态旅游开发的许多国家都通过对进入生态旅游区的游客量进行严格的控制，并不断监测人类行为对自然生态的影响，利用专业技术对废弃物做最小化处理，对水资源节约利用等手段达到加强生态旅游区管理的目的。如澳大利亚联合旅游部、澳大利亚旅游协会等机构出台了一系列有关生态旅游指导手册，澳大利亚联合旅游部的《生态旅游的最佳实践——能量和废弃物最小化指南》，澳大利亚旅游协会、国家旅游办公室、世界旅行旅游环境研究中心的《开辟节能清洁旅游——澳大利亚旅游业可持续能源技术》等。此外，很多国家都实行了经营与管理的分离制度，实施许可证制度加强管理。

（六）培育人才，长远规划

泰国政府鼓励开发本国旅游人力资源，扩大旅游业就业人数，使其充分满足市场发展的需求，同时也适应旅游业可持续发展的需求，在关注旅游收入的同时，也注重提高旅游服务的质量，吸引旅游者在自身经济能力可承受范围内，到泰国更多的地方旅游，逗留更长的时间，进行更多的消费，提高消费水平，从而带动整个旅游业收入的提高，使旅游地区得到发展，最终对整个社会经济起到推动作用。

第三节 生态旅游的国内外研究

一、国外生态旅游研究

（一）研究现状

1. 生态旅游研究者国别及专业背景

根据对近十年来137篇国外相关生态旅游论文的研究者按国别统计，以澳大利亚（64篇）和美国（56篇）最多，两者合计占到论文总数的47.2%，加上其次的加拿大、南非、英国、新西兰和墨西哥5个国家，可占到论文总数的75.5%（见表1-1）。由此看出，生态旅游研究者集中在经济发达国家，这些地区也是生态旅游发展较早和较为成熟的地区，研究相对较为活跃。此外，从表中也可看出，中国学者在生态旅游的研究方面也开始注重与国际同人的交流，成果得到了国外刊物的认可。

表 1-1　近 10 年国外相关生态旅游研究者国别

国籍	数量（篇）	比例（%）	国籍	数量（篇）	比例（%）
澳大利亚	64	25.2	巴西	4	1.6
美国	56	22.0	智利	2	0.8
加拿大	19	7.5	挪威	2	0.8
南非	15	5.9	肯尼亚	2	0.8
英国	15	5.9	瑞典	2	0.8
新西兰	12	4.7	津巴布韦	2	0.8
墨西哥	11	4.3	意大利	2	0.8
中国	9	3.5	科威特	2	0.8
德国	8	3.1	其他	21	15.3
法国	6	2.4	合计	193	100

数据来源：编者统计。

由于生态旅游具有综合性、交叉性与边缘性的特点，从各学科不同专业的角度进行生态旅游研究是生态旅游研究的基本特点，因此生态旅游类学术论文的作者专业背景各异。在对 137 篇国外相关生态旅游文献涉及的 193 个作者单位和背景进行统计可以得出，生态与生物学专业的研究者最多，共 38 人次，占作者单位人数的 19.7%；其次是休闲、健康与旅游，资源与环境科学，地球与地理，政治、经济与贸易等专业，分别占作者单位人数的 15.0%、14.5%、7.3%、6.7%；其他还有水上旅游专业、森林资源与保护专业、酒店管理专业、可持续发展专业、人类生态学专业、文化与旅游教育专业、土地规划与建筑工程专业、管理专业、国际生态旅游研究中心及其他领域的研究者（见图 1-1）。如果按研究者的专业分类进行分析，生态旅游研究者的专业几乎涉及哲学、经济学、法学、教育学、文学、地理学、历史学、理学、工学、农学、医学、管理学等一级学科，而涉及的二级学科门类就更多了。

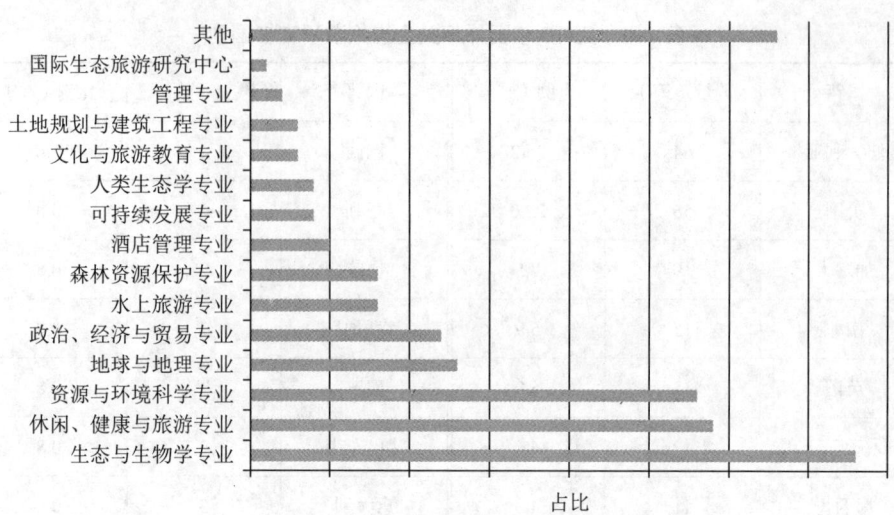

图1-1　近10年国外生态旅游论文研究者的专业背景

2. 生态旅游研究内容

根据国外生态旅游文献的统计分析的结果可以看出生态旅游研究内容丰富。其中涉及生态旅游对当地经济和环境影响内容的共有33篇，占论文总数24.1%；生态旅游管理方面的研究共有22篇，占16.19%；有关理论与方法研究内容的共有18篇，占13.1%；生态旅游产业及运营商的内容共有16篇，占11.7%；对生态旅游社区经济与文化开发进行研究的论文共12篇，占8.8%；对生态旅游产品设计与营销进行研究的论文共11篇，占8.0%；与其所占比例相同的是关于生态旅游者调查与研究的论文共11篇，占总调查论文总数的8.0%；关于生态旅游教育的论文共1篇，占调查论文总数的0.7%；从事其他生态旅游研究的论文共有13篇，占论文总数的9.59%（见图1-2）。

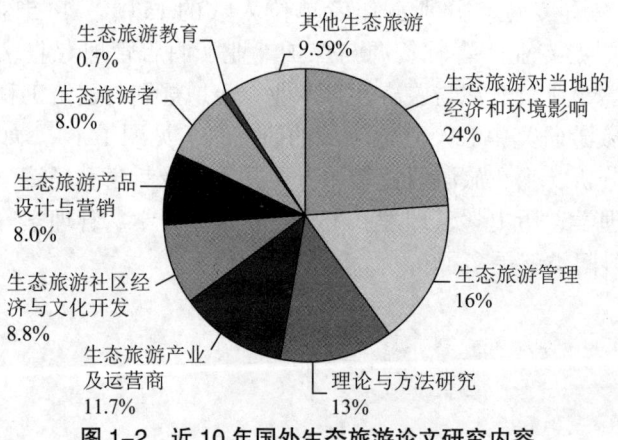

图1-2　近10年国外生态旅游论文研究内容

由此可见，随着生态旅游的进一步发展，研究者应把更多的目光投向生态旅游对当地经济和环境的影响；如何把负面影响降到最小，抵制"伪"生态旅游，生态旅游管理方面的研究也是当今国外生态旅游学界关注的热点。据统计，这两方面研究占据了总调查论文总数的 40.2%，而生态旅游教育方面的论文数仅为 1 篇，说明关于此领域的研究相对仍较为薄弱。

（二）研究趋势

1. 研究成果层出不穷

根据不完全统计，在国际上公开发行的研究生态旅游的期刊就有几十种之多，主要有《旅游研究期刊》(Annals of Tourism Research)、《旅游研究杂志》(Journal of Tourism Studies)、《旅行研究杂志》(Journal of Travel Research)、《旅游管理》(Tourism Management) 及《可持续旅游杂志》(Journal of Sustainable Tourism) 等。这些杂志上发表了大量有关生态旅游开发和规划方面的研究论文。其中《旅游管理》(Tourism Management) 1993 年第 2 期还推出了生态旅游专辑。

此外，各类研究专著也是举不胜举。具有代表性的包括以下几部：Lindberg 等著的《生态旅游——规划者、管理者指导》，此书收集了 20 世纪 90 年代以来的 250 种不同出版物和 400 多篇学术论文；《自然旅游经营者的生态旅游原则》是由生态旅游协会 TES 编辑出版的，它提供了脆弱生态旅游区开发旅游的最新准则，也是一本旅游和旅行专业人士必备的指导用书。Martha Honey 的新作《在界定生态旅游和评述生态旅游现状的基础上》，重点介绍了加拉帕戈斯群岛 (Galapagos)、古巴、坦桑尼亚、赞比亚和南非 5 个典型案例。

2. 涉足学者越来越多，国际组织机构应运而生

Lindberg 等研究伯利兹的论文，主要是揭示生态旅游业对当地社会或社区积极正面的经济和文化影响。Martha 则实地调查生态旅游的收益分配，她对加拉帕戈斯群岛和 Monteverde 的生态旅游发展的研究表明：当地社区的生态旅游收入很少，而城市的大私人企业则控制和获取生态旅游的收益。从 1990 年以来，生态旅游协会（TES）主席 Megan Epler Wood 一直从事生态旅游评价、产业趋势和社区参与的研究。还有像 Reid、Ziffer 等都曾经为生态旅游的环境保护和经济发展互为条件的关系做出过卓有成效的研究结论。主要的组织机构有生态旅游协会（TES）、自然保护管理委员会（TNC）、国际保护组织（CI）、世界野生动物基金组织（WWF）、旅游人类学委员会（IUAES）等都为生态旅游业在区域或全球尺度上的顺利开展做过很多工作，其中最具有代表性的要数生态旅游协会，自 1991 年以来就与华盛顿大学（GWU）合作面向社会提供生态旅游的教育和培训服务，还通过创办论坛和专题讨论会提供最新的生态旅游发展趋势和各种规划管理方法。

二、国内生态旅游研究

国内生态旅游研究不断细致化、深入化，研究方法日渐实证化，但仍存在研究内容不平衡、体系认证和模型构建模糊等问题。

（一）研究现状

我国生态旅游研究尚未有一个公众认可的理论体系，因此，基于现有研究，本书将生态旅游研究进行大致的概括。

1. 国内生态旅游研究的内容

1）资源分类及评价

作为生态旅游发展的基础，生态旅游资源分类与评价是目前国内生态旅游研究领域的热点和难点。但事实上，学界多数还是依照国家旅游局的《生态旅游资源分类、调查与评价》进行分类，并未跳出传统的旅游资源分类体系。此外，旅游资源的多样性和不同资源之间所存在的不可类比性也决定了任何分类都将无法穷尽或涵盖全部资源类型。目前，国内已建立了生态旅游资源评价、生态旅游环境承载力评价、景区生态旅游适宜度评价等众多评价指标体系。

2）开发与规划

作为生态旅游活动的一个重要环节，开发规划的成功与否决定着一个生态旅游区的前途命运。当前，我国生态旅游开发主要以小众型和本土化开发模式为主，包括生态旅游区和生态旅游产品两方面。

首先是生态旅游区。研究区域可分为两大类：一是按照国家行政区划来研究，二是依据生态系统的类别划分为草原、湿地、山地、自然保护区和农业。近年来，按照国家行政区划来研究生态旅游的文献数量显著增多，这正说明了各个省、市和地区都在关注生态旅游的发展态势。

一些学者选择从民族文化的角度规划设计开发旅游产品，可见中国的生态旅游并不限于纯粹的自然生态资源，以民族文化为主的文化生态资源也是生态旅游开发的对象。生态旅游规划源于国家公园的功能分区，几乎与生态旅游研究同步。目前，国内主要着眼于生态系统中的生态旅游资源。随着实践经验的不断积累，学者们逐渐意识到成功的规划方案需要一个强有力的理论依据支撑，并开始尝试将景观生态学、旅游美学、生态伦理学等理论注入其中，作为生态旅游规划的重要理论基础与依据。

3）社区参与

社区参与被认为是生态旅游内涵的一部分，是实现旅游区生态、经济、社会和文化可持续发展的有效途径。目前，国内基于社区的生态旅游研究尚处于起步阶段。相关研究主要有孙九霞等揭示出社区参与理论共识的达成经历了"从缺失到凸显"的过程等并有望成为国内生态旅游发展研究的一个新趋势。

（二）生态旅游研究文献总体分析

国内期刊从 1993 年开始出现生态旅游研究的相关文献。当前对生态旅游的相关研究除了基础性研究和产业发展研究之外，更多集中于生态旅游的规划管理研究以及由此延伸出去的细化研究。

在 CNKI 数据库上以"生态旅游"为关键词进行检索，并对检索结果进行统计分析，可发现近些年来生态旅游研究的一些变化。

1. 历年文献数量变化情况

从图 1-3 可看出，虽然 1995 年已有学者对生态旅游进行研究，但文章数量一直保持在一个较低水平，内容上也集中于对区域或景区的规划开发研究上，既缺乏对基础理论深入性的研究，又缺乏相关技术方面的探讨，停留在实践中的摸索总结上。随着生态旅游研究深入发展，中国生态旅游研究文献年度数量变化较大，根据普赖斯提出的科学文献指数增长规律曲线，研究可分为：① 1995—1999 年，生态旅游概念引入中国不久，文献数量相对较少；② 2000—2006 年，由于国家旅游局将 1999 年定为"生态环境旅游年"，推动学术界对于生态旅游的关注度，文献数量也呈现出指数增长趋势；③ 2007—2011 年，论文增长数量总体放缓甚至下降，但由于国家旅游局将 2009 年定为"生态旅游年"，因而 2010 年与 2011 年又出现较大幅度的上升；④ 2012—2015 年，文献数量趋于稳定。

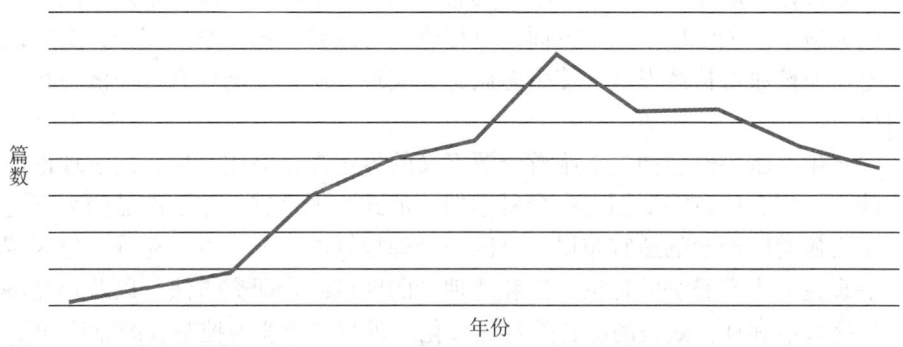

图 1-3　1975—2015 年生态旅游文献的年度数量变化

2. 文献研究领域及关键词

根据生态旅游文献主要研究内容，可将关于生态旅游研究文献的主题大致归纳为：基础理论，生态旅游资源，生态旅游市场，生态旅游开发、作用及影响，管理与政策。其中，关于生态旅游开发研究几乎贯穿整个研究阶段。

研究对关键词词频进行统计，图 1-4 显示排在前 10 位的关键词。在关键词词频统计中，研究者对相似含义的关键词进行合并，例如可持续发展和可持续旅游发展。图 1-4 显示，词频出现次数最多的是可持续发展（旅游战略）或可持续旅游发展，其次是生态旅游开发或发展模式、生态旅游资源。其他诸如生态旅游者等关键词词频均在10以下。关键词揭示近十年间生态旅游研究的主要内容和方向。

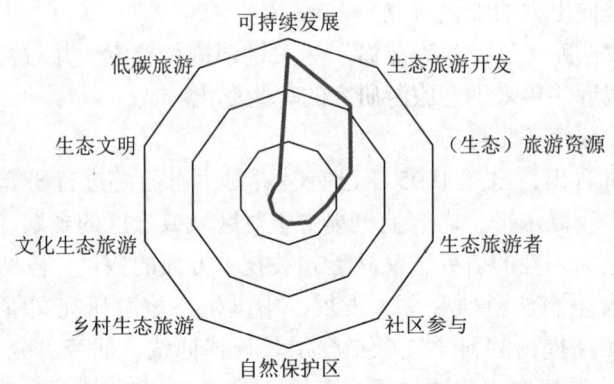

图1-4　生态旅游文献关键词词频

（三）生态旅游未来研究展望

中国生态旅游从兴起至今，不同学科背景的学者倾注了较大的热情，促进了生态旅游理论不断完善，取得了不少具有实践价值的研究成果。未来中国生态旅游的研究应重点关注以下几个方面，以促进生态旅游理论体系的完善，更好地指导生态旅游健康可持续发展，使生态旅游能实现其所预定的生态、经济与社会文化目标：

（1）生态旅游概念和生态旅游资源定义的界定尚未完成，生态旅游理论体系尚未建立。生态旅游需要拥有一套科学的"范式"理论进行旅游产品的生态化设计，生态旅游区产业的适宜布局，分区的合理规划的研究。可以充分考虑区域经济发展理论、生态经济的理论方法和地理学的区域综合研究方法，以获得经济效益、生态效益和社会效益的综合效益最大化。进行"产业内控制、产业外开发"，协调解决生态旅游区经济有效性和生态安全性的矛盾，实现社会和谐发展。

（2）跨学科的生态旅游研究方法尚待完善。生态旅游属新的边缘学科，涉及的内容很多，范围很广。同时，生态旅游是科技含量较高的行业，应当在科技的密切参与下运作，在科学的理论指导下发展跨学科的合作研究。

（3）自然保护区内几乎所有行业都可以为旅游服务，其旅游经济系统边界是明确的。同样，自然保护区的景观生态系统边界也是自然形成的、易于确定的。所以，自然保护区是开发生态旅游的主要目的地，也是保护生态环境的重要领域，如何在自然环境保护区内使旅游与生态环境协调发展，是生态旅游研究的重要课题。应坚持理论联系实际的原则，加强实证研究。

（4）生态旅游影响测度与管理。生态旅游主要是为了实现旅游发展与环境保护的双赢目标，因此，生态旅游影响测度和管理的重要工作之一就是科学评估生态旅游对社会、经济与生态环境的影响性质、表现形式等方面提出有效减缓负面影响的措施。

（5）生态旅游模式与对策。在不同的生态旅游目的地，结合其自身的公约和法规，探讨和实施不同的开发模式和功能区划，构建符合当地特色的产业体系和管理系统；还要探索不同生态旅游产品类型如何充分体现生态旅游原则与要求，确定生态旅游项目的开发格局与优先顺序；更要研究生态脆弱区生态旅游特殊发展路径，探寻生态旅游与资源环境保护协调的发展方式。

（6）环境教育与环境解说。环境教育是传播生态文明理念和提高生态文明意识的重要方式，而环境解说是实现环境教育的重要手段，国内生态旅游环境教育侧重于理念描述和经验介绍，较少关注实践应用。未来对环境教育和解说的研究除应更加注重理论研究，实现对生态旅游解说系统构建和优化外，还应积极评估生态旅游环境教育的效果，并据此提出改善生态旅游环境教育的措施，实现理论成果向实践的有效转化。

（7）生态文明建设与生态旅游。结合我国新时期生态文明建设重点任务，探讨生态文明视角下的生态旅游发展路径，深入分析生态旅游发展对生态文明建设的促进作用，加强生态旅游发展中生态效率、节能减排、可持续管理、生态资源环境开发补偿机制、环境公益诉讼、绿色发展战略等方面的研究，响应生态文明建设战略。

生态旅游是旅游业发展的必然趋势，已经是许多国家的支柱性产业，生态旅游的收益将来可能是仅次于工业、能源产业的第三大产业。在我国适宜地区大力开发生态旅游，不仅能够带动该地区的其他产业和谐发展，取得经济、社会效益，同时还可以使贫困地区的经济走上可持续的良性发展道路，实现贫困人口的脱贫致富。

第二章

生态旅游的环境伦理

第一节 生态旅游与生态旅游环境伦理概述

（一）生态旅游的内涵

自 1993 年王献溥首次表述 Eco-tourism 的中文释义后，不同的学者或者组织机构基于不同角度阐述了生态旅游的内涵。比如卢云亭（1996）认为生态旅游是以生态学原则为指针、生态环境和自然环境为取向所开展的一种既能获得社会经济效益，又能促进生态环境保护的边缘性生态工程和旅游活动；郭来喜（1997）认为生态旅游具有六大特征，分别对应自然性、独特性、文化性、高雅性、参与性、持续性等方面；吴楚材等（2007）认为，生态旅游是城市和集中居民区居民为了解除城市恶劣环境的困扰，为了健康长寿，追求人类理想的生存环境，在郊外良好的生态环境中去保健疗养、度假休憩、娱乐，达到认识自然、了解自然、享受自然、保护自然的目的。每个生态旅游定义的表述都有一定的实践依据和理论背景，也都有不同的侧重和强调重点，尽管定义很多，但综其观点，可归纳出生态旅游概念的四个重要内涵：

（1）旅游对象是自然生态及与之共生的人文生态。由于我国悠久的历史和人地密切关系，生态旅游对象不仅仅局限于自然生态系统，还包括自然区域中具有地域特色的人文生态系统。

（2）强调旅游责任。一方面，管理者、经营者和旅游者应承担保护资源环境和促进当地社区可持续发展的责任；另一方面，当地社区应承担保护资源环境和维护旅游氛围的责任。

（3）重视环境教育。生态旅游要能提高甚至改变游客的环境资源观和生活方式。

（4）旅游干扰的可控性。生态旅游活动对生态系统的干扰必须是可控的，使旅游活动对当地旅游资源、自然生态和社会文化的负面影响最小化。

（二）环境伦理观的内涵

环境伦理学是研究人与自然之间道德关系的学科。作为一种全新的伦理学，环境伦理学的革命性变革在于它试图扩展伦理的范围，把人之外的自然存在物纳入伦理关怀的范围，用道德来调节人与自然的关系。当代环境伦理学主要以环境价值观与环境意义上的人类道德行为为研究主题。就其基本精神而言，主要表现为四个基本流派，即开明的人类中心主义、动物解放权利论、生物平等主义和生态整体主义。其主要观点可概括为如表2-1所示。

表2-1 环境伦理学的主要流派

类型	主要观点
开明的人类中心主义	只有人才有资格得到道德地位，根据"利益均等的平等"原则，道德关心要延伸到子孙后代，当代人不能为了满足其所有需要而透支后代的环境资源
动物解放权利论	动物也能感受苦乐，我们必须把动物的苦乐也纳入我们的"道德计算"中来，必须停止给动物带来痛苦的行为；动物也拥有值得我们尊重的天赋价值和不可侵犯的权利，应给它们以同等的道德地位
生物平等主义	所有生物都是生命的中心，所有物种都是平等的，都拥有同等的天赋价值，人类必须敬畏所有生命
生态整体主义	不仅要承认存在于自然客体之间的价值和关系，而且要以维护生态系统的整体性为原则，把物种和生态系统这类生态"整体"视为拥有直接道德地位的道德顾客

第二节 生态旅游环境伦理的发展阶段

20世纪40年代以后，人类出现了一种普遍的社会心态，就是"回归自然"，它标志着人类对生存环境的认识有了新的转折，在伦理学上表现为从自然伦理、社会伦理发展到生态环境伦理阶段。这表明：生态环境伦理的产生和发展是一个渐进的历史进程。根据生态环境发展的特点，可将其大体划分为如下几个阶段：

一、生态环境伦理产生前的"回归自然"思潮

在20世纪中叶生态环境伦理出现之前，人类生存处于"区分态"阶段。所谓"区分态"，是与"未区分态"生存相对应的一种社会形态。"未区分态"生存是以自然经济为基础的，在这种状态下，人完全受自然力的支配，并由此决定了人们在生产和生活中完全处于一种混沌未分的状态。18世纪以后，人类生存由"未区分态"走向了"区分态"，即在人与自然、人与神、个人与社会共同体的关系上出现了清晰的区分，而直接导致这种"区分"的因素是生产力的发展。在走出原始和蒙昧之后，人类不断地改革生存工具，从而日益提高对自然的利用、改

造与征服能力。特别是18世纪工业革命后，社会化大生产、机械大工业和日新月异的科技革命不断地刺激着人们对自然资源的享有欲和征服欲。

随着18世纪工业文明的崛起，一种竭力挽救被工业文明湮灭了人的灵性，一种揭露技术理性负面效应的浪漫主义思潮便应运而生了，其中最有代表性的人物就是法国著名思想家卢梭。卢梭认为科学的发展和道德的进步是背道而驰的。他基于"科学是人类大恶"的认识，强烈要求"回归自然"，即要求人们"按照自然而生活"，"按照自然的道路前进"，认为"自然的道路就是幸福的道路"。卢梭的"回归自然"的基本思想是排斥科学技术、摒弃知识作用的，它实质上是一种怀旧眷恋式的回归思想，与当代人对回归自然的期盼完全不是一回事。

总之，在生态环境伦理出现之前的"已区分"社会，人与自然的关系常常被扭曲至极端状态，在此种条件下，自然界被看成是征服的对象、掠夺的对象和破坏的对象。人们要求回归自然，实质上是一种人性的回归和人类自我的回归。尽管如此，原始回归的思潮，启示着人们在未来的生活中必须与自然界保持和谐的关系，合理地享用自然所赐予人类的财富是当代人、下代人乃至整个人类不应当被剥夺的权利。这些都为20世纪中叶生态环境伦理思潮的产生起了一定的推动作用。

二、生态环境伦理的萌芽时期

20世纪40年代末，生态环境伦理思想开始萌生。按照生态环境伦理的观点，人与自然之间也存在道德规范，这一规范要求人类应尊重自然、爱护自然、维持自然环境的完整和稳定，并自觉履行保护生态环境的责任和义务，这与社会伦理时期人对自然任意宰割的行为和观念是完全相反的。

下面介绍几位创立生态环境伦理学的先驱者：

（一）竭力主张"拯救地球"的生态环境伦理先驱——马丁·海德格尔

马丁·海德格尔（Martin Heidegger，1875—1965年）是当代德国著名的哲学家。他出生于德国西部的巴登州，主要著作有《存在与时间》《论人类中心论的信》等。海德格尔之所以被称为生态环境伦理的先驱者，是因为20世纪40年代后，他用诗化的语言和抽象的思辨，提出了"拯救地球"的主张，西方许多学者都把他看作"绿党分子"。海德格尔的生态伦理思想主要有以下几个方面：

1. 技术时代潜伏着破坏地球的巨大危险

海德格尔认为技术的本质是一种"框架"，它紧紧地限制了人的行为，也限制了自然事物所表现出来的内容。技术时代对生态潜伏着巨大的危险，随着技术的广泛推行，人与自然的关系发生了根本的变化，天地万物全成为技术改造、利用和破坏的对象，人类所居住的大地完全成了被技术剥夺的地方，而且随着科技进步，这种给地球带来的灾难愈演愈烈。在此过程中，人类自身也逐渐沦为技术的奴隶，成为一种追求实用目的的动物。不过，海德格尔并不是悲观主义者，他认为在未来的生活中，人类仍然有获救和克服危险的可能。

2. 拯救地球就应改变人的主体地位

海德格尔认为，中世纪结束以后，新时代是以人为主体的时代，在这个时代，人成了万物的主宰和世界的中心，人类总是试图将自己所面对的事物与自己区别、隔离开来，使自然界成为与人自身相对立的对象，总是试图把自己的尺度和标准强加给自然界，使自然界乃至整个世界都按照人的旨意来发生变化。显而易见，人类主体地位的获得大大强化了人的征服欲和权力欲，而这种被强化了的征服欲和权力欲又无节制地发泄到人类所栖居的生态环境中。

在目睹了现实中所发生的这些悲剧后，海德格尔通过对人类主体地位的反思，开始对"人类中心主义"的价值观进行了批判。他认为，人无论如何不应该总是充当世界的中心和主宰，而应当作为自然生态环境的看护者。

3. 把艺术召引导换到挽救人类未来的行列中来

海德格尔认为地球永远是人类繁衍生存的基地，是哺育人类的母亲，人居住在地球上，就应该与自然保持和谐的关系，只有如此，人才能获得"诗意般的居住"环境。

（二）世界公认的生态环境伦理的奠基人——莱昂波尔德

莱昂波尔德（Aldo Leopold，1887—1948年）出生于美国依阿华州伯灵顿市的一个法国移民家庭，20岁时获得了美国耶鲁大学林业专业硕士学位，实地考察过30多条河流、美国中北部9个州以及德国部分地区，亲眼目睹了许多土地被侵蚀，河流、植被遭破坏，动物被伤害等现象。他对生态环境保护最大的贡献是"像一座山那样思考"，其寓意是山虽然无法进行思考，但是山的存在所体现的却是动物、植物、微生物、岩石、土地间的整体性和相关性。他要求人类应当抛弃早期自然保护主义者以人的需要来对待自然的观点，而必须顾及大自然的整体和谐。莱昂波尔德的"大地伦理"理论，集中表达了以下重要内容：

1. 人是大地共同体的一员

莱昂波尔德认为，人与大地的不同关系往往代表着不同的伦理立场。一种关系是把人看作是大地的主人，另一种关系是把人看作是大地的一员。前者由于把人与大地的关系视为主人与奴隶的关系，地球也就必然被当作人类的奴隶而得不到伦理上的保护；后者因把人看作是地球的一部分，大地生态环境就会得到保护。

2. 保护生态系统是合乎大地伦理规划的行为

莱昂波尔德认为："当一个事物有助于保护生物共同体的和谐、稳定和美丽的时候，它就是正确的；当它走向反面时，就是错误的。"由此决定了保护生态系统的和谐稳定、保持生物存在的多样性、保持土地的完整无损的行为就是合乎大地伦理规划的行为。

3. 对大地美的审视和伦理审视的统一

莱昂波尔德认为，人们对自然的保护，一是出于利用上的需要，一是出于审美的要求。过去人们对自然的审美只停留在欣赏自然风景这一表面现象上，而无法实现精神与大自然的交流。人们只有真诚地感知到大自然存在的和谐与完整时，才会油然而生一种超越对自身利害思考的价值观，达到审美与伦理的统一。这种大地美与伦理的统一观是增强游人保护生态环境责任感的重要基础。

莱昂波尔德的"大地伦理"观，在20世纪30年代被提出后，未能立刻引起人们的重视，60年后，其思想观点才被人们推崇。

（三）美国著名女海洋生物学家——雷彻尔·卡逊

雷彻尔·卡逊（Rachel Carson，1907—1964年）出生于美国宾夕法尼亚州，专门从事海洋生态研究，先后出版了《海风下》《我们周围的海洋》和《海洋的边缘》等著作。在书中她尽情赞美了大自然的和谐，特别是对海洋生态环境的完整性表达了深厚的感情，同时也对西方国家因军备竞赛而将核废料大量倒入海中，从而导致海洋生态环境恶化的丑恶行径进行了直率的揭露。20世纪50年代之后，她把注意力转向杀虫剂的使用导致人体健康受损害的研究上，其中对DDT化学药剂的使用所造成的环境危害和恶劣影响的研究尤为系统。

（四）生态环境伦理的另一奠基人——阿尔贝特·史怀泽

阿尔贝特·史怀泽（Albert Schweitzer，1875—1965年）生于德法边界的阿萨斯省的小城凯泽尔贝格。他参加了非洲加蓬兰巴雷内的"丛林诊所"工作，并利用作为战争俘虏的这段时间，进行了"敬畏生命"伦理思想体系的研究。1918年以后，史怀泽曾在欧洲和非洲巡回讲授他的"敬畏生命"伦理学。1954年，史怀泽因其研究成果而被授予了诺贝尔和平奖。

史怀泽的"敬畏生命"的伦理思想包含哪些基本内容？据他的著作——《敬畏生命》《敬畏生命理论的产生及其对我们文化的意义》《人类思想发展中的伦理问题》等的内容，可将其伦理思想的主要观点归纳为以下几个方面：

1. 关于敬畏生命的善恶定义

史怀泽认为，善的本质是保存和促进生命，使生命达到其最高度的发展；恶的本质是毁灭生命，损害生命，阻碍生命的发展。

2. 关于敬畏生命伦理的原则

史怀泽认为，伦理的基本原则就是敬畏生命，它是一种扩大了的爱心，其基本要求是给予任何生物所有善意。

3. 关于敬畏生命伦理的目的

史怀泽认为，伦理的目的就是要扩大人类的道德责任，克服盲目的利己主义世界观，从而关怀自己周围的所有生物的命运，并给予它们真正的人道帮助。

三、生态环境伦理获得定位的时期

生态环境伦理经过20世纪40年代至60年代的长足发展，至70年代以后，它开始在学科领域中获得应有的定位，主要表现为：在保护环境、拯救地球的旗帜指引下，世界许多组织、各国政府、民间团体和学术机构加强了联系和合作，为推动生态环境伦理的发展做出了重要贡献。如1972年6月5日至16日，联合国在斯德哥尔摩主持召开了历史上第一次大型的人类环境会议。大会通过了《人类环境宣言》，随后又形成了大会正式报告——《只有一个地球》。《人类环境宣言》呼吁各国政府和人民为维护和改善人类环境，造福全人类，造福子孙后代而共同努力，同时，会议还决定把今后每年的6月5日定为"世界环境日"。《只有一个地球》指出：人类所面临的环境问题都是人类对生态的错误行为所致，为了重建地球新秩序，人类必须爱护共同享有的生物圈，正确地使用控制技术，并在新的时代制定全人类共同遵守的生存原则。上述两个文件被称为生态环境伦理的基石和框架结构。

1983年，联合国在第38届大会上通过决议，成立了世界环境与发展委员会。1987年，该委员会提出研究报告——《我们共同的未来》，并于同年12月提交联合国第42届大会通过。这份报告明确界定"可持续发展"的概念为"既满足当代人的需要，又不对后代人满足其需要的能力构成危害"。报告还指出："我们已试图说明人类的生存和福利，是如何有赖于把可持续发展提高到全球性伦理道德方面的成功。"

继斯德哥尔摩人类环境会议之后，联合国在1992年6月3日至14日，于巴西里约热内卢举办了环境与发展大会，通过了《里约环境与发展宣言》《21世纪议程》和《关于森林问题的原则声明》。153个国家和欧共体正式签署了《气候变化框架公约》和《生物多样性公约》。里约热内卢环发大会不仅对西方社会长期以来新推行的"高生产、高消费、高污染"的传统发展模式提出了批评，而且强调了人类应当追求一种更加合理的生产和生存方式，提出了与自然相协调的生活是人类不应被剥夺的权利。大会重申斯德哥尔摩大会提出的"为了公平地满足今世后代在发展与环境方面的需求，拥有发展的权利必须实现"。这次会议要求各国在解决目前的生存危机或环境恶化的问题上必须通力合作，形成全球性的伙伴关系。

除联合国组织的官方环境会议外，许多社会组织、政党和民间团体也都各尽所能，为保护生态环境奔走呼吁。如20世纪70年代初，西方许多国家的政府纷纷成立环境保护机构，引导公众积极建立民间环保团体或组织，并最早在瑞士、德国等地建立了绿色组织。这些民间性质的环保团体与组织，不仅是保护自然环境的一支有生力量，而且还成为一支独特的政治力量。1993年8月28日至9月

4日，来自世界各地宗教团体的6500名代表在美国芝加哥集会，集会通过的《走向全球伦理宣言》就是一个民间宗教力量促进环境保护事业的最好例子。该宣言指出，对于一种更好的全球秩序，我们全都负有某种责任。

至于各国的专家、学者联合起来所进行的环境问题的课题研究就更频繁。如1968年应意大利著名实业家、经济学家奥雷里奥·佩西博士的邀请，来自10个国家的30位科学家、教育家、经济学家、工业家、人文主义者以及国际文职公务员相聚在罗马林西研究院，共同探讨了一个范围空前、内涵惊人的课题：人类目前和未来的处境。这次会议宣告了罗马俱乐部的诞生。该组织因属非官方性，故被人们称为"无形学院"。以后，这个组织以丰富的理论构想和脚踏实地的努力，发布了许多向人们提供警示的有关环境问题的实地考察资料，教育人们要对未来和人类自身承担责任，要热爱自然、保护生态环境。我们在追溯生态环境伦理形成的历史过程时，不能忘记他们的功绩。

第三节 生态环境伦理的基本内容及其在生态旅游中的指导作用

一、生态环境伦理的基本内容

（一）强调大自然的整体和谐性

所谓整体性，是指人类生存的大地，包括各种生物系统和生物栖息所依赖的自然环境系统，是一个统一的、完整的有机体，每个系统的组成要素之间都是相互联系和相互制约的。正如美国生态环境伦理专家莱昂波尔德在"大地伦理"中所说的那样："一座山没有思维器官，似乎无法进行思考，但是山的存在所体现的却是动物、植物、微生物、岩石、土地间的整体性和相关性。"这就是说，大自然是一个互相关联的和谐的整体，人类只有把自己的行为约束在有利于保护生态系统的和谐稳定、保护生物存在的多样性、保护土地利用的完整无损时，才可以说是符合生态环境伦理规范的要求的。

著名环境伦理学家史怀泽在其"敬畏生命"的研究中，也特别强调生命的统一性和世界的和谐性。他认为，世界中整个生命现象都是统一的。人类必须正确认识世界，与自然建立一种和谐的精神关系。

（二）要求人与自然的关系是非常和谐的关系

关于这一项内容，在上述几个著名的环境伦理学家所创立的生态伦理学说中都可找到大量的论述，如海德格尔指出，人类从属于大地，依赖于大地；人不应该充当大地的中心和主宰，而应当作自然的看护者；人类要改变自己的主体地位,走出"人类中心主义"的误区。那些把自己的尺度和标准强加给自然,使自然按照人的旨意发生变化的做法必然会扩大人的征服欲或权力欲,加速人类改造和征服自然的过程和力度,结果造成自然界有机构成的解体,从而使人类与自然之间更加分离,对立起来,形成主体与客体严重分裂的二元化空间分布模式。

美国生态学家莱昂波尔德和卡逊与海德格尔一样,也特别强调人不是自然界的主人,人类再不能扩充自己的征服精神,而应用一种道德来尊重自然。

至于史怀泽,他更是一个保护生命的倡导者,多次指出人类无节制的扩张就是利己主义,强调人类要加强自己对生态环境的道德责任,克服盲目的利己主义,发展人与自然之间的伙伴关系。

(三)强调维护生物多样性和生态环境多样性

生物作为一种物种存在,有资格、有权利得到人类的尊重,即人类有责任、有义务保护生物的多样性,保护生物为了维护自身的存在必须拥有的特定的生态环境,诸如阳光、空气、水源、地域等。生物赖以生存的条件,如生态过程与生命支持系统一旦受到污染和破坏,生物的种群和群落便无法存在,生物的多样性也就不可能得以维护。

自然是可供人类享用的,但是,自然的可享用性是有条件的,它是以自然中生物的多样性为具体内容和保证的。人类要维护自然的可享用性,就要维护自然对人类的可享用性,而要维护自然对人类的可享用性,就要维护自然中的生物多样性和生物生存的环境因素的多样性。这表明,人类的享乐和发展与保护生物多样性是互为条件的,人类为了享用自然,就应以高度的责任感保护生物的多样性,生物多样性一旦受到破坏,就会危及人类生存。这种辩证关系启示人们,在危及生物多样性的安全时,应以最高的道德要求节制和约束自己的行为,并应改变那种不尊重生物权利的生产方式和生活方式。总之,维护生物多样性的正确的生态伦理,与破坏全人类赖以生存的基础为代价,获取一部分人甚至少数人享乐与发展的做法是格格不入的,同时也与破坏子孙后代赖以生存的基础为代价,换取当代人享乐与发展的做法是背道而驰的。

(四)要求人类必须承认自然的权利

生态环境伦理思想认为,自然权利就是自然生物的权利或生物的自然权利。其概念可界定为:生物固有的、按生态学规律存在并受人类尊重的资格。这是因为:

(1)每一种生物都有适应环境的特殊方式,这种特殊方式实质上是生物的种族特征。生物在自然竞争和自然选择的过程中,逐步使其种族在自然中占据了属于它们自己的位置,即"生态位"。所谓"生态位",是指生物在自然界存在的资格,这种生存资格或权利,只能以生物的种族特征为尺度去加以肯定,而不能以人类的种族特征作为尺度去任意否定。如骆驼的驼峰、长颈鹿的脖子等生物特征，若与人类所具备的一切特征相比，则无所谓谁的更好，谁的更坏，因为自然并没有规定哪些种族特征才能作为生物存在资格和标准的裁判。那么，从生态学的观点看，任何一种动物都可以与人类辩理，宣称只有自己的种族特征才能够配做一切生物存在资格和标准的裁判。由此可见，人类的种族特征表达的仅仅是人类与其他生物的差别，这并不表明人类比其他生物优越。一切生物作为一种物种存在，有权利、有资格受到人类的尊重和保护；反过来说，人类不仅有责任、有义务尊重各个物种存在的资格和权利，而且有责任、有义务保护一切生物的物种不被消灭。

（2）生态环境伦理所讲的受人类尊重的生物权利，主要是就生物物种而言的，而不是说对某种生物个体存在状态的剥夺就是对生物权利的侵犯。但是，当某种生物，其存在对于整个生态平衡不可缺失，个体存在状态的被剥夺会直接危及某一区域或整个自然界的生态平衡与生态稳定时，这种对生物个体的剥夺就是对生物权利的侵犯。

（五）要求人类必须承认自然的价值

自然或生物的价值是多方面的，其主要价值表现在两个主题内容上：

（1）被人们视为对其有用的自然的使用价值，其判断标准是对人是否有用。如自然界对人类提供的土地、森林、海洋、动植物等自然资源；自然界对人类提供的具有陶冶情操作用的价值；自然界给人类提供的有益于身心健康的环境的价值等。

（2）除了使用价值以外的自然界固有的价值或内在价值。如生物物种的存在对生态平衡的作用；动物的存在对保持食物链的连续性与完整性的作用等。这类价值并不是直接对人有用的，但是它对于人类的存在却比上述自然使用价值的意义更深刻和更重要。过去人们对这类价值的认识，同对自然权利的认识一样，长期持一种不承认的偏见。其主要理由有：①只有人才有对自己有需要的意识，而自然界的山川草木飞禽走兽因没有意识，故不具备内在价值；②只有人才是自然的评判者，任何其他自然物都不能充当价值主体；③认为文学艺术创作中把自然人格化，可视为自然界的一种固有价值，但它不是一种严肃的科学态度。

上述这些观念实际上是人类中心主义的产物，说穿了就是只有人才能满足自己需要的资格或权利，其他动植物或自然物只能为人类需要服务。当然，我们并不否认人是价值主体，是需要和价值的评判者，人有其他自然物都不具备的自我意识。但是我们也不能否认，自然界除对人有用外，还有比这种有用更深刻的固有价值，尽管这类价值是人类发现和认可的，但是它的自然属性却是客观存在的东西，是不以意志为转移的。其内在价值主要表现为在生态系统中所发挥的独特作用。也就是说，每一种生物都对生态系统的平衡和稳定，对生态系统的物质循环、能量流动和信息交换，发挥着自己的特殊功能。生态系统是由一系列形形色色的生物交织而成的立体式网络，每一种生物都是这一立体网络的有机环节，他们环环相扣，彼此关联，从而形成了一个完整的具有生物内在价值的生态机制，对该客观机制人类没有理由不予承认。

二、环境伦理在生态旅游中的作用

从上述生态环境伦理的基本内容中，人们不难看出这种自然伦理思想对生态旅游的指导作用。

（1）生态环境伦理所包含的内容和观点，如大自然的整体和谐性、人与自然之间的伙伴关系、维护生物多样性和生态环境多样性是生态环境伦理的精华等，都是开展生态旅游活动必须遵循的基本原则。因为生态旅游的最本质属性是保护生态环境，维护物种稳定和平衡。作为一个生态旅游者，若不懂得人类居住的家园，包括各种生物系统和生物栖息所依赖的自然环境系统，都是一个统一的、完整的有机体；不懂得每个系统的组成要素之间都是相互联系、相互制约的关系；不懂得人在自然之中既从属于大地，又依赖于大地，人类不应当充当自然界的主宰和中心，而应做自然的看护人，并坚决从"人类中心主义"的误区中走出来的道理；不懂得生物多样性和生态环境的多样性是人类对自然可享用性的基础和保障等理论，就会在自然或生态旅游中对自然产生不负责任的征服欲和权力欲，而由此产生的对生态环境的破坏后果就会不堪设想。

生态环境伦理思想是所有参与生态旅游事业的人必须具备的意识和伦理素质。

（2）生态环境伦理所强调的生物权利和生物价值的观点，从实践上给生态旅游者指明了一种可操作的方法。这种方法主要体现在人们在从事生态旅游时必须以实际行动维护生物在自然界存在的资格和权利，把生态旅游地看作是人与生物的"利益共同体"。生态旅游者不仅不能侵犯自然、破坏生物的多样性，而且要制定出约束自我、尊重自然权利、履行保护生态环境义务的办法。

尊重生物权利和生物价值的基本方法是不滥捕、滥杀动物，不破坏、采伐植物，同时要以最大的责任心约束自己的行为，不污染、不破坏生物赖以生存的条件——基本的生态过程与生命维持系统，如不把自己带进风景地的危害生态环境的垃圾留在那里，或把他人带进的垃圾清除掉等，这些都是对生态旅游者的起码要求，也是他们在尊重自然权利和自然价值方面应表现出的一点爱心。

（3）生态环境伦理是指导生态旅游活动贯彻可持续发展方针，为子孙后代留下旅游产业，并满足其享用自然资源权利的重要思想武器。

我们已经提到，生态环境伦理是协调人与自然关系的，它从维护自然环境、保护生态平衡的目的出发，对人们的行为提出了规范要求。这种规范要求所遵循的基本原则就是要在自然采取的行为的价值指向上实现"利益公正"的目的。人类要实现"利益公正",最重要的是要实现人类代际间的利益公正。所谓人类代际间的利益公正,是指人类在世代更替过程中对利益的享有应保持公正或合乎正义。具体地讲,就是要求当代人在满足自己的利益需要时,不能剥夺后代人满足他们利益需求的权利,即当代人应谋求可持续发展。

生态旅游的本质属性就是要维护生态环境安全和生态平衡稳定,这就要求从事这种专项旅游的人们必须有保护生态环境的责任感,在开发代内生态旅游资源时,能想到代际人们对资源的享用需求,有意识地给后代留下一些可供享用的资源和环境。当代人只有贯彻了可持续发展的战略目标,才有可能使后代人获得可持续发展旅游的基础,才有可能实现代际间的利益公正。这些观点都是从生态环境伦理中延伸出来的,它是指导生态旅游活动健康发展的有力思想武器。

第四节 生态旅游环境伦理的基本原则及对人们的要求

生态旅游环境伦理观是指在生态旅游地开展生态旅游所依据的生态伦理学思想。这种伦理观同一般的社会伦理观一样,有其基本原则。所谓基本原则,是指对生态旅游者提出的最根本的、具有普遍性的要求,它是生态环境伦理道德的核心和根本标准。

一、生态旅游环境伦理的原则

生态环境伦理是对生态旅游者提出的最根本的、具有普遍性的要求,它是生态旅游伦理道德的核心和根本标准,它所坚持的最基本原则是"利益公正"。关于这一伦理原则,在生态旅游学上可视为一种新的理论视角,它对利益公正的认识和把握不是建立在人与人之间的关系的基础上的,而是以生态学为指针,把"利益公正"扩展到社会—人—自然一体化的领域。

要想保护好环境,实现生态旅游的可持续发展以及人与自然的和谐,就必须同时处理好三对伦理关系,即当代人之间的关系、当代人与后代人之间的关系以及人与自然之间的关系。环境伦理为我们处理和调整这三对伦理关系提供以下原则:

(一)实现生态旅游者代际的利益公正

代际指当代与下代之间。从代际伦理的角度讲,当代人享有生存、自由、平等、追求幸福等基本权利;同样,后代人也享有这些基本权利。生态旅游所依赖的生态资源,包括生物多样性旅游资源和生态环境多样性旅游资源,不仅是当代人可享用的资源,而且也应是后代人可享用的资源。当代人在追求和实现自己的这些基本权利时,不应当减少和损害后代人追求和实现他们的这些基本权利的机会。为了保证子孙后代可以享用到这些自然生态旅游资源,当代人必须具有实现人类代际间的利益公正的意识。这就是说，在人类世代更替中，当代生态旅游者要用心保护生态旅游资源，使之不受破坏、不遭浪费、不会退化，同时还要区别代内和代际生态旅游资源，把代内不应当开发的属于代际间的资源，留给后代去开发和享用。只有这样，才能处理好代际间人类对生态旅游资源不同享用需要之间的矛盾，才能使旅游业在当代和后代都可持续发展。

当代人在开发利用生态旅游资源时，应当摆脱目光短浅的局限，为人类延续发展生态旅游业承担起保护生态环境系统的责任和义务。特别值得指出的是，一些生态旅游者和开发经营者为满足自身或当前的经济利益，毫无节制地开发生态旅游资源，把一些不具备开发条件的，或应当留给后代人去开发的生态旅游资源统统予以开发，结果造成了资源的严重破坏、环境的严重恶化和生物物种的不断消失，从而使后代人失去了开发享用生态旅游资源的权利。

为了实现当代人与后代人对生态旅游资源需求的利益公平，当代的旅游决策者应当对代内和代际开发的生态资源加以界定，即要明确在同一地区内，哪些生态旅游资源属于代内开发的，哪些生态旅游资源属于代际开发的；哪些区域的生态旅游资源可在代内开发和利用，哪些区域的生态旅游资源应当留给后代人去享用。因此，开发利用生态旅游资源的规划必须提前去做，只有这样才能把可持续发展的原则真正落到实处。

（二）实现生态旅游者代内的利益公平

生态旅游者代内的利益公平是指当代生态旅游者在利用生态资源、满足自身需求时应做到机会平等，即当代不同国家和地区在保护家园、享用生态资源、谋求发展和生存上实现责任平等。即要强调公平地享有地球和生态旅游资源，将旅游资源和生态环境看成是人类共有的财富，由大家共同承担维护和保护地球的责任。具体地讲，就是当代不同国家和地区在保护家园、享用生态资源、谋求发展和生存上能实现责任平等。

由于发展中国家缺乏资金和技术上的支持，处理这些进口垃圾的能力有限，因此极易造成严重的生态环境污染。发达国家利用不发达国家的贫困，用这种非人道、非正义的做法，把生态危机转嫁给发展中国家或地区，这在环境伦理上根本谈不上平等。它表明，发达国家仍在保持它的发展特权，而受损害的却是许多贫穷国家。因此，要实现人类代内的利益公平，需要全人类，特别是发达国家要共同面对生态危机，共同承担起化解生态危机的神圣使命。

在当今世界，代内各国和各地区之间在保护地球、保护生态旅游资源方面存在严重的责任不平等状况。因贫困差别太大，一些资本主义发达国家，用输出废物或垃圾的方式把发展中国家当成自己的垃圾集散地或废物处理厂，企图以此来转嫁生态危机。这种输出垃圾的行为造成了发展中国家某些地区生态环境的破坏。如1988年，荷兰的儿桑腾运输公司经荷兰环境部批准，给非洲刚果运送了

100万吨废物，20世纪80年代末，欧洲和美国与非洲几内亚比绍达成协议，计划在10年内向该国输送300万吨废物。此外，美国费城将1.5万吨工业废物烧灰倾倒在了几内亚的卡萨岛上；意大利将4000吨化学废物体倾倒在了黎巴嫩。我国从改革开放以来，也陆续查处了多起"洋垃圾"走私案件。

（三）实现"人—地"公正

"人—地"公正是指人类和大自然之间应该保持一种公正关系。具体地讲，就是生态旅游者要有意识地约束自己的行为，合理地控制利用、改造自然界的程度，维护生态系统的完整和稳定，保持生物的多样性。人类对自然的公正态度恰恰表现了道德义务的无偿性和非权利动机。

二、生态旅游环境伦理观对人们的要求

生态旅游环境伦理建设对旅游可持续发展具有重要作用和意义。旅游可持续发展强调人类必须学会尊重自然、保护自然，把自己当作自然的一员，与自然和谐相处。这就要求人们必须彻底更新传统的以自然为敌的价值观念，转变人类自我中心主义的思维方式，提高旅游开发管理者与旅游者的旅游环境保护意识。

（一）尊重自然的整体性

所谓整体性，是指人类生存的大地，包括各种生物系统和生物栖息所依赖的自然环境系统，是一个统一的、完整的有机体，每个系统的组成要素之间都是相互联系和相互制约的。

人类只有把自己的行为约束在有利于保护生态系统的和谐稳定、保护生物存在的多样性、保护土地利用的完整无损时，才可以说是符合生态旅游环境伦理规范的要求。

（二）爱惜和节约资源

人类可利用的资源包括可再生资源、不可再生资源和恒定资源。环境伦理学要求人们节约使用不可再生资源，保护和完善可再生资源的再生机制，开发恒定资源转化可利用形式的方法和途径。一切有用性资源都是有限的，这就要求人们自觉增强珍惜和节约资源的环境意识，切实承担起保护生态环境的责任。

（三）维护生物多样性和生态环境多样性

生物作为一种物种存在，有资格、有权利得到人类的尊重，人类也有责任、有义务保护生物的多样性，保护生物存在必须拥有的特定的生态环境，诸如阳光、空气、水源、地域等。生物赖以生存的条件（环境）一旦受到污染和破坏，生物的种群和群落便无法存在，生物的多样性也就不可能得以维护。

（四）改善和优化生活方式

当今人们对于卫生、饮食、健康的关注程度日益提高，然而依然存在很多不健康的生活方式，如：很多人都有吸烟这一习惯，尽管人们都知道吸烟有害健

康，不仅对自己及周围人的健康不利，对环境的污染也不容小觑。因此，有利于生态环境的制度安排、法制建设和政策指导就显得尤为重要，这对于改善和引导人的生存有着十分深远的影响。

（五）提升实践批判能力

现代工业文明以来，人们的实践批判能力急剧下滑，大量经济活动伴生的人文失落的负效应急剧攀升，一些工厂为了谋求眼前的经济效益，全然不顾对环境的污染破坏，从可持续发展的角度来看，这一行为将为人类的发展带来十分恶劣的影响。因此，对于当代人追求经济发展的所有实践及其后果，都应当保有忧患意识，冷静观察和反思它的可持续性和后续效应。

人是地球上唯一的道德代理人，能够从道德的角度来考虑问题，并用道德来约束自己的行为。人们在旅游开发建设和旅游活动中，应当运用自身独特而优越的理性和道德，自觉地承担起维护生态平衡，保护旅游资源与旅游环境的责任。

旅游资源与旅游环境不仅有着为人类旅游服务的天然义务，同时也有其自身的权利，这种权利的实质使人类的旅游活动与自然界维持一个动态的平衡。人类必须赋予旅游资源与旅游环境以同等的道德地位，在充分尊重和积极保护它们的前提下，适度地开发利用旅游资源。

人类应树立正确的旅游资源环境文化观和价值观，不能只从经济利用的角度来理解人与旅游资源环境的关系，要认识到旅游资源与环境的非经济价值，特别是它们在审美、认知、科学研究、文化、教育、心理和精神陶冶、人格塑造等方面的精神价值。而不是仅将其作为一种物质资源予以掠夺性开发利用。

后代和我们对旅游资源与旅游环境享有同样的权利；同一时代的不同地域的人们对人类共同的旅游资源与旅游环境财富也享有同样的权利。人们在旅游开发利用过程中，必须树立可持续发展的观念，对后代和当代不同地域的人群负有义务，为他们也能享受旅游的乐趣留有余地。

第三章

生态旅游资源及其评价

第一节 生态旅游资源概述

生态旅游资源与一般所讲的自然旅游资源既有重合之处，又有不重合之处。重合之处是指自然旅游资源均可用于生态旅游，属生态旅游资源的一部分；不重合之处是指自然旅游资源不能涵盖的生态环境部分，这部分在生态旅游资源中具有无形资产的意义，对人类康体疗养治病具有特殊的价值，如植物所释放的各种杀菌物质和负氧离子等。因此，生态旅游资源可定义为在自然场合或自然与历史文化相融合的场所中，可供生态旅游者感知、享受、体验自然生态功能与价值的资源。

我国是一个生态旅游资源丰富的国家。世界上各种生态旅游资源在我国都能找到。人们为了评价它的功能和价值，常常将其分区分类进行系统研究。例如侯立军先生从微观区域生态角度研究，认为生态旅游资源就是按照生态学的目标和要求，实现环境的优化组合、物质能量的良性循环以及经济和社会的协调发展，并有较高观光、欣赏价值的生态旅游区。与之持类似观点的还有刘继生等，他们认为生态旅游资源主要是指可供游人开展生态旅游活动的自然生态区和人工模拟生态区等。

近年来，杨桂华等人撰写的《生态旅游》及张建萍撰写的《生态旅游理论与实践》中都对生态旅游资源概念给予了界定。仔细对照两个定义，在文字表述上基本一致。如前者的定义是：生态旅游资源"指以生态美吸引游客前来进行生态旅游活动，为旅游业所利用，在保护的前提下，能够产生可持续的生态旅游综合效益的客体"。而后者的定义是：生态旅游资源"指以生态美（自然生态、人文生态）吸引游客前来进行生态旅游活动，为旅游业所利用，在保护的前提下，能实现环境的优化组合，物质能量的良性循环、经济和社会协调发展，能够产生可持续的生态旅游综合效益，具有较高观光、欣赏价值的生态旅游活动对象物"。两书都阐释了生态旅游资源的基本要点并都与传统大众旅游资源进行了比较。此处引述张建萍的《传统大众旅游资源与生态旅游资源的比较》表，如表3-1所示。

表 3-1　传统大众旅游资源与生态旅游资源的比较

类型内容	传统大众旅游资源	生态旅游资源
吸引功能	身心疲劳的消除，吸引对象为大众旅游者	回归大自然、增长知识、接受教育，吸引对象为具有环境知识和环境意识的生态旅游者
效益功能	经济、社会、环境三大效益横向协调发展	同时考虑经济、社会、生态环境三大效益横向上的协调发展，与三大效益时间纵向上的可持续发展
客体属性	一切对游客有吸引力，又能开发利用产生效益的客体	一切具有生态美，又能经开发、利用产生效益的自然生态系统及"天人合一"的人文生态系统
环保需要	不提或提的少	生态旅游资源、生态旅游环境、旅游目的地社区利益、旅游者高质量的旅游经历，环保思想贯穿于规划、开发、利用、管理各个方面

第二节　生态旅游资源的分类系统

一、生态旅游资源的分类依据

生态旅游资源具有原生性与和谐性、广泛性与地域性、季节性与时代性、精神价值的无限性、民族的特异性、不可移置性与可更新性、市场需求的多样性和旅游经营的垄断性等特点，具体和抽象并存，对它们进行分类就显得较为困难和复杂。但另一方面，对生态旅游资源分类的目的是为了对生态旅游资源的丰度、赋存品等进行评价，因此任何一个生态旅游资源的分类方案都应考虑到其评价，尤其是定量评价。

（一）成因依据

从旅游资源特征的重要因素来看，若将生态旅游资源最大的审美特征从"自然美"扩展为"生态美"来考虑，则凡是具有生态美的，无论其成因是自然、人与自然共同营造还是保护，均是其高一级分类的依据。

故而生态旅游资源据其成因可分为自然生态旅游资源、人文生态旅游资源（人与自然共同营造）、保护生态旅游资源。

（二）主导因素依据

在自然生态旅游资源的进一步分类中，根据在生态系统中起主导作用影响的因素可分为陆地生态旅游资源、水体生态旅游资源。

（三）人类利用依据

在人为生态旅游资源的进一步分类中，根据人类当初利用自然的目的可分为农业生态旅游资源、园林生态旅游资源、科普生态旅游资源。

（四）保护性依据

根据保护的原动力可分为自然保护、文化保护、法律保护。

（五）旅游价值依据

对生态旅游资源的第二级分类，根据其旅游价值可分为陆地生态旅游资源（森林、草原、荒漠）、水体生态旅游资源（海滨、湖泊、河流、温泉）。

二、生态旅游资源分类系统

对于生态旅游资源的分类，学界众说纷纭，大多是依照国家旅游局《旅游资源分类、调查与评价》进行分类，没有跳出传统旅游资源的分类体系。如马乃喜（1996）将生态旅游资源划分为观赏型、科学型、探险型、保健型、狩猎型、民俗型六大类，并认为不同景区所具有的生态旅游资源类型往往不一样，但是多数景区的生态旅游资源具有多种类型的综合特征。郭来喜（1997）按生成机理把生态旅游资源分成两大类型：内生型（或称原生型）生态旅游资源，指纯天然生态系统，如原始森林、苔原、湿地等；外生型（或称延生型）生态旅游资源，指人工干预而形成的生态系统，如人工森林、植物园、历史文化遗产等。

杨桂华将生态旅游资源分为自然生态旅游资源（陆地生态旅游资源和水体生态旅游资源）、人文（人与自然共同营造）生态旅游资源（农业生态旅游资源、园林生态旅游资源、科普生态旅游资源）和保护生态旅游资源（自然保护生态旅游资源、文化保护生态旅游资源、法律保护生态旅游资源），如表3-2所示。

表3-2 生态旅游资源的分类

第一级	第二级	第三级
自然生态旅游资源	陆地生态旅游资源	森林、草原、荒漠生态旅游资源
	水体生态旅游资源	海滨、湖泊、温泉、河流生态旅游资源
人文（人与自然共同营造）生态旅游资源	农业生态旅游资源	田园风光、牧场、渔区、农家生态旅游资源
	园林生态旅游资源	中国、西方园林
	科普生态旅游资源	植物园、天然野生动物园、自然博物馆、世界园艺博览园
保护生态旅游资源	自然保护生态旅游资源	北极、南极、山岳冰川生态旅游资源
	文化保护生态旅游资源	宗教名山、水园林生态旅游资源
	法律保护生态旅游资源	世界遗产、自然保护区、森林公园、风景名胜区

第三节 生态旅游资源类型

本书把生态旅游资源分为七大类，分述如下：

一、陆地生态旅游资源

（一）森林

"森林"一词具有丰富的内涵。从生态学角度来看，森林是陆地上最大的生态系统，是指以乔木为主体的生物系统与环境系统之间进行能量流动、物质循环和信息传递，并具有一定结构的特定功能总体。从木材利用的林学角度则定义为木材生产的基地。从环境保护的角度则看重森林的涵养水源、保持水土、防风固沙、调节气候、净化空气、防止噪声、防止污染、保护和美化环境等多种功能。人类社会发展到今天，森林的另一重要价值，即旅游价值正在日益为人们认识和利用。

风景秀丽、气候宜人的森林旅游价值如下：

（1）由于富含负离子氧能使人消除疲劳，促进新陈代谢，提高人体免疫能力。

（2）一些植物分泌的芬芳和气味能够杀菌和治疗某些人体疾病。

（3）森林的美景能给人以美的享受，陶冶情操。

（4）森林中千姿百态的景物可以激发人的想象力和创造力。

（5）森林中蕴含的大自然奥秘能够激发人更深层次地认识生命的价值，热爱自然，树立自然的环境意识，是回归大自然的理想场所。

从分布上看，森林可分为热带森林、亚热带森林、温带森林和寒带森林，其中尤以热带森林的旅游价值较高：热带雨林生长繁茂；当今旅游客源多不位于热带，热带雨林的不少生态现象均为"奇观"，而对游客有吸引力。从外貌上看，森林可分为常绿阔叶林、常绿针叶林、落叶阔叶林、落叶针叶林及针阔混交林，其中针叶林树种的平展树枝，塔形树冠具有较高的旅游审美价值。

由此可见，森林生态旅游是以森林景观系统的生态美来吸引游客前来进行生态旅游活动，为旅游业所利用，在保护的前提下，能够产生可持续的生态旅游综合效益的客体。

（二）草原

草原是仅次于森林生态系统的旅游资源，其面积相当于森林生态系统的 2/3。草原是指在半干旱气候条件下，以旱生和半旱生多年生草本植物为主的生态系统，在世界广泛分布。热带草原表现为草被上散生稀疏的乔木，即热带稀树草原；温带草原主要以禾本科植物连绵成片分布，缺乏散生乔木，是最典型的草原，旅游审美价值极高，城市绿化多模仿此种草坪；另外还有一种在湿生条件下形成的草甸，草甸据其生境又可分为河流旁的泛滥草甸、次生的大陆草甸及高海拔山地上的高山草甸，其中高山草甸夏秋之际特有的"五花草甸"景观具有极高的旅游价值。我国草原主要分布于内蒙古、黄土高原及新疆地区，高山草甸大面积分布于我国西部高海拔地区，这些区域同时为我国牧场所在地，结合牧民浓郁民族风情，是生态休闲度假的好去处。

值得一提的是锡林郭勒草原，其植物不像农田那么单一，在多种植物成分组合下，构成了复杂、漂亮的草甸草原景象。这里每平方米有20多种植物，每种植物的形态各异，花期、花卉、花色各不同，从而形成了一个万紫千红的绚丽世界。这些植物不仅外表美丽，其内在价值更值得称道。他们散发出的花香，放射出的杀菌物质及负氧离子，都是被称为空气维生素的物质，可消除疾病，焕发精神，恢复元气，增强意志。

（三）荒漠

荒漠是指在干旱、极端干旱地区降雨量不足200mm，年蒸发量（对蒸发力而言）超过2000mm甚至5000mm（撒哈拉中央）的条件下，地表裸露植物生长极为贫乏之地。按其地表组成物质，分岩漠、砾漠、沙漠、泥漠、盐漠等，其中以沙漠分布最广、砾漠（戈壁滩）次之。

世界上荒漠分布的面积较广，撒哈拉、中亚、西亚、阿拉伯、南非、大洋洲等地都有大面积荒漠分布。我国的荒漠属中亚荒漠的一部分，分布于西北各省，其中尤以新疆分布面积最广，近几年新疆旅游业正积极开拓荒漠的生态旅游。

荒漠旅游作为一种新兴旅游产业不断得到游客的青睐。荒漠旅游以荒漠地域和以荒漠为载体的事物（如历史文化遗存）、活动（如民俗）等为吸引物，以猎奇、探险、环保、科考、求知等方面的需求为目的而进行的一种富有很高情趣和刺激性的旅游活动。它是生态旅游、特色旅游的组成部分。西部广袤的荒漠风光，深深吸引着喜欢沙漠、敢于探险的旅游者。我国是全球各国中荒漠分布最多的国家之一，荒漠广袤千里，绵亘于我国北方广大的干旱和半干旱地区。

二、水体生态旅游资源

（一）海滨

海滨是指滨海的狭长地带，主要指平均低潮线与波浪作用所能达到最上界线之间的地带，由四部分组成：固态的海滩，据其质地分为砾滩、沙滩和泥滩；液态的海水；气态的空气；绿色后腹地。据其温度差异分为热带、温带、寒带。

海滨旅游是一种以休闲度假为主体的综合性旅游产品，具有形式丰富多样、集知识性、娱乐性、参与性于一体等特点，自20世纪50年代以来成为世界旅游休闲度假的主导产品，如美国的夏威夷、泰国的帕堤亚。与发达国家相比，我国的海滨旅游出现得较晚,但我国拥有1.8万千米的海岸线以及名胜景点众多、风光秀美的海滨风光,海滨旅游发展迅速。如大连濒临黄、渤二海,海岸线曲折漫长,滩涂宽广,海域辽阔,资源丰富,具有发展滨海旅游的条件和潜力,大连滨海旅游业的开发已成为提升大连市整体形象、发展大连旅游经济的重要一环。

(二)湖泊

地面上陆地积水形成比较宽广的水域称为湖泊。湖泊烟波浩渺的旷远之美及与周围山地森林共同构成的"山清水秀"的景色,再加上湖滨的湖水潜在的游泳、潜水等水上娱乐功能,使湖泊成为对游客具有很大吸引力的旅游目的地。世界著名的湖泊旅游胜地如欧洲的日内瓦湖、中国咸水湖中面积最大的青海湖、淡水湖面积最大的鄱阳湖、最深的长白山天池等湖泊所在地都是著名的旅游胜地。太湖及云南滇池则辟为中国国家级旅游度假区。不仅天然形成的湖泊具有极高的旅游价值,人工湖泊也成为生态旅游开发利用之地。

(三)温泉

温泉是指水温超过20℃的泉水,也有人认为只有水温超过当地年平均气温的泉水才能称为温泉。由于温泉是地表水渗透后循环到地表深部,经地温加热,且溶解了大量的矿物质和微量元素,用于沐浴对身体有显著的医用疗效和缓解疲劳的功能,故人类很早就将温泉所在地辟为疗养之地,如我国著名的华清池。随着旅游业的发展,人们又进一步开发温泉,增加项目如温水游等,使温泉的旅游价值得到进一步的实现,现全国各地均能见到的温泉疗养度假区,是游客享受大自然的最佳选择。

(四)河流

河流是指降水或地下涌出的水汇集在地面低洼处,在重力作用下,经常地或周期性地沿流水本身塑造的洼地流动的水体。河流从其段位上,可分为源头、上游、中游、下游及入海口(外流河)。其中最有旅游价值的是源头、上游及入海口。大河的源头往往位于高海拔的高原地,如我国的长江、黄河的源头均位于青藏高原,不仅源头特有的山清水秀对游人有吸引力,而且各大江大河之源具有较高的科考价值;上游河流多呈"V"形态,与两侧近乎直立的山地构成具有险峻之美的峡谷景观,是人们探险、漂流、观光的好地方,如我国长江三峡。上游河流往往多瀑布,气势宏大的瀑布历来作为旅游之佳品。有的河流的入海口与海潮共同构成了巨大的潮差,显示了自然界的壮丽之美,如我国的钱塘江大潮。世界著名的亚马孙河、恒河、多瑙河均有较高的旅游价值,我国的长江、黄河也被辟为黄金旅游线路。

三、农业生态旅游资源

（一）田园风光

田园风光是传统农业顺应大自然，与自然共同营造的具有一定规模和审美价值的种植景观，根据种植作物的不同可分为乔木、矮树、灌木与草本四类。其中矮树及草本种植景观旅游价值最高，矮树种植景观有温带水果的桃、梨、苹果等果园，果园中春之花，秋之果，不仅具有观赏价值，而且其采摘过程中的参与及品赏更具生态旅游价值，因而近几年果园旅游成为农业旅游的重头戏。草本种植风光更具旅游价值，其一是因为人类主食的小麦和水稻种植广泛，具有一望无际的规模效应；其二是这些种植景观均有明显的季相变化，春季绿油油、秋季黄灿灿、随风起伏，既有绿的气息，更有丰收的喜悦；尤其是山区的水稻梯田，沿高山拾级而上随地形有规律地弯曲形成的特有韵律，极具审美价值，我国云南元阳哈尼族人所建的梯田堪称人间一绝，有"元阳梯田甲天下"之美誉。

（二）牧场

在草原地区，大规模地放牧牛、羊等动物所形成的动物与自然环境和谐的牧场景观，对久居闹市的城市人来说堪称"世外桃源"。那"风吹草低见牛羊"的景色历来为人们所称颂，那"万马奔腾"的气势不仅场面壮观，更有深刻的精神文化价值；牧民特有的游牧生活，也具有深刻的顺应自然的人生哲理和地方特色，上述种种均对游客回归大自然有着独特的吸引力。我国东北草原牧区、内蒙古牧区及高山草甸牧区均以此作为吸引游客的生态旅游资源。

（三）渔区

渔区泛指渔业生产的区域。从区域上看，主要是以海上和湖上的捕捞区范围为主。位于南海舟山群岛附近的海域，盛产大、小黄鱼，墨鱼和带鱼，是我国著名的渔场之一。从类型上看，渔业也随着社会经济的发展由单纯的捕捞发展改为放养，近几年又发展了不少鱼塘，与人们喜爱的钓鱼休闲活动结合起来备受游客喜爱。

（四）农家

远离城市，以农业为主要生产方式的传统农村居家生活对日趋现代化、远离大自然的城市人有着特殊的吸引力。其原因有三个方面：

（1）传统农家生活以大自然为背景，是一种人与自然和谐的生活。

（2）传统农家位于偏僻之地，民族风情保留较为浓郁。

（3）传统农家具有的"好客"传统给城市人带来一种久违的亲切感。正因为如此，在农业生态旅游中，悄然兴起了家庭接待旅游，游客到农家"做客"，与主人共食农家饭，感受原汁原味的人类发展之初的生活体验。我国作为一个发展中国家，不少地区仍保留着传统农业生活方式，民族风情浓郁，其农家生态旅游大有发展前途。

四、园林生态旅游资源

(一) 中国园林

中国园林有着悠久的历史，它"虽有人作，宛自天开"的艺术原则，融传统建筑、文学、书画、雕刻和工艺等艺术于一炉的综合特性，在世界园林史上独树一帜，享有很高的地位。我国地域广大，东西南北的气候地理条件及物产各不相同，因而园林也常常表现出较明显的地方特性。据其地方差异可分为北方园林、江南园林和岭南园林；据园林的所有权又分皇家园林如承德避暑山庄、私家园林如苏州拙政园、寺观园林、公共园林。在众多传统园林中，颐和园、承德避暑山庄、苏州留园和拙政园誉称为中国四大名园。

(二) 西方园林

如果说中国的园林是"建"成的，则西方的园林应理解为"造"成的。西方园林追求的是一种在自然的基础上人为创造的艺术氛围，如宽阔的道路，宏大的台地，艺术的雕塑、河流、瀑布、喷泉等。西方园林也存在各自特色的差异，如意大利的传统园林是"台地建筑式"，法国的传统园林是"平面图案式"。前者一般在山坡上选址，根据斜坡的长度，堆成几个台地，形成一种立体空间花园的感觉。后者则一般造在开阔的平地，甚至在沼泽低湿地，由宽广的园路或笔直的河渠造成一种透视感，以展现其宏大之美。巴黎凡尔赛宫是举世公认的欧洲古典园林杰作，布局按中轴线东西延伸，景物南北对称，中轴线长达400米，宫殿主楼位于中轴线，两侧星罗棋布花坛、喷泉、池沼、雕像，周围不设围墙，园内绿化与园外田野连成一片。壮丽的凡尔赛宫充分体现了王权的至高无上和简洁豪放的园林风格。

五、科普生态旅游资源

(一) 植物园

植物园是种植植物的园地。种植的植物主要为研究和普及植物科学知识。植物园的科研及科普双重功能决定了其科普活动中的重要价值。英国两百多年前（1759年）建立的英国皇家植物园（邱园）是世界上最有名的植物园，经长期的驯化、栽培，现已种植5万多种植物，收藏600万份植物标本，并建有4座博物馆和植物书籍极为丰富的图书馆，是世界一流的植物宝库和植物研究中心，而且其宜人的美景吸引了世界各地的人前去参观旅游。美国的阿诺德树木园、加拿大蒙特利尔植物园都是世界闻名的植物园。我国的中山植物园、庐山植物园、北京植物园、华南植物园、西双版纳热带植物园等，均是对游客有强烈吸引力的园地。

（二）野生动物园

野生动物园将几十种乃至上百种的野生动物集养于一园。根据野生动物活动受限的差异又可分为两类：一类是动物活动空间受限的"动物园"，第二类是动物散居于园中的"天然野生动物园"。后者对生态旅游者吸引力较大，如非洲坦桑尼亚的寒伦格蒂国家公园是坦桑尼亚野生动物最集中的地方，园内野生兽类总数达 300 多万头。有的天然野生动物园是专门性的，如南非和博茨瓦纳的卡拉哈里羚羊国家公园，园中多南非大羚羊、南非小羚羊和角马等。还有的动物园是夜间开放的，如新加坡夜间野生动物园。

（三）世界园艺博览会

世界园艺博览会是最高级别的专业性国际博览会，也称世界园艺节。它是世界各国园林园艺精品、奇花异草的大联展，是以增进各国的相互交流，集文化成就与科技成果于一体的规模最大的 A1 级世界园艺博览会。会期通常为 6 个月，自晚春起，经盛夏至中秋。历史上，世界园艺博览会的举办地大都是经济比较发达的欧洲国家和美国。我国已经成功申办"2019 北京世界园艺博览会""2021 年扬州世界园艺博览会"。世园会对我国的经济、文化、旅游、环境等发展产生了重要影响。

（四）自然博物馆

自然博物馆是"立体"的大自然百科全书，主要展览自然界和人类认识自然、利用自然和保护自然的知识，按其展览内容性质进一步区分为一般性自然博物馆和专业性自然博物馆。世界上规模最大的自然博物馆首推美国自然历史博物馆，该馆位于美国纽约曼哈顿区，始建于 1869 年，陈列品包括天文、矿物、人类、古生物和现代生物五个方面，除天文馆外，有 58 个陈列厅。我国北京自然博物馆、北京地质博物馆、北京天文馆、上海自然博物馆等都是有名的自然博物馆。

六、自然保护生态旅游资源

（一）北极地区

北极地区指以北极点为中心，北极圈以内的广大区域，其主体是世界四大洋中最小的北冰洋。北冰洋是一个非常寒冷的海洋，洋面常年不化的冰层占其总面积的 2/3，厚度多在 2~4 米，冰层相当坚硬；北极圈有半年是极昼，半年极夜，极夜的严冬气温极低，最冷月平均气温达 -40℃左右，而且越靠近北极点气候越寒冷，冰层也越厚，极点附近冰层厚达 30 米。北极圈的北冰洋上有许多岛屿，主要岛屿有格陵兰岛、斯匹次卑尔根岛、维多利亚岛等。由于严寒，其生物种类极少，植物以地衣、苔藓为主；动物主要有北极熊、海象、海豹、鹿、鲸等，但数量不多；生活在那里的人主要为爱斯基摩人，严酷的严寒环境条件下，爱斯基摩人的食、宿及日常生产生活都极具特色，对生活于温暖地区的人具有巨大的吸引力。

(二) 南极地区

南极地区指位于南极圈范围内的南极洲，南极洲是世界七大洲中最寒冷的冰雪大陆，包括南极大陆及附近的大小岛屿。南极洲四周被太平洋、大西洋和印度洋所包围，平均海拔2350米，其中冰层厚2000米左右，是世界上最厚的冰库。南极洲气温很低，年平均气温-15℃以下，即使在夏季，气温仍在0℃以下，比北极更为寒冷，有"世界寒极"之称。在如此严酷的气候条件下，几乎见不到绿色植物，只是偶尔在背风的石头下有少量地衣和苔藓。南极的动物种类虽稀少，但数量可观，如企鹅，此外还有鲸、海豹、海狮、海象等动物。南极地区是目前地球上唯一没有常住居民的大洲，只有一些科学考察站。我国于1985年也在此建了科学考察站，现不少国家成批地组织科学家去进行科学考察。这一未开垦的处女地，对生态旅游者有较大的吸引力。

(三) 山岳冰川

上述南北极均存在巨厚的冰层，是大陆冰川。在地球表面高海拔山地区域，由于气候寒冷，当降雪积累的量超过消融量，积雪逐年增厚，经一系列物理过程，冰在重力的作用下向下滑动形成山岳冰川。山岳冰川的寒冻风化和侵蚀作用使所在地的山峰棱角分明，山脊呈"刃"状，山谷呈"斗"状，白雪和冰川覆盖下的高山具有极高的观赏价值。山岳冰川地区气候酷冷，多变，气势宏大的冰峭随时可见，在此，大自然的洁美与严酷融为一体。生活在山岳冰川附近的居民常把它奉为神，畏惧和敬慕之情使他们拜倒在大自然的山岳冰川之下，如青藏高原喜马拉雅山上的珠穆朗玛峰是世界最高的山岳冰川，被当地人奉为"朗玛"女神峰，位于尼泊尔东侧的喜马拉雅山已经开发了以直升机为交通工具的生态旅游。欧洲著名的阿尔卑斯山岳冰川很早就成为旅游胜地。

七、文化保护生态旅游资源

(一) 中华五岳

中华五岳是中国皇权保护的五大名山的总称。汉朝基本确定了五岳，即东岳——山东泰山、西岳——陕西华山、中岳——河南嵩山、南岳——安徽天柱山，北岳——河北大茂山，以后南岳和北岳的位置有所改变，隋代改南岳为湖南衡山，明代改北岳为山西恒山。中华五岳融自然与文化于一体，五岳独尊、以"雄"著称的泰山被联合国教科文组织世界遗产委员会专家卢卡斯称为"自然文化遗产融为一体的典范"，西岳以险见长，南岳衡山"独秀"，中岳嵩山"胜迹如云"，北岳恒山海拔最高。我国历代宗教及名人为五岳所吸引，留下了丰富的宗教建筑和名人墨客的遗迹。

（二）宗教名山

中国有"山不在高，有仙则名"之词，我国名山多因宗教而得，具有代表意义的是"四大道教名山"和"四大佛教名山"。我国道教四大名山为：安徽齐云山、湖北武当山、四川青城山、江西龙虎山。是中国道教圣地，四座山分别供奉广援普度天尊、真武大帝、道德天尊、降魔护道天尊。道教是中国的本土宗教。由张道陵于东汉顺帝时首创于四川鹤鸣山，到南北朝时盛行起来。四大名山自东汉开始建观修道场，延续至清末。中华人民共和国成立后，国家对四大名山进行保护，并对各道观进行了修葺，现已成为蜚声中外的宗教、旅游胜地。

我国佛教四大名山分别是山西五台山、浙江普陀山、四川峨眉山、安徽九华山，分别是文殊菩萨、观世音菩萨、普贤菩萨、地藏菩萨的道场。随印度佛教的传入，四大名山自中国汉朝开始建寺庙、修道场，延续至今。新中国成立后得到政府的保护，确定作为文化文物重点管理单位，并对寺院进行了修葺，现已成为蜚声中外的宗教、旅游圣地。

（三）世界自然遗产

世界遗产包括文化遗产和自然遗产，我国的九寨沟于1992年根据自然遗产遴选标准被列入《世界遗产名录》。九寨沟风景名胜区位于岷江上游、四川省阿坝藏族羌族自治州九寨沟县境内，因为沟内有盘信、彭布、故洼、盘那亚、则查洼、黑角寨、树正、荷叶、扎如等藏族村寨而得名。全区面积约720平方千米，大部分为森林所覆盖。九寨沟地处青藏高原东南斜面向四川盆地的过渡地带和岷山山脉南段尕尔纳峰北麓，是长江水系嘉陵江源头的一条支沟，地质结构复杂。这里高低悬殊、气候多样、山明水秀。九寨沟有长海、剑岩、诺日朗、树正、扎如、天海六大景区，以明朗的高原风光为基调，以高峰、彩林、翠海、叠瀑和藏族风情这"五绝"而驰名中外。九寨沟历来被当地藏民视为"神山圣水"。沟内山、水、林、石均为藏民所崇拜和保护的对象。东方人称九寨沟为"人间仙境"，西方人把它誉为"童话世界"。

（四）自然保护区

自然保护区是在全球人类生存环境因人类活动而出现生存环境危机的状况下，由科学家倡议，通过法律手段，杜绝人为破坏而达到保护规定区域的目的。全球最早的自然保护区是美国1872年所建的黄石国家公园，100多年以来，保护区已在全球范围内建成网络，并有世界、国家及地方多级别。据不完全统计，目前世界上已有近100多个国家共建立了8619个自然保护区域（国家公园）。保护区是具有保护、科研、教学、旅游、生产等多个方面的功能。随着旅游业的兴起，优良的自然保护区生态景观的美学价值为人们所认识，自然保护区成了旅游开发之"源"，我国的不少旅游地都源于自然保护区，随着生态旅游的兴起，按西方国家的"惯例"，更是把自然保护区作为生态旅游开发的首选对象。然而并不是整个自然保护区都可作为生态旅游对象，核心区是保护区最重要的地段，应严格保护，一般不允许旅游开发，外围的缓冲和实验区可作为保护前提下的旅游开发利用区。

（五）森林公园

森林公园是指以森林生态系统为主体的旅游区域，我国专指由原中华人民共和国林业部、现国家林业局及各级政府批准建立的森林旅游区域，并定义"森林公园是以良好的森林景观和生态环境为主体、融合自然景观与人文景观、利用森林的多种功能、以开展森林旅游为宗旨、为人民提供具有一定规模的游览、度假、休憩、保健疗养、科学教育、文化娱乐的场所"。建立森林公园，发展森林生态旅游事业是林业部门利用自身资源向社会提供高质量的旅游环境所进行的立体开发、综合利用的优势项目，是人们对森林与人类关系认识的深化，也是全面发挥森林多种效益的一项系统工程。

（六）风景名胜区

风景名胜区是指具有观赏、文化或科学价值、自然景物、人文景物集中、并融为一体，环境优美、具有一定规模和范围、可供人们游览、休息或进行科研、文化活动各具特色的旅游区域，我国专指经住建部及各级政府批准的国家级、省级和市县级风景名胜区。1985年6月7日由国务院发布《风景名胜区管理暂行条例》对风景名胜区的开发利用及保护做了详细的规定，经过10多年的建设、运作，现各级风景名胜区已成为各地接待游客的主战场，其中国家级风景名胜区是各地的旅游拳头产品。

第四节 生态旅游资源的评价

旅游资源评价的目的是为了识别资源类型特征、分析资源组织结构、确定资源价值、评估资源影响。长期以来，不同学科领域的专家从不同角度进行了旅游资源评价的研究。各学派在研究旅游资源评价规律及指导旅游资源的保护和利用方面都各有长处和不足。风景园林界经过规划的实践和景观研究的积累，对景观质量评价形成了专家学派、心理物理学派、认知学派、经验学派等主要流派。旅游学者们对旅游资源评价的研究主要包括：旅游资源单体或者单要素评价、旅游资源组合评价、旅游容量评价（旅游承载力评价）、旅游资源区域评价、旅游资源地域吸引力评价、地域旅游资源经济价值综合评价等。

一、生态旅游资源评价原则

1. 生态旅游开发价值

之所以投入人力物力开发生态旅游资源，是因为其有开发的价值。所以开发的目的是否达到，价值是否实现，应当考虑其是否符合生态旅游资源的评价原则。

2. 寻求多种方法论的统一

经验主义、实证主义、结构主义、人文主义、社会生态等方法论各有其优缺点，用于生态旅游资源评价时应扬长避短、优势互补。目前，生态旅游资源的调查评价实践经验还不够丰富，需要大量案例研究和经验积累。应通过实证检验和修订，深入研究复杂的生态旅游资源的内部结构和外部联系，要突出人作为生态的主体，从人文关怀去看待生态质量，要采用社会生态的视角，而不仅限于自然生态的视角。

3. 采用定量与定性相结合的方式

生态旅游资源体系、类型和单体均属复杂系统，生态旅游资源旅游开发适宜性评价是一项复杂的工程。采用定量或定性的方法均不够客观。所以，应当采用定量与定性相结合的方法，使评价既有同类可比性又有个别针对性。总之，要能满足生态旅游开发的需要。

二、生态旅游资源评价的技术路线

生态旅游资源是以生态旅游的新视角去认识旅游资源而形成的一种新类型。生态旅游学强调以资源保护和生态环境为本，资源（环境）是旅游活动的主体，旅游者是客体，生态旅游者和开发商都应该对资源和环境负起责任，构建新的主客关系。所以，生态旅游资源应具有其独特的分类、评价研究方法，要综合采用多学科的研究成果，并经过不断实践验证，逐步完善。评价选取的指标体系尽可能信息化、标准化和规范化，数据易获得、易更新，便于操作、应用，尽量将人的心理感知逻辑化，弱化主观因子，体现客观现实。生态旅游资源评价的技术路线图如图 3-1 所示。

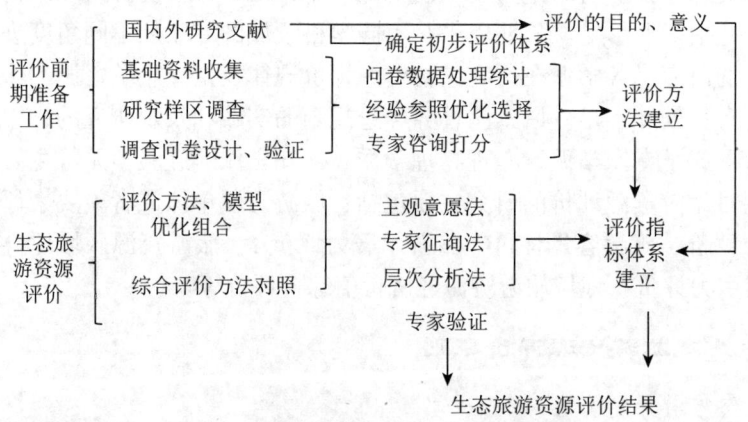

图 3-1　生态旅游资源评价的技术路线图

三、生态旅游资源的评价方法

（一）生态旅游资源调查

调查是评价的基本依据，需调查的项目如图3-2所示。

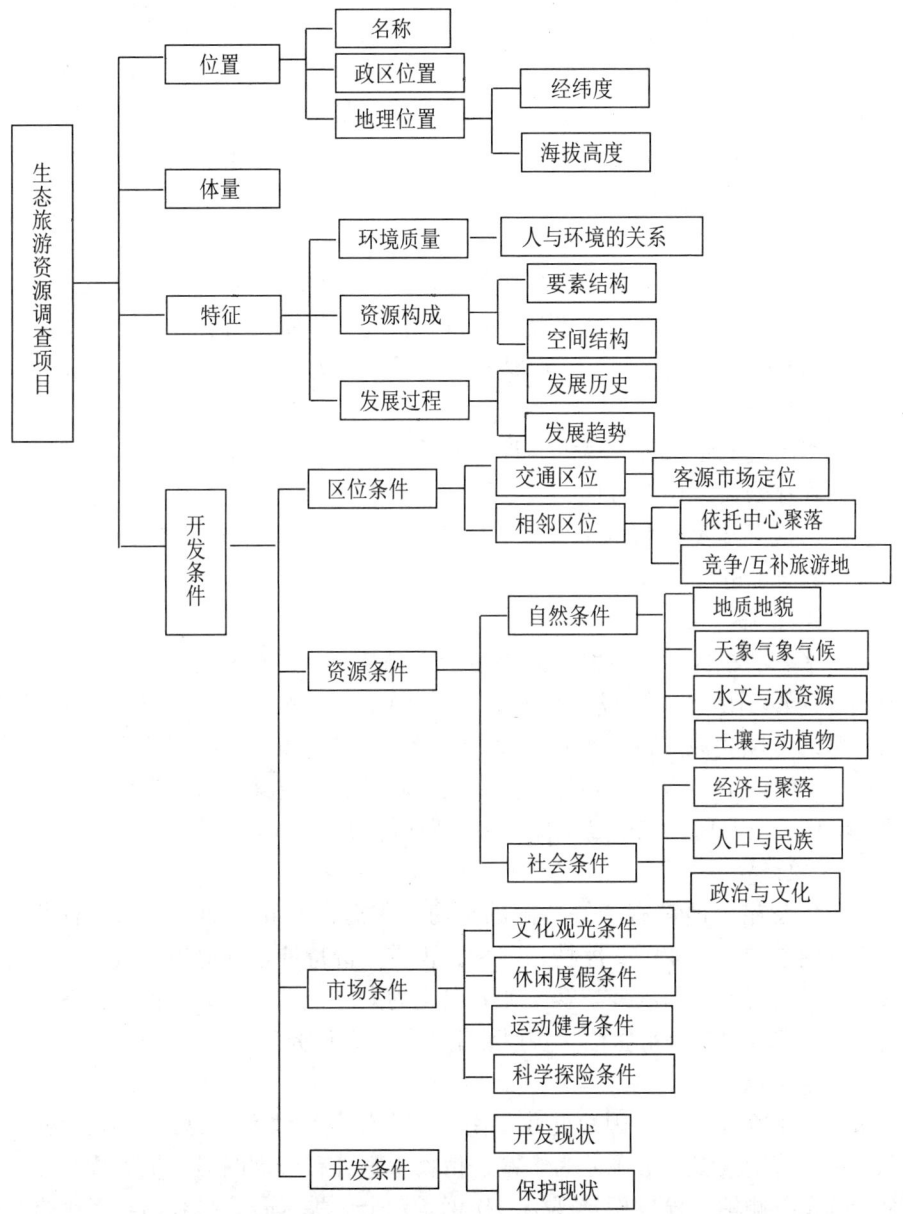

图3-2　生态旅游资源调查项目

（二）生态旅游资源定性评价

与其他自然旅游资源一样，生态旅游资源的评价方法通常也有两种，一种是定性评价，一种是定量评价。

定性评价生态旅游资源的方法又称经验评价法，它是人们根据对生态旅游地的考察而形成的一种主观印象和感受。评价者可能是专家，也可能是参与生态旅游的人。评价时要根据生态旅游地的景观特点或景观要素，从审美的角度，分别评定其美学观赏价值、景点可览度和风景资源质量等级。这种方法比较简单和容易操作，但缺少具体的量化指标，故评价结果比较粗放，不够精确。按照评价内容一般可分为三种定性类型：

1. 景观要素分类评价

生态旅游地的景观要素一般多按山、水、气、林及人文等景物分类，评价者按照这一分类系统依次对上述景观要素进行描述。如陕西省林业厅的冯书成及西北林学院的刘晓凡曾提出如下景观要素分类评价方法：

1）山雄峰奇

如生态旅游地张家界，境内岩性为硬质石英砂岩，经千百万年流水切割，峰峦拔地、耸穿云天、峭壁万仞、气势浩然、上锐下削、姿态万千、雄伟神奇、步移景换。形成了造型奇特的金鞭岩、夫妻岩、千里相会、定海神针、南天一柱、望郎峰、雾海金龟等景观。

2）碧波浩渺

如以水、岛、林为特点的生态旅游地千岛湖，水域面积达5.5万多公顷，澄碧的湖水淹没了山体，形成了星罗棋布的1078座岛屿。百里松涛绿染的千岛，鳞光闪耀的万顷碧波、湖周群山、水中千岛，苍翠葱郁，烟波浩渺，湖光山色，波光潋滟，组成了一幅优美绝佳的江南山水画卷。主要景点有风光旖旎、秀丽多姿的姥山岛、玉龙岛、龙山岛、桂花岛、猴岛、蛇岛、鹿岛等。

3）天象奇异

许多生态旅游地都有变幻莫测的云海、雾海，奇异美丽的日出、日落、佛光，玲珑剔透的天然冰雕、冰挂、雾凇、积雪，奇特神妙的海市蜃楼、佛光等天象景观，吸引着大批国内外游客。如太白山的太白积雪六月天、板寺云海、太白宝光，安徽琅琊山的海市蜃楼，陕西终南山的五台佛光等。

4）林野物丰

如秦岭主峰太白山，因地处我国南北方自然分界线和生物物种南北交会带，故生物种类特别繁多，资源尤为丰富，植物垂直分布带谱明显。依海拔高度，自下而上分布着侧柏－栓皮栎景观带、松栎景观带、桦木景观带、冷杉景观带、落叶松景观带和高山草甸灌丛景观带。这里分布有种子植物、苔藓植物1852种，其中观赏植物420种，还有大量菌类、藻类植物。野生动物有264种，其中鸟类

172种，兽类5种，两栖、爬虫类37种，森林昆虫1690种。属国家重点保护的二、三级珍稀濒危植物25种，一、二类珍贵野生动物9种，被人类誉为"天然植物园""天然动物园"等。

5）人文古老

人文古老即人文景物众多、历史悠久、工艺精湛、价值连城。如安徽滁州琅琊山因西晋末年琅琊王司马睿（后为东晋元帝）驻此而得名，古时为"蓬莱之后无别山"琅琊寺、醉翁亭、丰乐亭，集唐宋建筑之大成，历来为建筑家、鉴赏家所称道，闻名遐迩。唐宋、明、清历代著名文人墨客多到此游历并留下大量诗文、摩崖石刻，其中以欧阳修《醉翁亭记》《丰乐亭记》碑最为名贵。

总之，上述这些个例评价，均属生态旅游地的景观类型评价内容。它对每一个生态旅游地均有参考价值，不过在评价新的生态旅游地时，必须坚持实事求是的原则，使评价结论既不夸大也不缩小，力求做到描写恰如其分。

2.景点可览度评价

根据生态旅游地风景资源调查和对景点（景物）景观要素的分类评价，确定景点吸引游人的程度，从而对其做出可览度评价结论。参考冯书成、刘晓凡两位学者的观点，一般将可览度分为三个等级：

（1）优景。指景象绝妙，举世罕见，有极高的生态观赏价值，十分吸引游人。

（2）上景。指景象比较优美，生态观赏价值比较高，吸引游人程度较高。

（3）中景。指景点景象优美程度一般，有一定生态观赏价值，吸引游人度一般。

3.风景资源质量综合评价

风景资源质量是指在对生态旅游地景象类型要素和单项景物做出定性评价之后，再根据各景点、景物的可览度等级，确定该生态旅游地风景质量总级别。按照冯书成、刘晓凡两位学者的意见，可用下列四个质量等级来评价：

（1）奇景。由众多举世罕见的绝妙优景、上景级景点组成的生态旅游地。这里景观奇特或独特，生态环境十分幽雅，游人多为之倾倒，如黄山、张家界、九寨沟等。

（2）胜景。由较多优景、上景级景点或由众多上景级景点组成的生态旅游地。这里景色独特，生态环境优良，引人入胜，美不胜收，令游人叹为观止，流连忘返，如浙江天台山、河南石人山等风景区。

（3）美景。由众多上景级景物组成的生态旅游地。这里有胜可览，有景可赏，生态环境比较优良、宁静、清新，令游人心旷神怡，留恋不舍，如许多省级风景区。

（4）佳景。指由众多中景级景象构成的生态旅游地。这些景点多在山区，以植被景观为主，并拥有文物、古迹、寺庙等，生态环境比较好，如有奇花异草、古树名木，有泉、潭、瀑布，可赏可观，可使游人获得高质量的生态享受，如许多省级或县级上等风景区。

林业局中南林业调查规划设计院学者王永安对冯、刘氏评价风景资源等级的方案稍有修改，使评价等级增至五个，即新增"怡景"一级。所谓怡景，是指在城镇附近，有森林、山、水景观，有文化娱乐场所，生态环境一般的生态旅游点。

（三）生态旅游资源定量评价

生态旅游资源定量评价是为了弥补定性评价主观判断的缺陷而采用的一种数量化评价方法。使用这种方法可以运用计算机数学计算的手段，对评价因子实行量化，从而为生态旅游地的等级划分提供客观的科学依据，使生态旅游地如自然保护区、森林公园、风景名胜区的管理逐步走向科学化、标准化、规范化。对生态旅游而言，自然生态价值的定量评价更为重要。目前世界上已有一些科学家正在研究和建立一个评估系统模型，其评定内容主要包括：

（1）直接产出的实物价值。如太阳能为地球生产物质财富（包括食物、工业原材料、建筑材料、药材、家畜、作物、特种生物优良新品种育种基因等）的系统。

（2）直接服务价值。如科研、文化教育、精神产品、休闲游憩促进人们身心健康的价值。

（3）生态作用的间接价值。如促进水循环和涵养水源，调节气候，净化水和空气，降解有害物质，维持大气组成平衡，增加土地养分、保持水土，提高生物栖息和生态繁衍条件，减少病虫害，维持生物多样性等方面的价值。

（4）存在价值。对生态环境仅因其存在而获得效用的价值，可表现为人们自愿捐助。

根据目前已运用的计算方法，大体有三种生态旅游资源定量评价类型，即层次分析法、资产评估法、旅行费用法。

1. 层次分析法

层次分析法是根据风景评价专家学派的理论，结合生态旅游地的特点，对其生态资源进行的定性与定量相结合的评价方法。

具体操作程序是将生态旅游资源分成风景资源质量和环境质量两大部分，其中风景资源又分为山景、水景、气景、林景、生物物种、人文景观等项目；环境质量分为空气负离子含量、空气细菌含量、大气质量、地表水质量、土壤、放射性辐射强度、旅游舒适期等项目，评价者可根据自己的制定标准或对比性感受予以一定分值。如果要评价一个完整的生态旅游地，则需将上述各项目的分值加总。由于各评价者所拟的评价因子不同，故所给分值也不同。一般多采用百分制，将生态旅游资源和环境质量分值与旅游条件分值先分成一定的比值，如资源与环境部分占 80 分，旅游条件部分占 20 分，两大项共计 100 分。这里仅就生态资源与环境因子评分标准予以介绍，操作方案以吴楚材、梁青元所制定的评价标准为例。

该评价方案的评价细则是：

1）自然资源（65 分）

（1）山体（6 分）。

1 分：常见山体或无山体景观，坡度平缓，造型一般，大多为丘陵地貌，海拔低于 500 米，相对高度低于 200 米，坡度小。

3 分：低山地貌，海拔 500~1000 米，相对高度 200~500 米，坡度小于 30°，最陡处小于 45°，山势有一定起伏，山峰环抱，具有一定的雄伟、秀丽之感。

5 分：中山或高山，海拔高于 1000 米，相对高度高于 500 米，山体雄伟，山势陡峻，陡峭度大，一般大于 45°，险峻处大于 60°，具有雄伟、秀丽之感。

6 分：奇特山体，罕见地貌，山势造型奇特，岩石千姿百态，山峰石柱自成一景，景观具有雄、奇、险、秀之感。

（2）水体（5 分）。

1 分：小面积水体，形态与水质一般，不具动态美，声、色、景一般。

2 分：小面积水体，水质清纯，具有一定的动态美和声音美，但形态单一水体不丰富，如小溪、山泉。

3 分：较大面积的水体，有较优美的动态水景，水质清纯，声音动听，有较美的倒影，如大的清潭、溪流、小瀑布、水池等。

4 分：大面积的水体，面积在 100 平方千米以上。或有流量大、落差大的动态水景；或湖光山色相互辉映，色彩丰富；或气势磅礴，波涛滚滚，如湖泊、大瀑布、河流等。

5 分：有广阔的水面，面积在 1000 平方千米以上。或有大江、大河从境内流过；或有规模庞大、全国闻名并形成奇观的大瀑布群；或邻近大海，海岸曲折，水面壮阔。

（3）植被（4 分）。

1 分：植物群落结构简单，林相单一，多为人工纯林，层次少，色彩树种少，季相色调单一。

2 分：植物群落结构较复杂，多为人工混交林，层次 2~3 层，林相和季相有一定的变化，但不够丰富。

3 分：植物群落结构复杂，有部分天然次生林，人工林大多为混交林，层次 3~4 层，季相色彩较为丰富。

4分：植物群落结构很复杂，森林植被以大面积原始次生层以上，林相丰富，四季色彩绚丽缤纷，各具特色。

（4）动物（3分）。

1分：种类少，在100种以下，多为常见野生动物。

2分：种类较多，有100~150种，国家和省级保护种三种以上，有一定的医疗、食用、科学及观赏价值。

3分：种类多，在150种以上，具有国家重点保护种三种以上，形态可爱，有很高的食用、医疗、科学和观赏价值。

（5）天象（3分）。

1分：一般天象，无天象奇观。

2分：美丽的天象，有较高的观赏价值，在当地有一定的知名度。

3分：天气现象与自然山水相结合，形成美丽、奇特的天象，具有很高的观赏价值，知名度很高，如泰山的日出、黄山的云海等。

（6）特异性（7分）。

1分：少见，有自己的特色，在当地有一定的知名度。

2分：省内少见，有鲜明的特色，在省内有很高的知名度。

5分：国内罕见，在国内有很高的知名度。

7分：世界罕见，成为世界奇观，在国际上有很高的知名度，如桂林山水、黄山等。

（7）森林生态环境（37分）。

①森林覆盖率（6分）。

1分：森林覆盖率小于60%。

2分：森林覆盖率大于、等于60%，小于70%。

3分：森林覆盖率大于、等于70%，小于80%。

4分：森林覆盖率大于、等于80%，小于90%。

6分：森林覆盖率大于、等于90%。

②木本植物（4分）。

以秦岭及淮河为南北分界线，以其木本植物种类数为评分依据。

1分：南方小于300种，北方小于150种。

2分：南方大于、等于300种，小于500种；北方大于、等于150种，小于250种。

3分：南方大于、等于500种，小于1000种；北方大于等于250种，小于500种。

4分：南方大于、等于1000种；北方大于、等于500种。

③环境质量（27分）。

a. 大气质量（5分）。
0分：未达国家大气质量三级标准。
1分：达到国家大气质量三级标准。
3分：达到国家大气质量二级标准。
5分：达到国家大气质量一级标准。
b. 地表水质量（5分）。
0分：未达到国家地表水质量三级标准。
1分：达到国家地表水质量三级标准。
3分：达到国家地表水质量二级标准。
5分：达到国家地表水质量一级标准。
c. 土壤（3分）。
0分：土壤化学污染较严重。
1分：土壤化学污染较轻。
3分：无化学污染。
d. 空气负离子含量（4分）。
0分：主要接待区和主要景点空气负离子含量小于1000个/cm³。
1分：主要接待区和主要景点空气负离子含量大于、等于10 000个/m³，小于3000个/m³。
2分：主要接待区及主要景点空气负离子含量大于、等于3000个/m³，小于10 000个/cm³。
3分：主要接待区和主要景点空气负离子含量大于、等于10 000个/m³，小于500 000个/cm³。
4分：主要接待区和主要景点空气负离子含量大于、等于50 000个/cm³。
e. 空气细菌总数（主要接待区和主要景点）（3分）。
0分：空气细菌总数大于、等于50 000个/m³。
1分：空气细菌总数大于、等于10 000个m³，小于50 000个/m³。
2分：空气细菌总数大于、等于1000个/m³，小于10 000个/m³。
3分：空气细菌数含量小于1000个/m³。
f. 舒适旅游期（5分）。
1分：舒适旅游期小于150天/年。
2分：舒适旅游期大于、等于150天/年，小于170天/年。
3分：舒适旅游期大于、等于170天/年，小于190天/年。
5分：舒适旅游期大于、等于190天/年。
g. 放射性辐射强度（2分）。
1分：个别地段及局部点块放射性辐射强度超标，但经过安全处理，不影响旅游。

2分：放射性辐射强度在国家规定的允许范围内。

2）人文资源（15分）

（1）历史古迹（5分）。

0分：无历史古迹。

1分：为一般历史古迹，未被列入重点保护名单。

3分：有一定影响，被列入省级以下（含省级）重点保护名单。

5分：影响较大，被列入国家级重点保护名单。

（2）宗教（5分）。

0分：无宗教影响。

1分：有一定宗教影响，但宗教活动规模及宗教建筑规模小。

3分：宗教影响较大，有一定建筑规模，宗教活动、仪式较隆重。

5分：宗教影响大，建筑宏伟，宗教活动多，仪式隆重，参加群众多。

（3）民俗风情（5分）。

0分：民俗风情无特色，对游人没有吸引力。

1分：民俗风情有地方特色，对游客有一定吸引力。

3分：民俗风情有鲜明的地方特色，对游客有较大的吸引力。

5分：民俗风情有浪漫的地方特色，其服饰、建筑、节日庆典等在国内有较大的影响，对游客有强烈的吸引力。

2. 资产评估法

生态旅游地的生态环境有相当部分可以作为公共商品进行开发经营，其中有的可作为旅游品使用，如开展森林浴、开辟新鲜林中空气呼吸场所等；有的可作为公共生活环境利用，如提供水源、洁净空气以及其他生态功能等。此外，它还为社会共有的珍稀动植物提供栖息生存环境，为人类生存提供生物多样性。所以，生态旅游地的生态环境既有非经营性资产，又有经营性资产。经营性资产如木材和林产品，可用消耗的实物量来表示；使用非经营性资产虽不消耗有形物质，但若过度使用，也会改变其性质和价值，因此这种使用也是一种间接经营方式，它不能直接用实物量来表示，只能用一种替代方法表示，如可供多少人同时疗养，可提供和涵养多少水源，可为多少种珍稀动植物提供生存空间等。由此可知，生态旅游地的生态环境具有价值特征，在使用中又具有商品和价格属性，因而可以作为资产进行评估和核算。

生态环境作为一种自然资源，在使用过程中，由于游客增多和反复使用，会使其系统发生某些变化，如空气质量、水质、土壤质量恶化，林栖动物数量减少等。通过对环境资产的监测和核算，可以评价生态旅游地保护措施实施的效果，以便决定是否调整和制定不同的保护策略和措施。因此，对生态旅游地进行生态环境资产评估和核算，是保护各类生态系统的首要任务和前提。

生态环境资产评估，包括如下五类指标：

（1）卫生保健评估值：指利用生态旅游地环境开辟疗养、森林浴等卫生保健场所而形成的产值。

（2）游憩娱乐评估值：指利用森林气候来度假休闲而形成的旅游产值。

（3）遗产保护值：指生态环境为珍稀动植物提供栖息场所，政府或民众愿意为此支付的费用值。

（4）生物多样性保护值（人类生存保护值）：生态旅游地的生态环境可以有效地保护生物的多样性。为了维持这种人类赖以生存的生物多样性，政府或民众愿意支付和负担这种人类生存保护值。

（5）生态补偿值：生态旅游地由于具有保持水土、涵养水源等功能，因此在投入使用后，必将给旅游行业经营者带来收益，经营者应当从经营收益中拿出一部分来补偿生态消费。这部分间接效益值也应列入评估指标中。

在上述五种资产中，（1）（2）为直接利用价值；（3）（4）为非利用价值；（5）为间接利用价值对生态环境进行资产评估，可采用以下两种方法：

1）单项保健评估法

（1）卫生保健评估值。生态旅游地的生态环境所产生的卫生保健效益，不但对特定目的的游客有作用，而且对一般游客以及生态旅游区域内的乡镇居民也会产生作用。如游客在生态旅游地游览后，通过呼吸大量带有负氧离子和少菌洁净的空气，对身体非常有益，这些高质量的空气对一些轻微疾病的辅助治疗也很明显。生态环境的这种疗养价值在理论上可参照下式进行测算：

生态环境疗养保健价值＝评估区总面积（公顷）× 每公顷可供疗养的人数（人）× 每年每床位的疗养费（元/人·年）

（2）游憩娱乐价值评估。生态旅游地以优良的生态环境吸引游客，这种因旅游而形成的产值即为游憩娱乐价值，如森林度假、避暑等。评估游憩娱乐价值的方法主要有两种：

①旅行费用法（TCM），其计算公式为：

生态环境游憩娱乐价值＝预测的年游客总数（人）× 平均每位游客在评估区内支出的费用（元人）

②条件价值法（CVM），其计算公式为：

生态环境游憩娱乐价值＝游客总数 × 平均每位游客愿意为生态旅游支付的费用（元人）

使用后一种方法时要广泛调查、取样。其优点是能较真实地反映某一时期内某生态旅游地的真正游憩娱乐价值，但缺点是工作量太大。

（3）遗传保护值评估。典型的生态环境不仅能为游人提供旅游服务，而且还能有效地保护包括珍稀动植物在内的自然资源。这部分资源既要为现代人所利用,又要为子孙后代提供享受生态功能的权利,因此被称为世界公众遗产。任何一种珍稀动物或植物均须有一个稳定的生态环境系统,否则它是难以保存下去的,生态旅游地的这种遗产保护功能也是一种资产。随着世界上物种种群的迅速减少,残留在自然界的物种个体的价值则日益增加,如何评估生态环境的遗传保护价值,目前主要有自愿支付法和替代法两种:

①自愿支付法:指为了保持和维护生态旅游地环境系统内的珍稀动植物,政府或民众(纳税人)愿意为此支付的费用。其计算公式为:

环境资产的遗产保护值=政府为保护遗产支付的政策投资+社会其他团体与个人为保护遗产而愿意支付和分担的费用

②替代法:指在自然环境下,为了保持某些生物物种而应投入的费用。其计算公式为:

某生态旅游地环境效益遗产保护值=$\sum_{i=1}^{n}$(人工条件某珍稀物种得以继续生存所需的费用)

式中,n 为生态旅游地内珍稀动植物种数。

(4)生物多样性保护值评估。保护生物多样性是全世界人民的目标,也是人类发展和生存的最佳选择。各类生态环境为保护生物多样性提供了最佳手段和方法,其保护价值不仅很高,而且不可替代。但要准确地评估生态环境的这种保护价值,在目前还是很困难的,一般参照上述自愿支付法和替代法进行。

(5)生态补偿值评估。生态补偿理论和方法在我国早已出现,大多数专家学者都主张收取生态补偿费用,但其一直没有取得立法地位。国家林业局曾发布公告,决定在全国森林公园内对投资者、经营者收取生态补偿费用。这一举措将给那些森林旅游资源开发者指明获得更大生态效益的经营方向,即只有拿出一定的森林生态补偿费用,不间断地用于生态建设,才能使生态系统的维护获得明显的成效。

2)整体环境评估法

在生态旅游区建设中,往往要涉及参与旅游地投资的各种股份制经营及资产权属转移等问题,对生态旅游地的环境资产进行评估就成为一项特别重要的工作,这种评估要求时间很短。整体环境评估法目前多采用模糊综合评判法(专家评判法)一般遵循以下几个步骤。

——成立评估小组,由协议双方及专家组成,确定评估项目、内容和期限

——对不同评估人的评估值进行多次反复评估后,最后得出一个综合评估值然后由专家组集体认定,协议双方确认。

——同样方法可对经营一段时间后,环境变化所带来的资产进行核算,以确

定资产的增减，从而评估经营效益是否以牺牲环境为代价。

3. 旅行费用法

生态旅游资源经过开发后，可给旅游行业带来许多直接效益和间接效益。直接效益如劳动就业、旅游收入等；间接效益如旅游给其他行业带来的收入以及游客的精神效益等。社会经济效益可以用市场价格来衡量，但游客的精神效益却难以用有形的价格来计算。所谓精神效益，通常指游客在生态旅游地游览后所获得的生态感受，如何评价这种非商品的间接效益，世界上目前有许多方法，但应用最广泛的当推旅行费用法（Travel Cost Meths）。此方法是由美国著名自然资源经济学家马里恩·克荣林（Marion cason）于 1959 年提出的，它用消费者剩余（Consumer Surplus）理论来评价某一游憩地的纯价值。消费者剩余是指游客愿为某旅游地提供的服务支付的费用与实际支付的费用之差。一个生态旅游地的游憩价值就是全体游客消费者剩余之和。由此可见，旅行费用法是将旅行费用作为一种"影子价格"（Shadow Price），一个旅游目的地的游憩价值就是旅行费用即"影子价格"增加后全体游客消费者剩余之和。美国水资源委员会从 1979 年起，就把这一方法和偶然评估法（Contingent Valuation Method）及单位天（Unit's day）价值作为评价游憩价值的三大方法加以推广应用。原始的克劳森方法主要分为以下几个步骤：

（1）调查游客。主要调查游客旅行费用（重点指交通费用）、游客出发地及旅行距离（有时从地图上量取）。划分出发区。

（2）划分出发区是指某游憩地某一游客相对集中的地区，克劳森将某一距离半径的游客划分为一个出发区。

（3）根据抽样调查所得该区的游客人数权重而求得出发区游憩人数。公式为：

$$某一出发区游客人数 = \frac{抽样人数}{抽样总数} \times 游客总人数$$

（4）为求得出发区游客人数通用的比较值，将出发区游客人数除以出发区总人口数即得该区游林率（Frequency of Visit）。由于游林率数值通常较小，为方便计算，通常以千分率表示：

$$出发区游林率 = \frac{出发区游憩人数}{出发区人口数} \times 1000\%$$

（5）制定游憩曲线。一个森林游憩地的客源是广泛的，因此存在不同的游林率，这样就可以建立游林率与游憩成本的回归关系。一般而言，离游憩地越近的城市游客游林率越高，越远则游林率越低，故游憩率的斜率是呈负值的。

（6）需求曲线的求得。克劳森假设不同出发区居民的一般态度是相同的，即对于一种固定的游憩成本，不管任何一个出发区游林率都一样。如果从离游憩地较近的出发区开始，逐步向离游憩地较远的出发区移动，其居民游林率会不断降低，入林费用会不断增加。当入林费用增加至某一数值时，游林率则会减少至零。这样，总的游憩值可根据追加成本所对应的游憩人数函数式——需求曲线下围成的面积求得（横断面分析）。其原始计算公式为：

$$V = \sum_{i=1}^{n} P_i \sum_{j=1}^{M} T_{ij} C$$

式中：P_i：第 i 出发区人口数；

T_{ij}：第 i 出发区，第 j 次追加成本时的游林率；

C：等额追加成本；

M：第 i 出发区最大追加次数；

n：出发区数。

自克劳森提出旅行费用法后，此法便在世界一些国家推广应用起来，如1968年法国巴黎三处森林（默东、塞纳勒特、圣日耳曼）用此法求得的游憩价值（单位：法郎/公顷）分别为30198、14850、8588。以后，人们在长期的应用实践中，又对调查方法、分区划分、计算内容都做了改进，使该方法变得更加完善。如在计算价值时，原始的方法是按一定的增加额来求得各客源出发区的剩余值，这些剩余值之和即是某一游憩地的游憩价值。但实际上，这些随游憩距离增加而出现的成本增加额是连续不可分的。增加额过小，计算步骤过多，不易找到函数规律。通常，费用差别较大的区增加额为5单位较合适，费用差值较小则以1单位为宜。为找到费用与总人数之间的关系，可建立增加值与人口变化的函数式，并以积分的方式求得游憩值：

$$V = \int_{0}^{pm} Y(X) \, dX$$

式中，pm：费用增加上限；

$Y(X)$：费用增加与人口变化之间的函数式。

或先以积分的形式求出各区的剩余值，再求和：

$$V = \sum_{i=1}^{n} N_i \int_{0}^{pmi} f(X) \, dX$$

式中：n：出发区个数；

Ni：第 i 出发区人口数；

$f(X)$：费用与游林率之间的函数式；

pmi：第 i 出发区费用增加最大值。

上述关于旅行费用法的研究与应用表明，用消费者剩余理论做指导，以旅行费用及其他变量为基础，计算旅游地游憩值，方法既简单又科学合理，是计算生态旅游地资源价值的重要评价方法。不过，这种方法更适用于生态旅游地客源更广泛的游憩区，旅行费用值差别越大，其评价效果越好。如果有多目的地游客时，该法在出发区划分及价值计算上，游憩值偏差通常较大。

案例　沙坡头旅游区

沙坡头旅游区位于宁夏回族自治区中卫市城西20公里，距首府银川市189公里。沙坡头北面是烟波浩渺的腾格里大沙漠，脚下是中华民族的母亲河——黄河。得天独厚的地理位置和自然景观使沙坡头充满了吸引力。沙坡头景区是国家首批5A级旅游景区。丰富独特的旅游资源，悠久厚重的历史文化，享誉世界的治沙成果，确立了沙坡头在中国乃至世界旅游界的独特地位。沙坡头以"沙坡鸣钟"享誉海内外，是中国四大响沙之一，被国内外专家、学者称之为"世界垄断性旅游资源"，被联合国授予"全球环保500佳"荣誉称号，成为全球人与自然和谐的典范。

第四章

生态旅游者与生态旅游市场

第一节 生态旅游者

一、生态旅游者定义

生态旅游者是生态旅游活动的主体，是生态旅游形成和发展的关键性因素。由于目前理论界对生态旅游的内涵尚未形成明确的、公认的看法，因此，人们对生态旅游者的概念也存在不同的理解。在众多不同的看法中，有些看法较为接近，只不过是强调的重点不同；有的则在概念的内涵和外延上都存在较大的差异。

目前对生态旅游者的概念的理解形成三种观点：

（1）从市场的角度，将生态旅游者定义为：到生态旅游区，以消费生态旅游产品为其旅游活动的主要内容的旅游消费者。在这个定义中，生态旅游区指国家公园、国家森林公园、世界文化和自然遗产，以及已开发旅游产品的各级自然保护区和生态保护区。这里的生态旅游产品是指以上区域开发出来的能满足旅游者认识自然、享受自然、保护自然等需求的设施、商品和服务的总和。这种好处是便于对生态旅游者的数量及相关指标进行统计，有利于研究生态旅游市场，为其经营提供依据。事实上目前各方对生态旅游者的统计都是依此定义进行的。

（2）对生态旅游者的定义是从心理学角度出发，认为生态旅游者是指那些具有一定生态和环保知识并能在旅游活动中随时体现出生态和环保意识的旅游者。这个定义既不强调进入生态旅游区，也不强调购买生态旅游产品，而是强调旅游者应具有生态和环保意识，并且这种意识会体现在旅游者所进行的各种旅游活动中。

（3）是对前两种定义的综合，认为生态旅游者是指那些具有生态和环保意识，愿意并且购买生态旅游产品的旅游者。这个定义更能反映生态旅游的内涵，因为生态环境是一种全球性、系统化的概念，是指地球上的一切生物和非生物的要素在自然状态下构成的相互制约、相互依存的环境。因此，只有当所有的或大部分的旅游者都具有生态环保意识，并能自觉地在此意识的指导下进行旅游活动，才能将旅游业对全球生态和环境的不利影响减少到最小程度，也才能实现旅游业的可持续发展——这是开展生态旅游的初衷。

二、生态旅游者分类

（一）按国境国界为标准分类

1. 国际生态旅游者

国际生态旅游者是指暂时离开自己的定居国或长居国，入境到其他国家进行生态旅游的游客。在我国，暂时离开定居国或长住国入境到我国境内进行生态旅游的游客，都可称之为国际生态旅游者。凡是通过中国驻外使、领馆，各国对外友好团体，或同中国旅行机构有联系的外国旅行社以及直接同中国国际旅行总社联系，申请办理入境手续后持有"L"签证（"L"签证的签发对象为来我国内地旅游、探亲或因其他私人事务入境人员）的外国旅游者、华侨、中国血统的外籍人和港澳台同胞，均可凭签证前往我国政府指定的对外开放地区进行生态旅游。

2. 国内生态旅游者

国内生态旅游者是指暂时离开自己的定居地或长住地前往本国境内其他地区进行生态旅游的游客。国内生态旅游者，既可以是取得所住国国籍居民，又可以是没有取得所住国国籍而长期在所住国学习、工作、疗养、休息或从事其他活动的人。

（二）按组织形式为标准分类

1. 团体生态旅游者

团体生态旅游者又称团体包价生态旅游者，是指参与旅行社或其他旅游组织提供的事先计划、统一组织、精心编排的，提供相关服务工作并以总价格形式一次性地缴纳旅游费用的生态旅游项目的生态旅游者，其团体人数一般不少于15人。其主要优点是安全、可靠、方便、舒适，且旅游费用相对便宜。但是，一切活动都需要按旅行社或其他旅游组织的统一计划集体进行，欠缺灵活机动性。

2. 散客生态旅游者

散客生态旅游者又称个体生态旅游者、自助生态旅游者，是相对团体生态旅游者而言的，指个体、家庭或自行结伴进行生态旅游的人。与团体生态旅游者相比，时间上能够灵活掌握，生态旅游项目的选择上自主独立，且具灵活性，易于充分实现旅游动机。但由于一切活动都需要自己联系，不够方便，较为费钱、费时。

（三）按目的方式为标准分类

1. 观光型生态旅游者

观光型生态旅游者是指以旅游观赏自然生态系统为主要目的的生态旅游者，

如观赏山地、冰川、火山迹地、溶洞、沙漠、湖泊、江河、森林、草原、湿地、海洋、植物园、野生动物园等。主要目的地为"世界遗产"地、自然保护区、国家森林公园、风景名胜区。

2. 参与型生态旅游者

参与型生态旅游者是指积极参与旅游的有关活动的生态旅游者，如直接参与有组织的类似植树造林、清理环境、环保宣传之类的生态保育活动，或者登山、骑自行车、野营、漂流、滑雪、垂钓、观鸟、民风民俗活动等寓教于乐的活动。

3. 专题型生态旅游者

专题型生态旅游者是指为某一特殊的动机外出旅游的生态旅游者，这类动机包括参加特殊的科学考察旅游活动，如野生动物与植物考察、地貌奇观考察、森林探险、宗教名山考察、香格里拉探秘、生态农业旅游等。生态旅游者借助于特殊的旅游资源和生态环境，增长知识、丰富见闻、锻炼体魄等。

4. 综合型生态旅游者

综合型生态旅游者是指观光、参与、专题等旅游目的或方式两种以上有机组合的生态旅游者，这类生态旅游者是生态旅游者类型中的主体，占多数，主要原因是生态旅游者的出游一般都是多种动机或方式并存，通过多样化的生态旅游项目达到综合效果。

（四）Lawton 和 Weaver 的分类观点

事实上，除却以上三类方法之外，还存在许多其他的分类方法，而知名学者 Lawton 和 Weaver 的观点值得我们关注。

在他们看来，生态旅游者应该被分为三类，即严格型生态旅游者、一般型生态旅游者与组织型生态旅游者。所谓的严格型生态旅游者，是指这部分旅游者的终极目的在于不断寻求与自然和谐相处的手段。在这部分人看来，自然与人类都是平等无二的，因此我们理应以更加温和的手段来面对自然。正是由于他们心中的这份感慨使得他们在与自然相处时时刻充满着强烈的生态环保意识，并且真心实意地愿意为保护生态做出自己的一份贡献。在 Lawton 和 Weaver 看来，这部分人才真正体现了生态旅游的核心理念。然而遗憾的是，这部分人在整个生态旅游者团体中所占的比例也是最小的。

而一般型生态旅游者则是指那些具备中等或浅显生态意识的旅游者。这部分人对于获取生态知识并没有太大的兴趣，相关的知识录入大多依托于导游或旅游手册的帮助。相比较而言，他们更乐意关注自身能否在旅游时获取更大的物质与感官享受。

在 Lawton 和 Weaver 的调查过程中，他们发现在严格型生态旅游者和一般生态旅游者之间还存在一种过渡型的团体，他们将其定义为组织型生态旅游者。这一类生态旅游者的特点在于他们的生态环保意识比一般型生态旅游者的环保意识更强，但在旅游过程中又体现出种种类似于一般型生态旅游者的特征。

三、生态旅游者的权利与责任

生态旅游者在生态旅游活动中，应明确其享有的权益与负有的责任，他们的权益和责任充分体现了生态旅游的特点，同时也是与传统大众旅游者的主要区别所在。生态旅游者主要的权益和责任如下：

（一）生态旅游者的权益

1. 知悉真实信息和自由选择的权益

生态旅游者在旅行和逗留期间，旅游组织与生态旅游企业应该提供客观、准确和完整的旅游信息，包括旅游线路、旅游景点、旅游活动项目、价格等情况，还应积极提供自然地域状况和环境保护教育的相关信息资料。生态旅游者在购买生态旅游产品时，有自主选择，按自己的旅游目的和兴趣购买，并进行比较、鉴别和挑选的权利。对于进行广告宣传的旅游经营者要承担相应的法律责任。

2. 人身、财产安全受保护的权益

人身、财产安全基本权利是受法律保护的，生态旅游经营者的活动不能侵犯生态旅游者的上述权利，同时生态旅游经营者所提供的生态旅游产品必须符合保障人身、财产安全的要求。生态旅游者在旅游活动中遭受的人身、财产损失，只要同生态旅游管理者有直接或间接的关系，或是由于生态旅游产品和服务的缺陷造成的，生态旅游者有权要求责任单位或个人进行赔偿。

3. 获得质价相符的产品与服务的权益

生态旅游者对购买的产品和服务要求有质量保障，同时也要求价格合理、公平。生态旅游在住宿、餐饮、参与生态旅游项目类型等方面的差价反映了生态环境、服务内容、服务水准和生态旅游活动内容和内涵等的差异，其价格应与实际相符。

（二）生态旅游者的责任

1. 以保护生态环境为己任

生态旅游的产生背景是由于传统大众旅游活动对自然、文化、社会等环境产生了多种多样的负面影响，损害了旅游业赖以生存的环境质量，威胁旅游业的可持续发展。生态旅游作为一种维护环境的旅游活动，生态旅游者应该热爱大自然，具有较强的环保意识，对旅游目的地的生态环境维护具有责任感，且应为其做出自己的贡献。

（1）尊重旅游目的地的生命。尊重生命，是人类文明永恒的主旋律。按生态学的观点，地球上的一切生命是一个共同体，相互有着极为复杂的生态关系，生命面前生物平等，而人类仅仅只是这个共同体中的一员，人与其他生物均享有平等的权利，因此，人类尊重生命的范围应该扩大到所有的生命，而且这种尊重要立足于生命的创造性和维持性等价值,从生命物种的保存、进化和生态系统的完整、平衡、完美出发,遵循生态规律,尊重各种生物享有的生命共存、特有生活方式以及生物维持种类进化所必需的生态条件不受人类破坏等权利。生态旅游者应按"生态旅游指南"参与生态旅游。

(2)尊重旅游目的地的自然生态系统。生物及其生存环境构成了自然生态系统,整个生态旅游目的地是由多样、多层的生态系统所组成的,生态旅游者进入目的地后,也只是生态系统中的一个组成部分,生态系统的稳定性、完整性和完美性包含着有益于人类生存的环境价值,值得尊重。要尊重生态系统,就得按照生态规律来理智地行动,注意保护生态系统中内在的相互依存的自然生态关系。此外,还应注意保护生态系统中的关键物种以及尽力保持生物多样性。

(3)尊重旅游目的地的生态过程。我们应该充分认识到生态过程的形成是大自然生物圈几十亿年优化选择的结果,生态旅游者应关注生态过程,尊重生态过程。维护物质与能量流动以及生态系统的自我调节,以达到生态平衡。

(4)尊重旅游目的地的文化。应维护当地文化的自然性,生态旅游者应以学习了解当地的文化、风俗习惯、民族风情为目的,不应将自己的文化价值观强加于人,不要强求过分的舒适,要在了解民族礼仪、习俗及禁忌的基础上,"入境问禁""入乡随俗",尊重当地的风俗习惯,在当地居民允许的范围内参与其活动,体验其文化,以求自我充实和提高。

2. 促进旅游社区经济与文化发展的责任

生态旅游区与其所在的社区经济发展有一定的联系,生态旅游区应制定相应的资源保护政策,限制社区居民对自然资源的传统粗放型利用。旅游的开发对社区有不同程度的影响,这些问题如果不加以处理,就会激发生态旅游区与社区居民之间的矛盾,生态旅游区将常常处于一个不稳定的情况,从长远看,解决这一问题的主要途径如下所述:

(1)促进旅游社区经济发展。吸收当地居民参与到生态旅游区从事第三产业保护、管理等工作,如导游、餐饮、护林、防火、巡视等。生态旅游不仅给当地社区群众带来更多的就业机会,而且促进地方经济的持续发展,生态旅游者应支持当地社区群众的工作,为生态旅游目的地社区脱贫致富尽责。例如,科技工作者参与生态旅游时为当地社区提供科技咨询服务,甚至指导协助工作。

(2)促进旅游社区传统文化的保护和提高。生态旅游社区的传统文化,如富有特色的建筑风格,当地的舞蹈、音乐、戏剧、风俗习惯等对生态旅游者颇具魅力,生态旅游者应注意行为规范,尽量减少对当地传统文化的负面影响,同时应积极为旅游地社会传统文化继续保存并持续发展尽其职责。

四、生态旅游者的特征及行为特征

（一）生态旅游者的特征

1. 自然性

生态旅游者的自然性是指其旅游对象和旅游服务的自然性。旅游对象的自然性不但指自然环境形态，还指原汁原味的、人与自然和谐的特色文化。生态旅游者对环境污染的认识越来越深刻，同时对过于人工雕琢的旅游感到乏味、单调，他们热衷于回归到大自然天然本底的"原始"生态环境中去，探索大自然的奥秘，领略特色文化的神秘，并由此感受到其中的美学、科学、哲学等文化价值，体验人与自然的和谐，激发对文化生态的热爱。旅游服务的自然性是指生态旅游者在旅游过程中的食、住、行、游、娱、购等环节，对所接受的服务项目要求原汁原味、自然，如吃、住入乡随俗。生态旅游者以背起行囊徒步为主，走进大自然，在大自然的怀抱中享受旅游的乐趣，与大自然对话，增强热爱自然、保护自然的意识，且参与当地社区民族的经济和文化发展及生态环境保护等活动。

2. 责任性

生态旅游者的责任性是指旅游活动是具有促进环境保护和社区经济发展责任的活动，广袤的大自然与博大精深的特色文化给生态旅游者提供了宽阔的天地，他们既在其中进行丰富多彩的生态旅游活动，又在责任感的驱使下，自觉要求自己的行为不对生态环境产生破坏，尊重和维护人与自然和谐的特色文化，并为所在社区经济和文化可持续发展各尽职责。

3. 特定性

生态旅游者的特定性是指其自身素质要求的特定性，由于生态旅游不仅用来表征旅游的区域和对象是自然物，而且更强调被旅游的区域和对象不受到损害，要达到这个目标，生态旅游者必须具备一定的素质要求，包括身体素质、道德素质、环保知识及文化修养等各个方面，如理解大自然生态平衡的原理，懂得民俗风情的文化内涵，懂得可持续发展战略的内涵、基本思想和重要性等，能非常自觉地、有意识地参与到保护生态环境和旅游资源的行列中。

（二）生态旅游者的行为特征

生态旅游者除了具有一般旅游者在目的地上的异地性、经济上的消费性、时间安排上的业余性、地域上的差异性等共同特点外，还有别于传统大众旅游者的特殊特征，如表4-1所示。

表 4-1　传统大众旅游者与生态旅游者的比较

项目 对象	传统大众旅游者	生态旅游者
旅客来源	国际和国内的普通游客	多样化，主要是学生、教师、知识阶层、环保主义者等
旅游目的地	参观人文古迹，或欣赏风景、古建筑、宗教寺庙等为主	回归大自然，对象主要是森林、山地、草原、沙漠、海洋、湖泊地区，以及以自然风景为主的风景名胜区、自然保护区和森林公园，且包括人文生态旅游区
旅游形式	大多是观光游览	以大自然为舞台，形式多样，内容丰富，参与性强，寓教于乐
旅游参与	被动式，一般不参加旅游环境的保护工作	主动式，主体与客体密不可分，自身是整个生态系统的一部分，达到"天人合一"的境界，自觉参与到生态环境保护中去
旅游体验	走马观花，心灵感受印象不深	积极地亲近大自然，接受生态环境保护熏陶，心灵与自然共鸣，人的情感得到升华，使保护生态环境成为自觉行动
自身素质	一般旅游者均能完成传统的大众旅游活动	要求生态旅游者具备较高的文化素养和综合素质，接受过相关知识的教育，对大自然与特色文化充满热爱，有较强的环保意识、认真的体力和情感准备，才能完成真正意义上的生态旅游
出游时间	季节性、周期性强	全年性、均衡性

　　生态旅游者的行为特征指生态旅游者在生态旅游目的地进行旅游时的一些偏好。这里引入国外比较有影响力的 1994 年怀特（Wight）参加的由加拿大艾伯塔经济发展和旅游部门、不列颠哥伦比亚省政府及两个联邦部门共同组织的北美生态旅游市场调查（以下简称怀特的调查）。

　　（1）团队构成。一般认为，生态旅游者趋向于单独出游，以寻求融进大自然的刺激性。怀特对北美生态旅游者的团队构成调查结果如表 4-2 所示。

表 4-2　生态旅游者团队构成

团队构成	一般生态旅游者（%）	有经验生态旅游者（%）
两人（不同家庭）	23	25
两人（同一家庭）	36	36
带小孩的家庭	26	15
旅游团队	4	2
4 人组团	6	7
1 人单独旅游	7	13

　　从表 7-2 中可以看出，大部分生态旅游者喜欢两人结伴出游（分别占两类

生态旅游者总数的 59% 和 61%)。有经验的生态旅游者单独出游的比例较高（13%），而带小孩的家庭出游和参加旅行团队出游的比例则比较低（分别为 15% 和 2%）。

（2）旅游花费。根据调查分析，生态旅游者的收入较高，而且旅游花费也大。怀特关于生态旅游者花费的调查结果如表 4-3 所示。从总体上说，生态旅游者比一般旅游者愿意支付更多的费用。但是由于生态旅游消费受许多因素的影响，如旅游时间长短、旅游者的支付能力、生态旅游目的地的接待条件、旅游活动类型及消费机会等，因此，生态旅游花费也存在很大的差异。如何创造消费机会，使生态旅游者愿意支出的费用都在旅游过程中支出是生态旅游开发管理者需要认真考虑的问题。

表 4-3 生态旅游者愿意支付的费用

支付费用	一般生态旅游者（%）	有经验生态旅游者（%）
≤ 500 美元	15	7
501~1000 美元	25	22
1001~1500 美元	21	26
1501~2000 美元	16	21
≥ 2000 美元	23	24

（3）旅行时间。旅游者旅行时间的长短一般受旅游目的地、旅游活动的性质影响较大。巴克曼和波茨（potts）1993 年调查发现，在美国，生态旅游者在旅游目的地平均逗留 5 个晚上，而在阿拉斯加保护区则平均逗留 12 天。怀特的调查结果是绝大多数生态旅游者希望旅行时间在一周以上。约有 40% 的一般生态旅游者偏向于两周以上的旅行时间，这其中，最好是有 4~7 天的生态旅游。而 50% 的有经验生态旅游者则认为 8~14 天比较合适。从怀特的调查结果还可以看出，一般生态旅游者偏好于旅游活动的多种经历，他们虽然对生态旅游感兴趣，但同时也希望能在整个旅途中融入非生态旅游的内容，这一点对于生态旅游线路的设计是很有指导意义的。

（4）旅游季节。怀特的调查结果表明，多数一般生态旅游者和有经验生态旅游者都愿意在夏季旅游，有 40% 的一般生态旅游者选择了 7 月和 8 月，约一半左右的有经验生态旅游者选择了 6 月、7 月、8 月和 9 月。但不容忽视的是，冬季旅游正不断受到旅游者的青睐，尤其是受到有经验生态旅游者的欢迎。这些调查结果对于旅游目的地开发冬季旅游项目，延长旅游季节，消除或缩短旅游淡季有较大的参考价值。

第二节　生态旅游市场

一、生态旅游市场的发展

在 20 世纪 80 年代末，人们开始热衷于自然旅游。后来，随着传统的自然旅游的深入发展，人们感到只突出感受自然、认识和了解自然而不注重保护生态环境的自然旅游，使许多优美的风景资源和环境遭到了污染和破坏。人们开始寻找一种有利于保护生态环境的新的旅游形式，于是一系列新的旅游活动项目应运而生，其中以自然旅游为基础，对环境负责的生态旅游受到了人们的普遍关注。

生态旅游市场的建立大致有两种类型：一种是首先在世界上提出，而由欠发达国家被动发展起来的；一种是因市场需求而由发达国家主动发展起来的。被动发展模式的代表如非洲的肯尼亚和拉丁美洲的哥斯达黎加。这些国家拥有开展生态旅游的丰富而独特的资源，是开发自然旅游和生态旅游的先驱，他们建立生态旅游市场是迫不得已的。美国是开展生态旅游比较成功的发达国家，1872 年建立黄石国家公园。

我国生态旅游发展较慢，早在 20 世纪 70 年代初，旅游与环境这个问题就引起了旅游界的注意，但是"生态旅游"这一概念是经由国外传入我国并逐渐被动接受的。1993 年 9 月，在北京召开"第一届东亚地区国家公园和自然保护区会议"，会议通过了《东亚保护区行动计划概要》的文件，才标志着生态旅游概念在我国第一次以文件形式得到确认，在政策的操作面上得到了支持。国家林业局数据显示，1993—2014 年，我国森林公园年接待游客人数一直保持两位数的增长。2015 年全国森林旅游接待游客达 7.6 亿人次，占国内旅游人数的 23%，同比增长 11.8%；森林旅游直接收入 685 亿元，同比增长 10.8%；全国森林公园接待游客超 50 万人次的有 275 家，超 100 万人次的有 112 家，旅游收入超 1000 万元的 423 家。虽然我国森林公园数量众多，但目前人气旺盛的仍不多。2013 年，接待游客量排名前 30 的国家森林公园，占全国森林公园接待游客总量的 21.8%。一些森林公园由于认识、人才、投资、区位等原因发展缓慢，建设水平低、服务能力差、市场影响力小。这些森林公园虽然拥有优越的风景资源，但依然"养在深闺人未识"。2014 年，九寨沟接待游客突破 180 万人次，创历史新高。而紧邻九寨沟的雅克夏国家森林公园的游客人数却远不及预期。2014 年，我国生态旅游总收入突破 6000 亿元。2015 年依然保持前进的势头。目前，在国内开放的生态旅游区主要有森林公园、风景名胜区、自然保护区等。生态旅游开发较早、开发较为成熟的地区主要有香格里拉、中甸、西双版纳、长白山、鼎湖山、新疆哈纳斯等地区。

生态旅游作为一种新的旅游形式在我国得到了迅速的发展。虽然也曾出现了这样或者那样的问题，但是，这种旅游形式将在未来获得更加广阔的发展空间。目前在我国，环保意识不断增强，绿色消费也已初见端倪。人们开始更多地关注自然、热爱自然、走进自然、保护自然，提倡绿色消费，倾向于选择不受污染的生态产品。这种市场需求的转变为生态旅游提供了广阔的市场空间。

二、生态旅游市场的特点

生态旅游发展最快的时期是20世纪90年代以后。这一时期在世界旅游组织的鼓动和专家学者及新闻媒体的倡导下，我国不仅通过国际会议及学术研讨会的形式制定了一些发展生态旅游的宣言、宪章和行动计划，而且还针对生态旅游的概念、特征、功能、作用和地位进行了大量研究工作，撰写了许多论著，这些都为发展生态旅游奠定了十分重要的理论基础。目前，以自然旅游为基础发展起来的生态旅游的规模越来越大，并已成为世界上重要的新兴产业。

生态旅游市场的特点如下：

（一）基础市场大而实际规模小

从希望参加生态旅游活动的人数来看，生态旅游基础市场是非常大的，世界上许多人都乐于参加具有生态体验功能的自然旅游活动。但是从目前的情况看，喜欢自然风光但缺乏较高环境保护意识的旅游者大有人在，在近期还很难形成高素质的生态旅游队伍，这极大地束缚了生态旅游市场的发展。

（二）要求参与者有较高的环保意识

生态旅游是以保护生态环境为目标的自然旅游，强调在体验自然的同时要对自然保护做出贡献，这就要求生态旅游者必须有较高的环保意识和觉悟，并能在保护生态环境方面付诸行动。过去开展的自然旅游虽也教育旅游者要保护环境，但这种教育多为形式上的说教和宣传，不像生态旅游要求必须以实际行动履行自己的环保义务，并以此作为区别生态旅游与自然旅游的标准之一。例如狩猎旅游，一般是自然旅游，不符合生态旅游的标准；但如果狩猎不仅按照狩猎的规定参与此项活动，而且愿意拿出一部分资金来支持恢复动物生存区的工作，那么这类狩猎行为就具备了生态旅游的性质。又拿观鸟旅游来说，虽然这一活动本身并不破坏和干扰鸟类活动，但若是仅限于观赏、体验之类的活动范围，而无维护鸟类栖息环境的实际行动，也不能算作是生态旅游。由此可见，能否为保护生态环境做出贡献，是衡量游客是否是生态旅游者的基本标准。

另外，生态旅游不仅要求旅游者具有较高的环保意识，生态旅游经营者也应具备这种素质。从事生态旅游的经营商，应是一个懂经济的经营者，更应是一个"虔诚"的环境保护者，保护环境是他们应该始终坚持的经营原则。当其获取经济效益的手段、方式与环境保护发生冲突时，应毫不犹豫地舍弃经济利益而保护生态环境。

（三）生态旅游市场正在成长且发展很快

生态旅游是一项特种旅游，特种旅游是一种细分的市场，它的发展已成为旅游市场发展的主流。生态旅游市场的成长是人们的主要兴趣与自然环境和传统文化相关的产物，人们往往被边远的尤其是敏感的地区所吸引。这表明生态旅游市场是一种正在成长且发展很快的旅游市场，随着生态教育的加强，特别是城市化和现代化进程的加快，必将逐渐扩展。

（四）生态旅游的开展主要在偏远、敏感的地区，消费较高

按照生态旅游在空间上的分布特点，它主要集中于敏感、偏远的地区，包括原始森林、内陆草原、海滨湿地、地球两极等生态敏感区。在这种地区开展生态旅游业，尤其要精心规划和管理，即使只有很少的游客对这种旅游感兴趣，也应对他们提出高要求，只有这样，才能在保护环境和文化的同时，为偏远地区带来好处。另外，到偏远地区旅途长，消费支出较高，因此目前参加偏远地区生态旅游的游客，大多是经济富裕者，这和大众旅游形成了明显的反差。

三、生态旅游市场的培育与管理

（一）生态旅游目标市场

确定目标市场是培育和管理生态旅游市场的前提。根据对生态旅游市场的分析，可以将目标市场定位为以下几种：

（1）经济收入高而且身体健康的中老年人。这些人经常有机会参加旅游，乐于追寻原始、自然的旅游，随着人口的老龄化，该人群将成为生态旅游者的主体。

（2）中产阶级中的中年人。这部分人经受了20世纪80年代环保热潮的熏陶，有着较高的环境意识。

（3）发达国家的年轻人。他们对环境问题很关心，并且有较长的假期，且在寻找一种能够使他们从繁杂、压抑的生活中获得解脱的旅游方式。这些人消费支出大，停留时间长，可以减少对环境和社会的影响，又可以使生态旅游经营者获得较大的经济效益。

（二）生态旅游市场培育

生态旅游市场的培育首先要选定目标市场，并对其进行培育与建设，然后通过对旅游者、旅游经营者等进行培育和监督，完善整个市场体系，促使旅游活动带来更大的经济效益、环境效益和社会效益。

生态旅游得以可持续发展的关键之一是旅游者生态环境意识的加强。未来的旅游者不但是花钱买享受的人，而且也是做了十分重要的保护工作的人。生态旅游者不仅要认识大自然、热爱大自然，而且要具有很高的环境保护意识和文化知

识素养，同时还应用实际行动履行保护与改善环境的义务，这种旅游者被称为"负责任的旅游者"。加强对旅游者环保知识的教育，使其从单纯的观光客转为向往大自然的同时又能做自觉保护大自然的人。在开展生态旅游时，要宣传生态旅游应注意的事项，认识到自然界是包括人在内的一个有机整体，人们必须遵从自然规律，有目的地控制自身行为，达到人与自然的共同发展的目的。可以利用旅游手册、导游图、路牌、宣传标语、游人教育中心、生态博物馆等多渠道、多途径地对生态旅游者进行旅游教育，制作并使用生态旅游科学解说系统，直接对游客进行有关生态旅游环境保护技术的宣传指导，使他们为保护人类共同的家园而承担起自己的责任。

（三）生态旅游市场管理

1. 成立生态旅游管理机构，规范旅游秩序

政府部门与生态旅游地应适应生态旅游的发展需求，成立如生态旅游管理委员会等机构，制定和实施对生态旅游地资源环境有利的旅游法规、经济政策和生态旅游发展规划；运用 GIS 等技术对进行空间信息采集、存储、管理、查询、分析、显示和制图等处理，对生态旅游资源进行普查和科学评价，实现生态旅游资源地理信息的高效管理，为决策、开发和保护提供快捷的基础资料和分析结果；在旅游地建立永久性监测点，对旅游地环境进行监测和保护，制定一些保护生态旅游环境的生态旅游标准，开展生态旅游区环境质量调研评析，取缔不符合环境标准的项目；对旅游者、旅游开发者及当地居民等进行培育和管理，处理旅游地的日常工作和重大突发事件等。

2. 加强对生态旅游从业人员的管理

成功的生态旅游有赖于高素质的从业人员，要培养生态旅游管理和研究人才，加强与国际生态旅游机构的交流与合作，吸收和消化外国生态旅游开发管理中的成功经验，吸取他们的教训，建立既和国际接轨又符合中国国情的生态旅游管理的模式和规范，促进管理的专业化、科学化。在旅游院校，科研机构和重点生态旅游地区建立旅游研究和培训中心，深入研究生态旅游学，培养生态旅游的管理和研究人才。培育一批既懂旅游又懂环保的高素质开发商和经营商，是培育生态旅游市场的重要条件之一。对生态旅游开发者的开发方案要经过严格全面的审核。鼓励采用"生态技术"进行开发建设，避免对生态环境的破坏。生态旅游开发与经营需要借助保护区良好的生态环境来获取一定的经济效益，同时要以经济效益来巩固生态环境质量的稳定与提高，形成互惠互利良性循环的发展模式。开发经营讲究科学性，落实"在保护的前提下开发、在利用中保护"的原则，在经济利益与环境保护之间出现矛盾时，应以长远眼光看问题，将环境保护放在第一位。

3. 加强生态旅游目的地的建设，争取居民的理解和支持

能否使当地社区的居民从旅游中获得利益，直接关系到旅游能否得到他们的支持而持续地发展下去。对当地居民进行生态环境保护教育，为当地居民创造就业机会，如吸收当地居民从事导游、餐饮、护林、防火等工作，提高他们的物质和文化生活水平，支持他们参与相关政策的制定和实施，使他们能够自觉地维护当地的生态环境。美国 Cond's Nest Travel 杂志社调查分析了全美上百个生态旅游活动项目，提出了七条生态旅游评价标准：

（1）把商业性的旅游业与旅游地生态旅游计划结合起来，帮助旅游地居民认识生态环境的价值，并有意识地组织起来去保护它。

（2）为建立国家公园和自然保护区以及这些公园和保护区的管理与运作提供支持和实质性赞助。

（3）通过购买当地土特产和服务以支持当地经济发展。

（4）积极促进旅游者与旅游地居民进行直接的、有意义的接触和交流。

（5）支持和赞助生态环境研究。

（6）保护并支持发展有地方特色的旅游文化设施，维系自然环境的和谐统一。

（7）协助恢复被损害的自然生态环境。

这七条标准中特别关注生态旅游地居民的利益。

4. 建立健全监督机制

环境保护部门可以协助生态旅游地检测点对生态旅游的环境影响等进行评估，包括对大气、水、土壤、噪声、生物的影响等。媒体、社会公众等可以对生态旅游管理机构的工作和游客的行为等进行监督，几方面相互配合，建立起完善的生态旅游市场监督体系。

四、生态旅游市场营销

（一）生态旅游市场营销现状

旅游市场营销是市场营销理论在旅游业的应用，成功的旅游市场营销将合理的营销组合针对特定的目标市场（现实和潜在的旅游者），使旅游产品在满足旅游需求并保护生态效益的同时，各旅游企业也达到自身经济目标。生态旅游是一种特殊的旅游产品，其可持续发展的本质更要求营销人员必须在充分运用管理学理论的基础上，时刻与生态旅游产品特点相结合。随着我国生态旅游的兴起，与生态旅游市场营销相关的学术研究也相应展开。

生态旅游市场营销是对旅游市场营销的继承和发展，它是在可持续发展思想和社会市场营销观念指导下的旅游绿色营销。生态旅游市场营销是连接生态旅游产品与生态旅游市场的基本环节，也是生态旅游经营管理的中心环节。生态旅游

市场营销主要包括广泛传播生态旅游的理念和进行生态旅游产品的营销。

（二）生态旅游市场研究

"市场"指的是购买某一产品的顾客以及可能购买的潜在顾客的综合体。对市场的研究是市场营销的基础，只有对某一产品的市场进行深入且准确的分析研究，才有可能针对这一产品做出成功的营销，这对生态旅游也不例外。目前，生态旅游市场的需求正在不断扩大，这种需求来自现代人对回归大自然的渴望以及人们对自然文化环境保护意识的日益提高。但是，生态旅游引进我国的历史比较短，还没有形成一个有一定规模的生态旅游市场。生态旅游的发展需要做充分的准备，对生态旅游市场的培育，应该注重"依靠生态旅游现代技术和方法，加强对旅游者、生态环境旅游设施与设备的生态管理，促进生态旅游系统的良性循环"。

（三）生态旅游市场的特征

李东和（1999）曾通过"人口统计学特征、旅游动机、行为特征及国际生态旅游市场发展趋势"四个方面分析了国际生态旅游市场，指出由于"不同年龄、性别的生态旅游者分别喜好不同的旅游活动，而且没有小孩的夫妻家庭及单身青年男女家庭最容易产生生态旅游者"，所以我们应该"依据国际生态旅游市场的偏好，推出适销对路的生态旅游产品"。同时，在国外学者根据"动机、态度与行为"差异而提出的严格的和一般的生态旅游者概念体系基础上，"大众生态旅游是现阶段朝向西方式严格生态旅游的一个有益过渡"，故构造"高端生态旅游市场和大众生态旅游市场"相结合的生态旅游市场模式是十分必要的。

（四）生态旅游营销策略

1. 生态旅游产品策略

生态旅游产品是生态旅游市场营销的重点和对象之一。加强生态旅游产品开发和促销，培育可持续发展的旅游产品和旅游消费者是生态旅游可持续发展的重要内容。

生态旅游产品是指为了满足生态旅游者在生态旅游活动过程中的需要而向其提供的各种（旅游）资源、设施和服务的组合；它是生态旅游者支付一定的金钱、时间和精力所获得的一次完整的生态旅游经历和体验。有两种组合方式：一是依赖于已存在的生态旅游资源所组合（开发）出的资源依托型生态旅游产品；二是凭借非现实的旅游资源（人、财、物）所组合（创造）出的资源脱离型生态旅游产品，如生态型主题公园。具体包括：①生态旅游景区（点）和生态旅游活动项目（特色旅游节庆活动）；②生态旅游线路；③生态旅游目的地（省、市、大旅游区等）。其中，最核心的生态旅游产品形式是景区（点）和旅游活动项目，目的地产品和线路产品都是在景区（点）的基础上组合而成的。即景区（点）和旅游活动项目是生态旅游产品的原始形态，是核心旅游产品；而旅游线路和旅游目的地是生态旅游产品的终极形态,是组合旅游产品,它们已经对核心旅游产品的效用和价值进行了多重追加。

首先,生态旅游产品的开发是整个营销过程的基础,只有设计出高水平、高知识含量、高品位的生态旅游产品,才能吸引游客进行消费。通过对长江三峡库区生态旅游产品开发条件的分析,向旭(2004)提出生态旅游产品的开发必须满足六个原则:可持续发展原则;承载力原则;社区参与原则;特色原则;环境教育原则和协调性原则。陶卓民等(2000)也在分析生态旅游定义内涵的基础上,从市场需求、生态保护、融合一致、因地制宜四个方面分析了设计生态旅游产品的原则。

开发生态旅游产品,要从景点项目设计开始,包括特色产品的选择,旅游产品的结构层次、功能、旅游产品的消费方式及可能造成的废弃物、污染物处理都要考虑对自然生态资源环境的影响。同时还要注重生态旅游产品和旅游地的绿色形象策划。我们都知道,在环境容量允许的前提下,要吸引更多的生态游人,进行生态旅游产品的形象策划对达到此目的具有重要的影响。

以喀纳斯湖景区生态旅游营销为例。喀纳斯湖景区在进行生态旅游产品的形象设计时,同时从理念识别系统(MIS)、视觉识别系统(VIS)和行为识别系统(BIS)三方面下手。在 MIS 方面喀纳斯以旅游区内的生态环境、优美的自然资源为主体理念;从旅游区的民俗风情出发,着力体现图瓦人的民俗文化和特色。因此将其形象理念定为:一级理念——"人类净土喀纳斯";二级理念——"万气千象变色湖""世界罕见冰湖群""西伯利亚动植物基因库""云间部落枣图瓦人";在 VIS 方面喀纳斯根据现有景点布局,以"幽、景、河、川、人、购"为主线,开展如下各类旅游区的视觉形象设计:喀纳斯湖原始自然风光旅游形象(包括神仙湾旅游形象、月亮湾旅游形象)、峡谷冰川旅游形象、高山草甸森林旅游形象、图瓦民俗风情旅游形象等;在 BIS 方面,喀纳斯的行为识别系统将旅游形象行为识别看作是旅游形象理念识别的具体化表现,其中主要包括政府形象、旅游服务形象、居民行为形象。喀纳斯政府通过旅游节事活动的策划与组织、旅游市场调研、旅游活动宣传与推广、旅游政策制定与实施、有关部门的日常办事效率等,树立"全心全意为人民服务"的政府形象,加强旅游管理的法制化、健康化。喀纳斯景区服务形象设计主要将旅游从业人员的素质、旅游景点的服务、一般接待服务等进行提高。在这里我们不难看出喀纳斯在设计过程中处处体现"生态及形象"意识,以提高生态旅游产品的知名度,从而招揽客源。

2.生态旅游营销价格策略

价格策略是营销组合中又一重要的组成因素。生态旅游企业在制定生态旅游产品价格时要树立"污染者付费""环境有偿使用"和"能源节约"观念,把企业用于环境方面的支出计入成本,成为生态旅游产品价格构成中的一部分,因此，生态旅游产品的定价通常应高于非生态旅游产品的价格，即应略高于一般旅游产品的价格。

在生态旅游营销中，自然资源和生态环境被引入营销决策体系之中，使得生态旅游产品的定价涉及的因素更多，生态旅游产品价格的制定更为复杂，这就要求企业与景区要对生态旅游需求、自然资源和生态环境价值等价格因素进行分析。但是，也有学者指出，生态旅游产品的价格如果制定过高，可能会丧失一部分潜在的游客。

故生态旅游产品作为一种全新的产品，其定价不仅要考虑资源价值在内的成本构成，又要考虑目标消费者的心理和实际购买力。同时建议在操作上可采取以下策略：①目标价格策略；②随行就市定价策略；③心理定价策略；④新产品、特色产品定价策略；⑤认知价值定价策略。然而另一些学者认为，生态旅游产品竞争者目前较少，如果景区规模大，前期宣传效果好，可采用"撇脂"定价法，即高价进入。然后再根据市场需求调整价格，如淡季调低价格促销、旅游人次折扣、提前联系折扣、儿童老人折扣、团队折扣等方法吸引游客。

（五）生态旅游分销策略

分销渠道是连接旅游产品和旅游消费者的桥梁。合理的分销渠道不仅能将旅游产品顺利地销售出去，还能节约流通成本，从而达到生态旅游营销目的。目前，互联网已成为生态旅游产品分销的重要途径。

当然生态旅游产品的线上销售是旅游营销最具革命性的部分，它将旅游产品的虚拟化展示、虚拟化消费、旅游咨询、旅游订购集于一身，并在跨时空的状态下让旅游者与旅游产品销售商甚至旅游产品生产者坐在一起进行交易活动。

生态旅游分销既要包括B2C，又要包括B2B。对于散客，在网站设计上要为每个访者提供个性化服务，使其在网站上能够根据个人兴趣得到不同的信息；对于旅行社和会议规划者，也要在网站上留有专门的位置，以便能更好地为其客户服务。同时，生态旅游产品生产者借助旅游中间商向旅游者销售其旅游产品仍是目前最主要的旅游产品销售渠道。

随着旅游市场竞争的日趋激烈，旅游营销渠道正由单一组织结构逐渐复杂化、联合化，新的营销渠道系统也逐渐形成，如垂直联合营销系统是由旅游供应商、旅游批发商、旅游零售商共同组成的联合营销系统，实施高度专门化的运营管理和集中统一的网络系统。因此，生态旅游产品的分销也应该顺应这一大趋势。在生态旅游个性需求日益明显的时代，组建专门从事生态旅游的旅行社进行绿色营销与管理也势在必行。

（六）生态旅游促销策略

促销是宣传、推介生态旅游产品的重要手段，对激发生态旅游需求，提高生态旅游产品的市场印象度、知名度和美誉度起着重要的作用。在生态旅游产品营销体系中，生态旅游促销应该以绿色诉求、道义诉求为着眼点，借助绿色传播媒体（如关心环保、生态和健康的媒体）以绿色品质、绿色风格等绿色信息，打动受众的心。同时生态旅游产品促销应该采取人性化沟通方式，广泛开展各种绿色公关活动，提升生态旅游品牌形象。孙静（2005）在分析了黑龙江省森林生态旅游发展优势的基础上，提出通过举办绿色节庆、媒体环保宣传和参加各种生态合作会议来传播绿色生态文明，使游客对生态旅游产品留下深刻的积极印象，从而激活市场。

（七）生态旅游产品生命周期营销策略

旅游产品的生命周期是指产品经开发进入市场后，直到被市场淘汰从而再无生产的可能和必要为止的全部持续时间。生态旅游产品市场生命周期大致可分为投入期、成长期、成熟期和衰退期四个阶段。一条旅游线路、一个旅游活动项目、一个旅游景（区）点都将经历由兴至衰的过程，存在生命周期的变化。这里所说的生命周期不是指生态旅游这一旅游形式会衰退，而是指具体的某项生态旅游产品的生命周期。某种生态旅游活动衰退后，经过重新开发又会恢复活力，进入新一轮的生命周期，这里只是对生态旅游产品生命周期的一般描述。因为还存在有些生态旅游产品生命周期的变异，如旅游产品在投入期就出现衰退现象，被迫退出市场；有的生态旅游产品投入市场后，一直处于持续缓慢增长状态，直接达到成熟期；有的生态旅游产品则经过漫长的投入期后才进入成长期等，我国很多的森林公园产品就是如此。生态旅游产品是一个综合性产品，其市场生命周期会受到诸多内外环境因素的影响。生态旅游营销主体应清楚地认识到这些因素及产品所处的市场生命周期阶段，有针对性地采取相应的策略，同时采取产品改革、市场改变、营销组合改进和产品升级换代等策略来尽量缩短生态旅游产品的投入期，延长成熟期，延缓衰退期的到来。

（八）生态旅游目标客源市场

在旅游市场竞争日趋激烈的情况下，要分析生态旅游景区能吸引哪些旅游消费者，首先应确定其目标客源市场，旅游业目标客源市场是旅游产品的消费对象。在市场营销活动中，客源市场是在市场细分的基础上得出的。因为只有确定了客源市场，才能明确哪里是主要客源市场，哪里是次要客源市场，才可以开发动态的旅游产品，才可以谈论市场竞争，同时也才能开始去按照这些顾客的特定需求制订景区发展的营销策略。

案例1 云南省迪庆香格里拉生态旅游市场营销

"香格里拉"成为一个世界性的名词，源于1933年美籍英国著名作家詹姆斯·希尔顿出版的小说《消失的地平线》，书中的"香格里拉"是一个远在东方崇山峻岭中的永恒、和平、宁静的地方。由此，"香格里拉"便成为一个没有痛苦，美好的理想国的代名词。追捧"香格里拉"的热潮不仅仅因为小说中对其描述有多么美丽，而是它营造的意境满足了人们回归大自然的欲望，这也是生态旅游者最基础的要素。云南省迪庆藏族自治州当时经济发展十分缓慢，一直在寻找发展道路。由于其拥有茂密的原始森林，优美的生态环境，政府便想到了发展旅游。1995年，云南省迪庆州开展寻找香格里拉活动；1999年，旅游业成为迪庆州的支柱产业；2002年5月，经国务院批准，迪庆州中甸县更名为香格里拉县。仅仅7年，云南省迪庆州借助"香格里拉"的效应，建立旅游业为支柱产业，成功"域化"了香格里拉，并打造了生态旅游的金字品牌。在短时间内取得如此大的成功，主要得益于它成功的营销战略。

1. 品牌营销

任何一个旅游目的地的发展都需要具有自己独特的旅游形象，以此来吸引游客。不如隔壁的丽江拥有闻名的雪山，文化深厚的古城，迪庆州在开展旅游业以来，没有任何知名度。于是，在州委领导格桑顿珠的带领下，迪庆州开始苦苦寻找自己的品牌。"香格里拉"是1933年英国著名小说家詹姆斯·希尔顿在《消失的地平线》中所刻画的一块永远、战平、安好之地，它的斑斓使人神往。1997年9月，云南省组织专家学者查核论证，向世界公布：香格里拉就在云南迪庆。迪庆州各族干部群众砥砺奋进，持之以恒专心用情擦亮"世界的香格里拉"品牌，并将中甸县更名为香格里拉县。

借助一个已经拥有世界影响力的形象，为其本身生态旅游品牌的打造起到了事半功倍的作用。目前，香格里拉旅游品牌的价值不仅仅是一个旅游目的地营销成功的象征，它引领了现代旅游的健康发展。

2. 区域联合战略

云南省人民政府在丽江召开滇西北旅游现场工作会议上，确定了将滇西北作为云南省的旅游精品线来开发，采取大理—丽江—迪庆—怒江"滚动发展模式"，即由强带动弱的发展方式。由于这一决策，迪庆州迎来了很大的发展机遇。如今的中国大香格里拉生态旅游区跨越川、滇、藏三省，带动了三省旅游经济发展。

3. 以市场为导向

唯有把握顾客需求，才能做出满足顾客的产品，才能迎合市场。在经济发展的大背景下，人们对精神世界的追求更加强烈，因此旅游方式也由原本的观光逐渐向生态、文化方向转变，人们更加注重旅游过程中的体验。在环境污染日益严重的背景下，人们对生态旅游的需求更加强烈。于是，迪庆州借助其先天优异的自然环境，推出一系列生态旅游产品，如自驾游、山谷探险游、宗教文化游等。这一系列异于传统观光游的产品，满足了现代游客的需求，开拓了更多市场。

4. 生态资源与民族文化相结合

迪庆藏族自治州是中国十个藏族自治州之一，同时也是云南省仅有的藏族聚居区。除此之外，迪庆州还有汉族、纳西族、彝族、白族、傣族、壮族、苗族、回族、傈僳族、拉祜族、佤族、瑶族、景颇族、布朗族、布依族、阿昌族、哈尼族、锡伯族、普米族、蒙古族、怒族、基诺族、德昂族、水族、满族、独龙族等二十几个民族。每年都会有各民族节日，有农历五月初五的赛马会，纳西族的"二月八"，彝族的"火把节"等节日。体验民俗风情，学习藏族文化，成为单纯的生态游中的特色项目，吸引许多青年游客。

5. 网络营销

在网络发达的大背景下，迪庆州旅游局借助社交平台，推出"寻找你眼中的香格里拉"活动，游客在旅行中可在此话题下发表论述与照片。该活动目前仍在网络上可参与讨论，并且参与量众多，阅读量高达 500 多万。同时借助有影响力的社交平台，发布旅游宣传视频，赢得了网友的热烈谈论，吸引了许多游客。

案例 2 旅游活动对张家界国家森林公园植物的影响

旅游活动对旅游地环境的影响几乎是不可避免的，尤以对植物的影响最为显著。随着游客的大量增多及旅游宾馆酒楼排放的废气污染物的急剧增加，张家界国家森林公园境内的植物遭受了较为严重的污染和伤害。为了探明旅游活动对张家界国家森林公园植物生长发育、体内化学物质成分及林木树干伤害等方面的影响，该研究采用对比分析法，调查分析了公园内受大气污染较为严重的接待区的几种林木叶内氟化物和二氧化硫含量及杉木生长速度的变化，同时还对游道两边树木受游客刻伤的程度进行了调查分析。结果表明，公园接待区杉木、柳杉、枫杨叶片中氟化物及二氧化硫含量较对照区增大了 1.6~16 倍；杉木的直径生长量较对照区降低了 32.3%~57.1%；游客的乱刻乱画给金鞭溪、黄石寨等景区游道两边的林木留下了许多伤痕，这些伤痕主要分布在离地面 1.2~1.6 米的部位，受伤程度与树种、树皮光滑程度、树干与游道边缘距离及方位有关。

具体来说，在 6 个游览区 24 个样地进行的调查中，共涉及林木 79 种，648 株。其中受到伤害的林木 29 种，112 株，分别占林木总种数的 36.7% 和林木总株数的 17.3%。在受到伤害的 29 种林木中，树皮光滑的树种所占的比例最大，而树皮较粗糙的树种所占的比例就很小。公园各游览区游道两边受伤林木所受到的伤害程度与其树皮粗糙度及与游道的距离两个因子显著相关，而与林木的胸径及刻画的方位无关。即树皮越光滑，则林木受到的伤害程度就越大，反之就越小；受伤林木距游道外缘越近，则其受到伤害的程度就越严重，反之就越轻。林木的这种受伤特点为我们进行森林风景区开发建设及林木的保护提供了有益的启示：在森林风景区的建设过程中，靠近游道两边的地方应尽量多保留那些树皮比较粗糙的树种，这样可以避免外界的刻伤；在老景区的树种改造过程中，在游道两边宜多种植那些观赏性较强的粗皮树种，而少植那些树皮比较光滑的树种（见图4-1）。

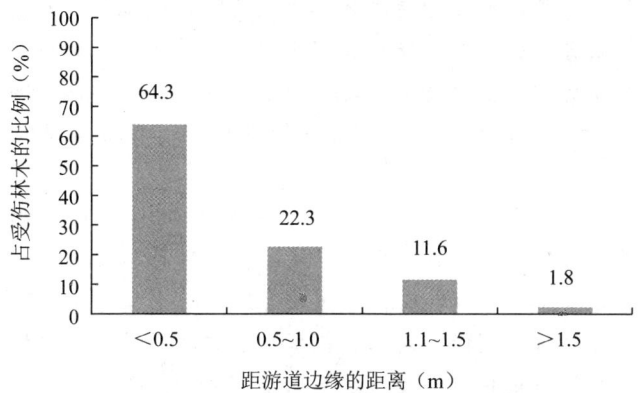

图4-1 距游道边缘的距离

游客在游览过程中，主要在离游道外沿1米以内的林木上刻画，尤其是距游道外缘0.5米以内林木的受伤率很高。在全部样地112株受伤林木中，有97株位于游道外缘1米以内，占86.6%。而其中有72株位于游道外缘0.5米以内，占全部受伤林木的64.3%。在24个调查样地中，只有两株受伤木位于距游道外缘1.5米以外，仅占全部受伤林木的1.8%。因此，受伤林木主要分布在距游道1米以内的空间范围内，距游道1米以外的林木较少受到游客的伤害。游客在林木上刻画的主要方位在树干上与游道正对的方向，而与游道斜对的方向较少，与游道背对的方向则基本上未发生游客刻画事件；在高度上则主要表现为，刻画主要发生在林木树干距地面0.6~1.8米的范围内，尤其是集中分布在距地面1.2~1.6米的范围内。

从伤痕等级来看，以中度伤害的比例最高，轻度伤害的比例最低。即受伤林木树干表皮被刻画的笔数大多位于50~100笔之间（从人次上来看，大约为两人次），而刻画笔数少于50或超过100的林木所占比例要小得多。从林木受伤的时间来看，大部分受伤林木的主体伤痕年龄都在15年左右，其次为10年，而最近5年则少有伤害发生。这一方面可能与游道两边可供刻画的林木资源随着时间的推移逐渐减少有关，另一方面可能也与近年来游客的素质提高有关。

张家界国家森林公园生活接待区周边林木的生长发育已受到日益严重的大气污染的影响，同时黄金景区金鞭溪及黄石寨游道两边的林木受到了较为严重的刻画伤害，有的树木因此而感染了病菌，形成了大块大块非常难看的"黑瘤"，大大降低了林木的观赏价值。为了保护公园内的植物，一方面应采取各种措施减少林木污染和伤害,另一方面也应增强植物本身抗污染和伤害的能力。具体措施主要包括改变公园境内燃料结构,改高硫煤为低硫煤,甚至不烧煤,只烧电、烧气;迁出或关闭部分污染严重的接待设施,或对部分接待设施安装脱硫装置,降低有毒气体排放量;同时考虑更新营造对氟化物及二氧化硫抗性强的树种;此外应加强对游客的宣传教育,提高游客保护公园环境的自觉性,同时对游客的刻画行为进行批评教育并处罚款;在修建游道时,应尽量保留那些树皮较粗糙的林木,在选择游道两边更新树种时,也应选择那些树皮较粗糙同时具有较高观赏价值的树种。

除此以外,还应该增设生态旅游的宣传标语和解说标牌。利用生态旅游区道路两旁的岩石(景观除外),雕刻醒目、精辟、通俗而又文雅的生态旅游宣传标语(口号),在生态旅游区的车辆和工作人员的衣服上喷印生态环境保护式的口号和倡议,让游客时时刻刻能够看到,提醒自己爱护自然生态环境;在生态旅游区设立自然生态知识解说标牌、生态实习示范园等,着重向游客介绍生态环境的形成、变迁及作用,物种的名称及生态意义等,使游客在学习知识的同时认识到保护生态环境的重要性。

建立环境教育中心,举办系列教育活动。环境教育中心不仅要有文字图片和生态标本等展示,还应该结合先进的全息投影、AR、VR等科学技术和影像资料向游客展示四季风光和生态知识;对社区群众和周边中小学生进行生态科普知识讲座,举办系列教育活动;在旅游活动中,乱刻乱画的行为屡禁不止的原因是游客做永久性纪念的需求没有得到满足,针对这一情况,生态旅游区可以鼓励游客栽种纪念树,并且在旁边立牌留名,并写上生态环境保护口号,在留念的同时美化景区,为我们的环境尽一份力。

还可以开发生态旅游纪念宣传品。生态旅游区应结合本地实际,在不破坏自然环境的前提下开发印有本区景点和生态保护宣传语句的树叶书签、环保手提袋、工艺品及文化衫等旅游纪念宣传品,在宣传景区景点的同时进行生态环境保护的宣传。

此外,有关部门还应该完善和加强生态旅游的环境保护法规和措施。

案例3 历史遗迹——敦煌莫高窟

毕淑敏在《出发和遇见》一书中提到她到敦煌莫高窟旅游的经历。书中提到为了避免损坏,所有洞窟都不装灯。毕淑敏一行人参观的456窟这样的绝密之窟被保护得很好,它只有一把专用钥匙,掌握在敦煌研究院院长手里,窟前有专人还有两只纯种狼犬警卫,只有特级贵宾来参观时才能开放。其实,从前人们可以自由出入某些洞窟,但是根据仪器测定,游人进窟后,洞内的温度、湿度、二氧化碳浓度顷刻间就会上升，有人走后，所有异常指标在几天内都无法降下来。可见，人们在满足自身求知欲、探险欲、游览欲的同时，给这古老的洞院带来了难以挽回的破坏。所以人们在意识到这些之后采取了一系列措施。首先莫高窟淡旺季差别较为明显，淡季比旺季能多参观几个洞窟，票价也便宜一些；分出了一些调节洞窟，仅在旺季可以根据流量调节开放，且严格执行6000人次的日最大游客承载量控制，在超出日最大游客承载量时会启动莫高窟超大客流应急预案。莫高窟实行实名预约购票；特级洞窟单独收费；结合数字球幕观影技术等展现经典洞窟内的精美壁画和塑像；在遇到恶劣天气时会为了保护文物暂停开放；而且敦煌研究院莫高窟数字展示中心官方微博会及时发布淡、旺季及"十一"国庆节等参观指南或参观攻略。

案例4　兰坪民族文化生态旅游的精髓——普米族原始山岳生态智慧

云南省兰坪白族普米族自治县地处滇西北"三江并流"腹地，素有"兰花之坪"的美誉。这里自然风光秀丽，动植物资源丰富，既有终年积雪的高山、茂密苍茫的原始森林、险峻深邃的峡谷、发育典型的丹霞地貌、星罗棋布的高山湖泊、壮丽秀美的高原牧场，也有离城市最近的滇金丝猴种群，多样性的生物群落使得此处具备开展生态旅游的优越条件。在这高山峡谷、森林湖泊环抱之地，抚育着一个古老民族——普米族。普米族史称普米人，是羌之遗裔，发祥于江河源头的青海玉树地区，历史上曾经历三次大迁徙，于1253年到达兰坪，总人口3.3万人，其中在兰坪定居的人口达1.4万人，占总人口的43%，其余分散在云南丽江、永胜、维西、香格里拉等县以及四川的盐源、木里等地，与当地民族杂居。普米族有自己的语言，属汉藏语系藏缅语族羌语支。无疑，普米族多姿多彩的民族风情和在历史演变过程中形成的生态智慧是兰坪县发展民族文化生态旅游的一大优势，然而如何挖掘和利用这种民族生态智慧，以促进云南民族文化生态旅游的发展呢？

普米族的先民在长期的迁徙过程中，面对特殊的自然气候条件在不断调适与环境相适应的谋生过程中创造了独树一帜的普米族文化，它融北方草原森林文化之元素，也包含了原大河文化的成分以及与其他民族在长期的文化融合过程中化生的成果，其文化特质是建立在信奉"万物有灵"信仰基础之上的人与万物生灵之间平等与博爱的和谐文化，即山岳生态文化，是在人与自然长期和谐共处的过程中找到的适合自己生存和发展的生活模式，即山地经济模式。不论是宗教信仰、歌舞艺术、生活方式，还是行为规范都闪现出人与自然的亲和印记，在普米人的生存哲学中，始终坚持世间万物有灵，人是自然中普通一员的理性思维，行为上不是对自然的征服，而是臣服，是一种以和谐心态支撑着的有极大开发价值的精神文化资源。

因此,兰坪生态旅游开发理念将坚定不移地贯穿普米族"山岳生态文化"资源开发利用的主线,包括普米族对待自然的良好心态、善待自然的生态道德、利用自然的绿色理念、崇尚自然的良好风尚、表现自然的歌舞艺术等。游客在生态旅游过程中从文化体验、歌舞艺术的体验和参与,"山岳生态文化"的熏陶中由生态文化引动生态情怀,由生态实感引动生态理想。游客与自然之间建立起良性互动关系,才能把来自游客对环境的干扰因素降到最低程度,使普米族"生态智慧"真正发挥出对人和自然实施双重拯救的价值。

案例 5 尊重土著人的生态旅游准则

在文化生态旅游中,业者应该创造机会让游客和当地人能在彼此尊重的情况下相互接触。旅游者就必须遵守由当地人制定的明文规定的守则。如柯尔文(1994)提出了一份尊重当地土著人的生态旅游道德规范,详见表4-4。

表4-4 尊重土著人的生态旅游准则

谁来经营这个项目?这个项目是土著人经营的吗?如果是的话,这个项目是由社区经营的还是只有几个人或者家庭能从中获得利润?
如果不是土著人经营的,当地社区是否能平分利润或者得到其他方面的直接收益(如培训)?是否只有几个人或者家庭能从中获益?
尽可能多地了解当地的文化和习俗。到当地土著人联合办事处或从当地角度编写的介绍材料中获取更多信息。
不要在未获得允许的情况下照相。
如果你想赠送礼物,送一个对社区有帮助的礼物(如给学校送礼物)而不是那些只对个人有好处的。大部分土著社区都承担一些社区职能。
不要给个人小费。如果你随旅行团行动,每个人可以给社区送一份礼物。
要了解哪里是个人家庭和花园的边界,未经许可绝对不要进入或拍照。
带上净化水时所用的药片,不要依赖于煮开水,因为那样做需要燃烧木材,会破坏森林。
将从当地获得的东西单独打包,并使用消毒皂。
尊重那些在你周围的人。
不要说一些你无法兑现承诺的事,如给当地寄照片之类的话。
未经允许不得采摘植物或植物果实。
穿着合适的衣服(如女人穿超短裙对很多文化来说是一种冒犯,即使当地人可能不穿上衣)。
尊重当地居民的隐私和风俗,尊重当地人。

第五章

生态旅游的规划与开发模式

第一节 生态旅游目的地与产品

一、生态旅游目的地

生态旅游目的地是开展生态旅游活动的基础，是吸引旅游者的生态旅游资源集中的特殊区域，也是生态旅游相关设施和服务的集聚地。生态旅游目的地大多是具有景观价值的自然环境，包括山地、森林、草原、湖泊、沙漠、海洋等自然生态系统，以及人与自然和谐共生的，具有浓郁地方特色的乡村及小镇等文化生态系统。

（一）生态旅游目的地概念

生态旅游目的地是由开发客体（生态旅游资源），与媒体（生态旅游产业）和载体（生态旅游环境）紧密联系而形成的一个能够接待旅游者的区域。生态旅游目的地在满足旅游者的"游"和"娱"的主要基础功能上，还应满足其食、宿、行、购的旅游需求。生态旅游目的地的核心是生态旅游区，是生态旅游赖以开展的主题空间，也是生态旅游产品的具体承载者。

（二）我国典型的生态旅游目的地

随着我国生态旅游的发展，一批知名的目的地涌现出来，其中较为典型的有吉林长白山、浙江千岛湖、湖南张家界，详见表5-1。

表5-1 我国典型的生态旅游目的地简介

生态旅游目的地	生态旅游目的地特点
吉林长白山	中华十大名山之一，国家5A级风景区。长白山是中国与五岳齐名、风光秀丽、景色迷人的关东第一山，因其主峰白头山多白色浮石与积雪而得名。长白山还是中国东北境内海拔最高、喷口最大的火山体。长白山有九大名景：天池、乘槎河、长白瀑布、聚龙泉、长白湖、地下森林、岳桦林景观带、高山苔原景观带、黑风口

续表

生态旅游目的地	生态旅游目的地特点
浙江千岛湖	世界上岛屿最多的湖，国家一级水体，与加拿大金斯顿千岛湖、湖北仙岛湖并称为"世界三大千岛湖"，国家级风景名胜区，是我国面积最大的森林公园
湖南张家界	集中了奇峰、峡谷、溶洞、温泉、湖泊、漂流、原始森林、名胜古迹等，是世界罕见的旅游资源富集之地。尤其是以"张家界地貌"命名的264平方千米石英砂岩大峰林，为世界独有

二、生态旅游区的概念

生态旅游区是生态旅游目的地中由一系列生态旅游点组合而成的，具有生态美学特征的、主题和功能较为明确的一个旅游地域系统。对于生态旅游区的具体理解大致可分为以下三种类型：

(1) 生态旅游区是一个地域系统

在生态旅游目的地分级系统中，以生态旅游吸引物为基础吸引物资源逐级构成生态旅游点、生态旅游区以及生态旅游目的地。而生态旅游区是这一系统中第二层次的地域系统，是直接构成生态旅游目的地的元素和条件，也是生态旅游目的地中最不可或缺的重要部分。

(2) 生态旅游区是生态旅游点、吸引物相对集中的区域

与一般旅游景区相比，生态旅游区的生态旅游景观在空间上相对更加集中，以自然生态景观和文化生态旅游景观为主要吸引物和资源亮点。

(3) 生态旅游区是一个管理系统

生态旅游区从一开始的开发设计、景观与人员等方面就贯穿着管理系统的基本宗旨和规则。生态旅游区突出强调经济、社会和生态三大效益的协调发展，并以实现旅游可持续发展为其终极目标，这也离不开生态旅游区的科学规范化管理系统。

三、我国主要的生态旅游区

目前，自然保护区、风景名胜区和国家公园、国家森林公园、国家地质公园和世界地质公园是我国生态旅游最主要的场所。

(一) 自然保护区

自然保护区往往是一些珍稀动植物的集中分布区，也可以是候鸟繁殖、越冬或迁徙的停歇地，以及某些饲养动物和盆栽植物野生近源种的集中产地，具有典型性或特殊性的生态系统，也常是风光绮丽的天然风景区，具有特殊保护价值的地质剖面、化石产地或冰川遗迹、喀斯特、瀑布、温泉、火山口以及陨石的所在地等。

（二）风景名胜区

我国的风景名胜区可分为国家局风景名胜区和省级风景名胜区。我国基本建立起具有中国特色的国家风景名胜区管理体系，并形成了在国内外具有广泛影响力的风景名胜区行业。

（三）森林公园

国家森林公园是由国家林业局在面积较大、具有一个至多个生态系统和独特的森林自然景观的地区建立的公园。1982年，我国第一个国家级森林公园——张家界国家森林公园建立，是我国大量林场经营体制和机制的重大转型，使旅游开发与生态环境保护有机地结合起来。

（四）国家地质公园和世界地质公园

国家地质公园是由国土资源部设立的具有国家级特殊地质科学意义，较高的美学观赏价值的地质遗迹为主体，并融合其他自然景观与人文景观而构成的一种独特的自然区域。

第二节 生态旅游开发

一、生态旅游的开发特点

（一）资源为国家所有

生态旅游资源是具备独特性的自然资源，主要有风景名胜区、自然保护区、国家森林公园、国家地质公园等，其全部纳入了国家的法律保护，资产归国家所有。因此，生态旅游资源中最重要的资源，一般不能进入市场流通，承包者不得因谋取个人利益破坏国家资产。

（二）高投入与持续回报

近年来，生态旅游的开发呈现投入与收益可能不对等，高投入并不一定带来高收益，并且短时间内或许不能回收成本的特点。

随着旅游业的发展，旅游从原来的低门槛逐渐发展到目前的中高门槛，特别是生态旅游，预计未来投资的门槛会进一步提高。分析其原因，一方面是由于进入性投资的加大，以可持续发展为根本原则，在开发生态旅游的同时接受国家的监管，保护原生态环境成为投资的一大支出部分；另一方面是因为市场竞争的加剧以及竞争环境的多样化，巨大的潜在客源市场与可得利益吸引着旅游开发商的投资开发，但这也使得现有市场竞争愈加激烈，对客源市场的抢夺可能会导致对生态资源的过度开发甚至破坏，并且在众多生态资源产品中如何突出自己也是景区运营商的一大难题。

生态旅游是一个持续回报的长效投资产业，对于多数的生态旅游产品短时间内大量的资本投入并不一定能快速回收成本。生态旅游投资项目具有综合性与复杂性的特点，并且其开发的创意空间大，市场竞争激烈，在开发资源的同时还要投入大量资金保护生态资源的可持续发展。因此，结合企业资本投入力度、回报率等要求及投资商自身要素，形成了生态旅游商业模式的巨大差异。

（三）建设风险大

生态旅游目的地旅游者重游率很低。其主要原因是由于距离阻抗和异地消费的共同作用，旅游者在选择生态旅游产品时除了产品本身，还会综合交通、住宿、餐饮、气候及消费水平等多方面的因素从而决定最终目的地。目前有不少的旅游项目市场表现出开业轰动后逐渐呈现衰败，初期建设成本无法回收导致后期维修保护困难，恶性循环使得项目以失败告终。所以，在开发生态旅游资源和建设项目的初期可行性研究中，应该加强对此的重视，强化风险研究和不确定性研究。

（四）区位的重要性

生态旅游项目产品是不可移动的景观资源，旅游者需要离开其常驻地、到达旅游项目所在地才能进行观光及购买消费等行为。并且生态旅游保护区多为远山远水，交通不便，因此，距离成为阻碍旅游产品销售的重要影响因素，客源一般呈现以旅游项目所在地为中心随旅游者所在距离衰减的向心集聚现象。区位的重要意义使得景区经营者需对景区交通加强关注程度，如果交通颠簸混乱会直接导致潜在客源数量的减少。

（五）行业自身特殊性

旅游客源市场前景主要取决于景区的主题、设计与区位。不同主题和区位的项目具有不同的客源规模，不同设计手法的旅游项目基本有不同的市场发展曲线。景区的主题和其资源特点决定着客源的类型，景区的设计能力与创意建设决定着口碑、评价与旅游者重游率，而景区的自然区位条件与交通发达程度决定着客源的来源地。三者共同决定生态旅游市场前景，进而决定财务效益、社会效益和国民经济效益等。

二、生态旅游的开发原则

（一）保护优先原则

发展生态旅游前应事先调查分析当地自然与人文资源特点，评估旅游发展可能带来的正负面影响，拟订生态旅游规划，进行适度开发，并制订长期管理与监测计划，将可能的负面冲击降至最低。

重视对生态保护区域的规划，对旅游者的可活动范围进行必要管制，勾画出旅游者不可进入的区域，避免人为活动对生态脆弱地区的破坏。而对于可以进行旅游开发与游客观赏的区域，以小规模发展为原则，必要时可限制游客观览的时间和游客流量，同时可通过减少部分游憩活动来减少对生态造成的冲击。在景区合理开发资源的同时，政府部门也要加强对旅游规划的评审和实施的监督工作，定期安排专业人员对景区生态现状进行报告评估，尤其是在初期开发时减少粗放型开发来避免开发中的破坏，如遇到生态遭受破坏开发的情况政府有权勒令景区经营者停止继续开发。

在这一方面，香格里拉的普达措国家公园就做得很好，其开发出来的面积仅占总面积的3‰，并且为最小限度地减少对自然环境的干扰，进行了生态栈道的设计，尽量减少工程和旅游等人为活动对途经地区生态系统的干扰。为保护当地水质，限制游客的活动范围远离湖边，同时迪庆州环保局环境监测站一年要到普达措取9次水样，做到随时监测时刻警惕。

在生态旅游开发的过程中，应该尽量避免当地经济对观光产业产生过度依赖的情况，巨大的经济利益可能会导致对生态资源的过度开发。生态旅游景区是经济的推动者而非承担者，开发时应辅助地方原有产业，如餐饮、住宿、人造景观等方面，将生态旅游的开发与当地现有产业有机地融合在一起。

在生态旅游的开发过程中，对自然生态环境和当地文化遗产的保护应该被置于优先地位。任何与当地的环境和文化相冲突的旅游项目，在观测到其潜在危害后的第一时间就应该被强行勒令禁止，放弃其可能会带来的经济利益。现今国内的一些偏远地区，如西藏、青海和少数民族集聚地等地区，由于旅游者的大量来访造成当地居民的正常生活遭受威胁，不同文化间的碰撞、冲击、挑战着当地的传统价值理念与信仰，严重者可能导致当地本土文化的削弱甚至消失。在这种情况下，旅游者同样也不能得到预期的旅游体验，甚至大量旅游者的涌入会导致当地居民的反感厌恶情绪，这种现象从生态旅游的发展长远来看是有威胁的。

（二）科学规划原则

科学规划原则是生态旅游健康发展的基础。目前国内部分生态旅游资源的开发完全违背了这一点，景区经营者为获取短期利益忽略长期的可持续发展，盲目混乱的开发计划导致区域生态旅游资源遭受破坏，无法处理片面的保护与地区经济发展的冲突问题，每况愈下的治理使旅游者也产生了不满情绪。

生态旅游的科学规划是通过对生态旅游资源进行详查、分析与评价，并根据生态旅游市场的需求特点，提出生态旅游规划的总体思想、基本原则以及具体目标。在规划过程中，要特别注意对生物多样性的保护，尊重当地的自然与人文环境，随时关注当地旅游环境承载力的数据变化，坚持当地资源的特殊性与唯一性。生态旅游资源的旅游开发规划十分复杂，在选择开发模式时应因地制宜，谨慎选择，合理开发，科学规划。

除了对景区生态资源的规划外，对景区经营管理人员、经营服务设施也要做到预先的系统规划。为经营管理人员与景区服务人员（包括旅行社的导游）组织严格的培训课程与测试，培养共同合作精神，树立对生态资源的保护意识，丰富个人的职业经验，为旅游者提供人性化服务。至于景区的经营设施，注重安全性和美观性并存，融入景区的自然环境之中，时刻贴合环保主题，表现地方文化特色，减小对环境的压力与破坏，并且尽量控制成本支出。

（三）容量控制原则

在旅游开发和利用过程中，应遵循生态规律，坚持容量控制原则，不越过环境承载力的范围之外。环境承载力是指在某一时期，某种环境状态下，某一区域环境对人类社会、经济活动的支持能力的限度。当越过这一限度后，人类的活动可能会对自然生态造成无法挽回的破坏甚至完全毁灭。

在景区开发之前，旅游规划部门应该根据旅游地的面积、特点和可进入性等条件，合理测算最佳旅游者容量。在景区经营过程中，旅游管理部门必要时可用行政和法律手段调节旅游者流量，把旅游活动强度和旅游者进入数控制在资源及环境的承载力范围内。旅游者量控制也可以运用一些技术手段，如对旅游者进行活动区域控制、定期休园或局部封闭、预约进入等手段。

世界八大原生态海滩中，半数以上都对游客数量有所限制，例如澳大利亚圣灵群岛怀特黑文海滩只接待旅行团访客，夏威夷瓦胡岛恐龙湾自然保护区海滩除了限制游客数量外还要求游客在进入前必须观看一个保护脆弱生态系统的教育视频，西班牙加利西亚 Las Islas Cies 海滩周边禁止车辆通行，巴西费尔南多－迪诺罗尼亚桑丘湾海滩一次客流量仅为 420 人。

（四）设施生态化原则

生态旅游不同于其他类型的旅游，其目的在于贴近生态、贴近自然、追求原始、返璞归真，所以在旅游接待设施上应该尽量减少人工雕琢，避免对自然环境造成的破坏，尽量做到简朴、方便、实用、环保，体现可持续发展的主题。

在设计生态旅游接待设施时要体现舒适性与自然性相统一的理念，提倡减量化、再使用、再循环和替代原则。减量化原则表现在客用品、食品、水电气、商品的包装等方面尽量减少使用的数量和次数，减少不必要的重复浪费。再使用原则表现在减少客用品的一次性替换频率，尽量实现重复利用，鼓励旅游者自带牙刷、毛巾等洗漱用品，床单、被套、拖鞋等客用品将原来的一日一换改为一客一换，实现客用品的可持续利用。再循环原则表现在设计中水回用、余热回用等方面，将废弃资源重新回收利用，减少污染和排放。替代原则表现在选择上，用可降解材料替代不可降解材料，用清洁燃料替代非环保燃料，用环保型材料替代非环保材料，从而实现设施生态化原则。

（五）环境教育原则

生态景区在为旅游者提供观光服务的同时，也要起到宣传环境保护的教育意义,除了介绍当地生态、文化特色外,更可借此提升大众的环境保护及文化保护意识。在使旅游者系统地体验、了解、欣赏与享受大自然的过程中,营造与环境互动的氛围,并通过对旅游区的自然及文化资源提供深入且专业的解说,逐步引导旅游者树立环境保护意识与责任感。

在景区设施建设时,同样需要考虑环境教育原则,例如在旅游区内设立具有环境教育功能的基础设施、关于生态环境景观的相应解说、提醒旅游者注意环境卫生的指示牌、方便并与环境协调的废物收集系统等。此外,还可利用多媒体,使旅游者接受多渠道的环境保护教育,包括门票、导游图、导游册上添加生态环境保护的知识和注意事项。

对此,美国黄石公园做出了很好的模范标榜。黄石公园组织了各式各样的特色游览活动,其最具代表性的包括"初级守护者""野生动物教育探险""现场研讨会"等活动,旅游者通过活动学习相关的生态知识,与野生动物近距离接触,激发其对自然生态的兴趣,并自发地去保护当生态环境,树立环保意识。

(六)社区参与原则

在生态旅游的开发中,不能仅仅将景区作为开发的全部,也应为当地小区及自然生态带来长期的环境、社会及经济利益。在景区开发的过程中,也必须确保与当地居民的充分沟通,在发展当地观光特色内容前,应先征求居民同意,以避免触犯地方禁忌。

应提供适当的社会回馈机制,将旅游开发的收入按照适当的比例反馈给当地社区,帮助改善当地的电力、卫生、交通、通信等设施,提高当地的旅游公共服务能力,使地方居民和政府自发性地保护自然及文化资源。

例如昆明盘龙区伍家村居民自发充当护林员守护金殿后山20余年,当地居民的森林防火意识极高,在发展骑马旅游业的同时劝导游客参与森林防火骑行路线,并将火种留在山下;同时街道积极改善当地的护林防火条件,在伍家村设立森林防火检查站,配备了灭火风机、水枪、水桶、水带、拖把等防火物资,给护林员配备了对讲机,十年来没有一起森林火灾。

在生态旅游的开发过程中,通过多种方法和渠道鼓励居民积极参与旅游开发及建设。一方面可以增强地方特有的文化气氛,提高资源的吸引力。另一方面可以带动当地经济的发展,改善人们的生活水平,维护居民利用生态旅游资源的权利,并且培养和提高他们保护生态旅游资源的责任感。保障当地居民通过发展旅游获得就业、以土地入股利润分成、出售农副产品等利益,同时要将他们组织起来,通过引导和培训,提高服务意识和服务质量。

第三节 生态旅游规划

一、生态旅游规划概述

（一）旅游规划的定义

旅游规划是指在旅游系统发展现状调查评价的基础上，结合社会、经济和文化的发展趋势以及旅游系统的发展规律，以优化总体布局、完善功能结构以及推进旅游系统和社会和谐发展为目的的战略设计和实施的动态过程。

旅游规划是将"旅游—景观—生态"相融合，"旅游项目—时空布局—经济运作"相结合，"旅游景观资源筹划—旅游项目时空设计—旅游规划纲目创新"相统一，对未来旅游发展状况的构想和安排，使旅游资源产生应有的经济效益、社会效益和生态效益。

（二）生态旅游规划的定义

生态旅游规划是涉及生态旅游者的旅游活动与其环境间相互关系的规划，是在研究的基础上，根据旅游规划理论与生态学、环境学、生态伦理学等观点，将旅游者的旅游活动和环境特征有机地结合起来，通过对未来生态旅游业发展状况的构想与安排，进行生态旅游活动在空间环境上的合理布局，寻求生态旅游业对环境保护和人类福利的最优贡献，保持生态旅游业的永续、健康的发展与经营。

（三）生态旅游规划与传统旅游规划的比较

生态旅游规划与传统旅游规划的比较如表 5-2 所示。

表 5-2 生态旅游规划与传统旅游规划的比较

比较内容	传统旅游规划	生态旅游规划
规划目标	把旅游业当作一项纯粹的经济产业进行规划，实现经济利益的最大化	强调环境保护，追求适宜的利润
客源市场	大众旅游市场，旅游者主要进行游览观光和度假	生态旅游者，具备较强的环保意识
开发模式	旅游项目主导，经济效益第一，社会效益和生态效益其次	保护性开发，注重环境保护；进行需求预测，限制性开发；可持续发展理念指导
空间布局	结构导向的空间扩展，很少限制交通方式	功能分区的空间安排，有选择的交通方式
建筑	大部分是钢筋水泥的人工建筑，无污染、低能耗的生态建筑材料较少使用	地方特色浓厚的与环境和谐的建筑，倡导生态建筑
规划者	主要参考专家和官员等的意见	多方参与，广泛征求利益相关者的意见，特别是社区居民的建议
受益者	开发商和游客为受益者，当地社区居民的受益微乎其微	开发商、游客、当地社区居民分享利益

（四）生态旅游规划的特点

了解生态旅游规划的特点，有助于更深刻地体会其本质，规划出符合生态旅游特点和要求的蓝图。生态旅游规划除了具备一般旅游规划的特点，如决策的科学性、内容的综合性、发展的预见性、成果的政策性和实践的可操作性等外，另外还具有三个显著特点：

1. 生态型

生态旅游目的地是多个生态系统的综合体，各生态因子是相互关联，相互依存和相互制约的，是遵循生态学的规律进行物质循环和能量转换的，其中一个因子发生变化，就会引起系统内的其他因子产生连锁反应。一般情况下，自然界生态系统具有较强的自动校正平衡能力和自我调节机制，一定程度上能够抵御和适应外界的变化，如果生态旅游者和可开发者对生态旅游区生态系统的干扰超出其自我调节阈值的上限，旅游环境就会受到破坏，因此在生态旅游规划中，应注重运用生态学规律，合理利用自然生态系统，保持其稳定性，从而使生态环境和生物多样性不被破坏。

2. 特殊性

生态旅游目的地，一般是生态环境相对原始，地方文化氛围浓郁的地区。旅游者在生态旅游活动中，期望在与自然环境和谐共处中获得具有启迪教育和激发情感意义的美好体验，特别愿意到一些野生的、受人类干扰小的原生自然区参观游览。所以，生态旅游目的地的规划，一定要充分发挥其生态旅游的潜力，把握自然生态系统的特征，挖掘其文化的内涵，开发出特色鲜明的生态旅游产品，展现出地方资源的特色。

3. 整体性

生态旅游追求的是社会、经济、生态三个效益最大化，保证生态旅游目的地社会、经济、环境协调发展。因此，生态旅游规划应从系统的观点出发，认真分析生态旅游活动与环境承载力、生态旅游业和社会经济发展与生态环境保护的关系，有效协调生态旅游目的地生态系统及其分组间的相互关系，全面考虑生态旅游规划所涉及的因素，实现整体优化利用。

二、生态旅游规划原则

生态旅游规划的基本目标是生态旅游资源及其环境的保护，重要目标是社区经济的发展。因此，开发要限定在资源和环境可承受范围内，在强度上应控制性开发，在方式上应选择性开发。所以，生态旅游规划应与当地国民经济和社会发展计划相协调，使经济效益、社会效益和生态效益相统一，突出特色，塑造独特的旅游总体形象，坚持政府主导、社会参与、市场运作、企业经营，并应注意遵循和强调以下原则：

（一）原汁原味原则

在旅游开发时要尽量保持旅游资源的原始性和真实性。不仅要保护大自然的原始资源，而且要保护当地特有的传统文化、民族风情等。避免因开发造成自然和文化污染，避免把不适宜的城市文化移植到旅游景区来。另外，旅游接待设施应与当地自然及文化协调，保证当地自然与人和谐的意境不受损害，提供原汁原味的"真品"和"精品"给游客。也只有坚持原汁原味的原则，才能真实地反映旅游地人与自然协调共生的生态美。

（二）生态学原则

任何一个旅游风景地都是具有特定结构和功能的生态系统，是一个由多个斑块、廊道所组成的整体的旅游景观。旅游地景观的格局及其生态过程有其自身的规律性，我们应据此来设计景观的结构，以遵循其生态过程的连续性，改善其功能。

（三）环境容量控制原则

生态旅游地是一个特定空间的地理区域，其旅游资源环境和社区的经济环境及其居民对旅游业的支持和认可都有一定的限度。在旅游规划和开发过程中，保护自然与文化景观资源以及生态环境，是生态旅游可持续发展的基础。因此，必须遵循生态旅游环境容量的基本理论，及时协调旅游与环境的相互关系，把旅游活动和游客进入数量控制在资源和环境的承载力范围内，以免旅游资源及环境受到破会，以此保持生态系统的稳定性。

（四）环境教育原则

传统的大众旅游一般只注重宣传其旅游资源、旅游交通及景区的其他状况，而忽略了对游客的环境教育，认识不到环境教育对旅游区的作用。要使游客在愉悦中提高环保意识，减少旅游地的环保负担，旅游开发时，应认真考虑在旅游区中能起到人与自然相互沟通、产生共鸣效果的设计。在旅游景区中，一些简单而富有创意的设计就能起到极大的教育作用，因此，规划时应从旅游设施的规划建设（如绿色饭店、游客中心、户外解说系统等）、旅游项目和产品开发（如观鸟项目、徒步旅行等）、旅游业经营（如宣传策划、导游等）等各方面将环境教育原则和内容融入，并贯穿始末。游客在游览的过程中，获得了愉悦的体验并得到了精神文化方面的提升，使得旅游更加富有意义。

（五）宏观和微观相结合原则

一个旅游区的专项规划，第一，要与本区域的总体规划相结合，与其周边规划相结合。第二，旅游业是当地经济和社会体系的一个子系统，其发展规划必须与当地经济和社会发展总体部署相结合，将它的区位、环境、地区经济发展水平、建设条件等影响旅游业发展的因素纳入规划。第三，旅游业是多层次、多维度、多要素相互联系组成的复杂系统，其规划必须做到总体规划、专题规划相结合，即点、线、面相结合。

（六）多方参与原则

在规划设计时，应采取多种形式，普遍征求利益相关者的意见，了解更多的情况，吸收其中的合理建议和意见，获得最好的规划效果。特别是请社区的居民参与到规划的建议与决策中，不仅能使当地居民积极保护生态旅游资源环境和支持生态旅游业的发展，友好地对待来此的游客，而且还能增强旅游规划的地方特色，最了解旅游地的人一定是当地居民，这里是他们长久生活的地方，他们了解当地的历史变迁。更为重要的是让社区的居民真正成为生态旅游的受益者，以实现生态旅游的扶贫功能，使居民体面地发家致富。与生态旅游利益相关者主要有政府主管部门、企事业单位、私人投资者、非政府组织、当地社区居民、教育部门、研究机构等。

（七）体现市场经济需求

在规划中必须以市场为导向，充分发挥市场机制在旅游发展中的地位和作用。只有参照市场目前的各种情况才能规划出适销对路的旅游景区，满足旅游者的需求使其前往。同时，通过多种方法和渠道使当地居民积极参与旅游开发建设，带动当地经济的发展和改善人们的生活水平。

（八）依法开发原则

生态旅游规划必须遵循相应的保护法规，以防规划决策的短期行为，力求规划措施实施的制度化，确保生态旅游开发和经营活动符合有关的生态保护法规。如我国的自然保护区的生态旅游规划必须遵循《野生动物保护法》《森林法》《草原法》和《自然保护区管理条例》等，以及执行环保部门颁布的有关工程建设要求实行的环境影响平价制度、旅游环境保护目标责任制度等，妥善处理环境保护与旅游开发之间遇到的实际问题。

（九）安全与健康原则

旅游者作为旅游消费者，其合法权益应该受到保护，"高兴而来，失望而归"的感受使旅游者的旅游消费权益受到影响。因此，本着对旅游者负责任的态度，为旅游者提供真实的信息，不欺瞒消费者，保护旅游者的合法旅游消费权益。在一些特殊的旅游地，如滑雪场、森林、水域等，应设置必要的救生员或医疗机构，以保护旅游者的健康和生命安全。

三、生态旅游规划体系

（一）旅游系统规划

生态旅游规划与旅游规划关系紧密，从内容体系上来说是一脉相承的，只是理念、技术手段、侧重点不同。运用系统论的思想方法仔细分析可发现，旅游规划是个系统工程。系统论认为，系统是由一组相互依存、相互作用和相互转化的客观事物所构成的具有一定目标和特定功能的整体。系统中各单元之间,有物质、能量、信息、人员和资金的流动;通过单元的有机结合,使整个系统具有统一的目标,但总体不等于它的部分之和。由于系统的结构是系统保持整体性及具有一定功能的内在依据,所以研究旅游系统的结构就非常必要。旅游系统具有地域上和功能上的完整性。从空间表现形式来看,旅游系统是旅游客源地与旅游目的地通过旅游通道相互作用的一个空间系统,如图 5-1 所示。

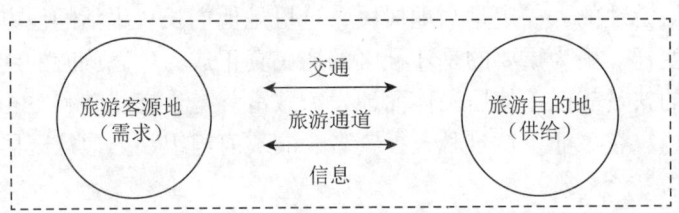

图 5-1 旅游系统空间结构

其中旅游通道既包括了交通通道,还应包括信息——过去常被忽视的无形通道,交通的便捷度和信息的易获性在很大程度上推动旅游者从客源地前往目的地的流动。若按旅游功能分析,旅游系统则包括四大组成,即客源市场(需求)子系统,旅游目的地(供给)子系统、支持子系统和出游子系统。子系统内又包括诸多要素,这些要素相互关联、彼此制约,构成一个有机的旅游系统。就旅游系统而言,其输入和输出如图 5-2 所示。旅游系统是通过旅游者的旅游活动而使各组成要素相互联系、相互作用构成的一个有机整体,它是一个动态系统、闭环系统、开放系统。

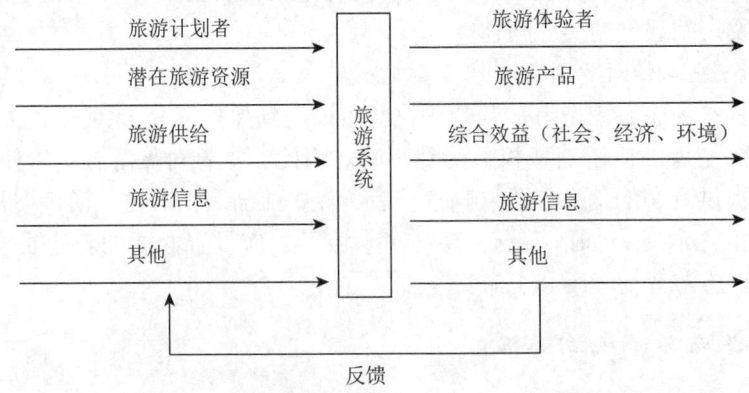

图 5-2 旅游系统输入与输出结构示意图

旅游系统规划是以旅游系统为规划对象,在对旅游目的地和客源市场这对供需关系以及与这对关系有紧密联系的支持系统和出游系统诸因子的调查研究与评价的基础上，制定出全面的、高适应的、可操作的旅游可持续发展战略及其细则，以实现旅游系统的良性运转，达到整体最佳且可持续的经济、社会和环境效益，并通过一系列的动态监控与反馈调整机制来保证该目标的顺利实现。旅游系统是一个复杂的巨系统，旅游系统规划要解决很多问题，诸如客源市场、旅游吸引物、环境容量、交通和人力资源等。而这些问题又交叉覆盖、互相影响、牵一发而动全身。

（二）主要规划内容

生态旅游规划是设计旅游者的旅游活动与其环境间相互关系的规划，它是应用生态学的原理和方法将旅游者的旅游活动和环境特性有机地结合起来，进行旅游活动在空间环境上的合理布局。吕永龙（1998）依据生态旅游的概念内涵、原则，结合国内外一些生态旅游规划成功案例，在旅游系统规划的基础上，构建了生态旅游规划的内容体系。

在生态旅游系统规划中，刘峰（1999）把生态旅游系统分为几个子系统进行描述和规划，即客源市场子系统、资源子系统、出游子系统、支持（保障）子系统、社区参与子系统、监测子系统。

客源市场子系统的研究核心是旅游主体，即作为生态旅游产品消费者的生态旅游者，以及他们出游的动机、旅游行为方式和选择的旅游产品。

资源子系统包括自然资源、人文资源、其他资源（旅游吸引物），其核心是这三者集成的旅游产品系统（旅游产品可以理解成旅游者参与旅游活动的始终），是满足旅游者在旅游活动中生活和心理的全部需要的集合。它本身是一个综合的系统，既包括有形的吸引物资源如自然风光、文化遗迹、主题公园等，还包括了无形的文化底蕴、居民的好客度等，规划内容包括地质地貌保护规划、矿产保护规划、水体保护规划、生物多样性保护规划、珍稀动物和植物保护规划、人文资源保护规划等。

出游子系统是使客源市场子系统和目的地紧密相连的纽带。出游系统子系统包括生态旅游市场营销规划、旅游线路组织规划、旅游景区景点规划（景区功能分区、景点设计等）、旅游服务规划（如旅游住宿设施规划，餐饮服务设施规划，导引、导游、解说、生态小道、指示牌规划等内容）、旅游组织管理规划等。

支持（保障）子系统是保证旅游系统正常运转的保障因子，包括政策法规制定、管理体制规划、环境保护规划（如环境容量的确定及管理对策、环境教育等）、旅游基础设施规划（交通、给排水、电力电讯、供热等规划）、资金规划（资金的实施、融资计划、利益公平分配等）、防灾规划（安全控制、医疗卫生等）。

社区参与子系统包括社区共建发展规划、能力建设规划、人力资源开发规划。

监测子系统包括监测管理机制、监测位置（站）的规划、监测内容规划（环境影响评估、开发活动的影响评估）、监测反馈机制等（见图5-3）。

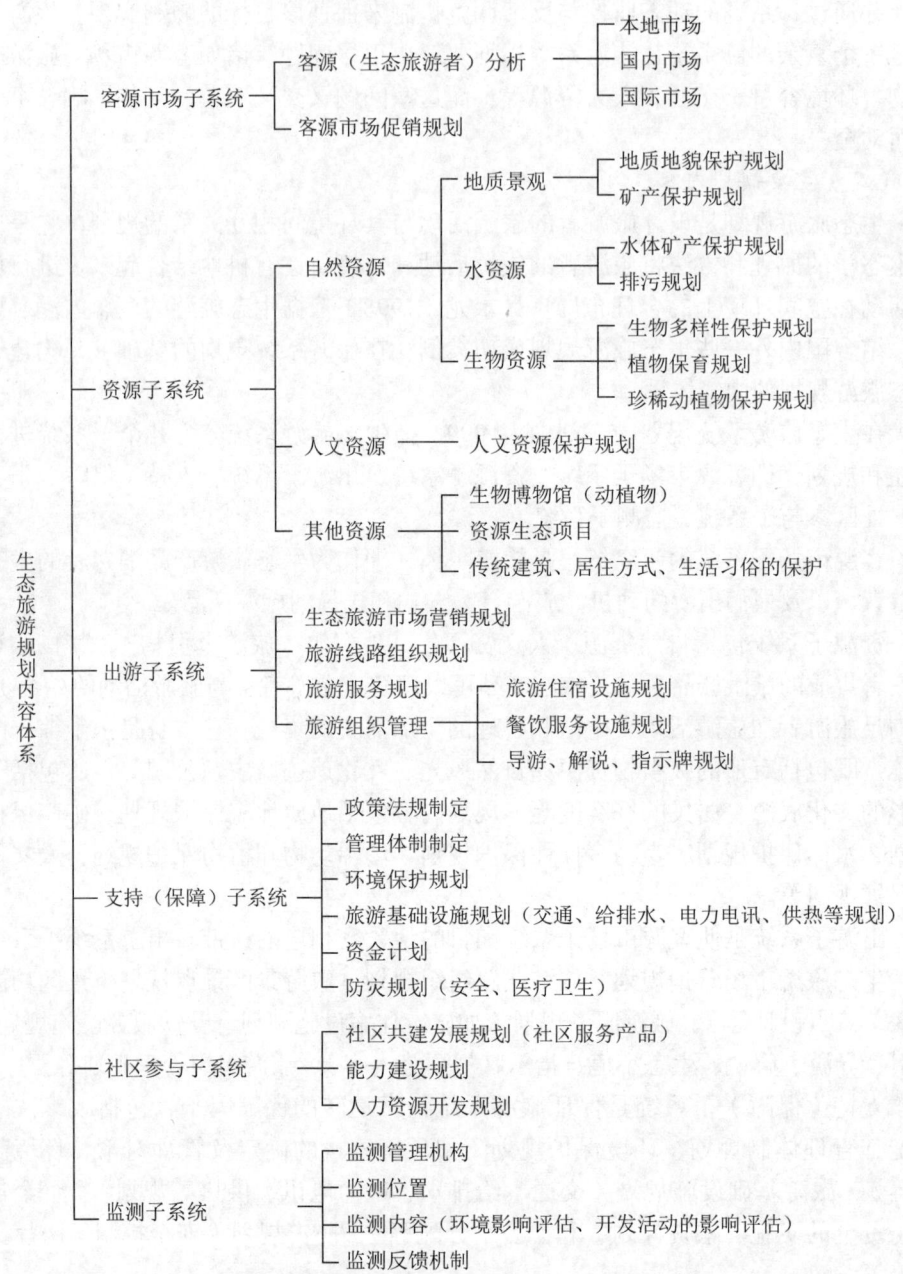

图5-3　生态旅游规划内容体系（贾党辉，2003）

生态旅游规划是一个系统工程,一定要有区域的观念,这是一个成功规划的关键之一。把社区参与和监测列为两个系统,其一是基于生态旅游的原则与核心考虑,生态旅游的监测和评估为我们提供了生态旅游发展效果的事实证明;其二是利用其动态的反馈机制来不断地调整规划内容、建设的方向、管理政策等,同时,保护区邻近区域(保护区、公园、乡、县、市、省域等)与保护区的关系,对保护区的影响等区域因素在规划过程中要着重分析并做出相应对策,这才能保证规划的科学性与操作性。

(三)生态旅游规划编制程序

1. 确定规划目标和保护对象

制订生态旅游规划,首先应确定规划目标,就是规划什么、为什么规划的问题;其次考虑保护的对象。为了实现旅游资源可持续利用,保证旅游区经济的持续性发展,旅游区的资源保护、环境保护与生态保护是至关重要的。若旅游资源和旅游地环境与生态一旦遭到破坏,一方面天然景观将永远地不复存在,靠人力是无法恢复或重建的;另一方面也就失去了旅游区发展旅游业赖以依托的基础。没有吸引人的旅游景观,便失去了游客,与旅游有关的各类服务和产业也就不能生存下去。因此,环境与生态保护不是一时的权宜之计,而是旅游区规划建设始终要贯彻的一项重要方针和政策,要防止环境污染和破坏,把旅游区建设成为一个良性循环、自然与人类协调发展共存的区域空间。

2. 生态旅游环境的调查评价

确定开发目标后,应对规划旅游地区域的自然与人文旅游生态环境进行详查、分析与评价。包括其自然概况、珍稀濒危保护动植物生存环境等,以确定需要特殊保护的区域,为旅游开发保护奠定科学基础,并确定旅游地的开发主题,进行旅游形象定位。

3. 生态旅游资源的调查与评价

(1)调查规划区域内生态旅游资源的基本情况与开发条件,并进行科学评价,如对资源本身的特性特质进行评价,包括美学价值、科学价值、历史价值等,确定其是否值得开发、如何开发、为谁开发及开发方向如何,为生态旅游资源的合理开发利用和规划建设提供科学基础。

(2)旅游区的综合评价,根据规划目标和环境的特征、旅游资源类型的假定,确定生态旅游资源及旅游环境的承载力、景观地域组合、景观的分异度和丰度值、资源分布的形态结构和可进入性评价。

(3)旅游区区位条件与依托城市的关系。

(4)经济因素方面的评估,包括开发条件、施工条件、地区经济条件、区域经济背景等。

(5)旅游区社会和生态环境方面的评价。

（6）核定生态旅游开发的规模。

4. 生态旅游客源市场分析

客源市场由三个部分组成，即国内市场、海外入境市场和国内出境市场。在规划中主要侧重前两个市场，因为它们直接影响旅游业收入，带动经济发展。但是客源市场是不断发展变化的，所以客源市场分析主要是研究旅游需求、旅游客源市场的结构类型和特征，特别是有关旅游需求的行为层次结构。从旅游的供求关系可知，如果没有客源市场，旅游资源开发和旅游区规划则毫无意义，也不会有任何经济效益。所以说旅游客源市场分析是旅游区开发的前提。

客源市场对旅游的需求在一定程度上对旅游区的开发导向有很大影响。旅游区的旅游资源要不要开发，如何开发，采取什么样的开发导向模式，往往有赖于对客源市场进行调查、研究后才好做出决定。客源市场分析的指标主要有：①客源地的地理位置及特征；②客源地的社会与经济发展情况；③对旅游活动的态度和参与兴趣；④年游客人数和经济支出；⑤主要旅游动机；⑥客流量随季节的变化；⑦各类旅游区和旅游活动的逗留作用；⑧游客的年龄、职业及文化层次、经济收入水平；⑨游客与旅游目的地的各类关系，如血缘、文化交流、科学协作等；⑩客源地国家或民族的风俗习惯和信仰等。在以上客源市场诸因素中，旅游目的地和旅游客源地之间的距离是非常重要的影响因素。

5. 旅游区域经济基础评价

旅游开发需要区域经济基础做后盾，没有经济实力，没有足够的开发资金、投资条件、交通、通信、劳务、水电等，开发工作很难实现。如今，作为第三产业的旅游业是区域生产综合体的重要组成部分，它与区域经济发展的各产业有着密切关系。旅游区的开发必须带动与旅游服务相关产业的兴趣及劳务市场的调整。实践证明，经济发达地区便于旅游资源的开发，另外民族特色与地方特色突出的地区也便于旅游资源的开发，如云南西双版纳地区具有典型的傣族风情，近年来其旅游开发速度相当快，并获得了可观的经济效益。

6. 旅游区形象策划

已经开发利用的风景名胜区，大多都具有自己特有的主体形象，如广西桂林——桂林山水甲天下，湖南张家界——奇特的"砂岩峰林"，山东泰山——五岳独尊等。新开发的旅游区，游人还不太了解其资源特色，作为规划设计者在一开始就应该根据该区资源的独特性，打出自己的"王牌"，树立主体形象，广泛地进行宣传和促销。

7. 生态旅游产品的策划

遵循自然与可持续发展的原则，根据资源条件、市场需求、环境容量，策划相应的生态旅游产品。包括旅游线路的设计组织、游乐活动规划（垂钓、野营、山果采摘、登山健行等）以及专项旅游规划（如森林保健旅游、红色文化旅游、科普旅游等)。

8. 生态旅游配套设施规划布局

一个完整的旅游区必须有三个基本条件：第一，具有吸引游客的自然与人文旅游资源；第二，要有布局合理、完善和功能齐全的旅游生活服务设施；第三，要有能满足游客消遣与消费需求的旅游商品生产能力和生产水平。在规划时，应根据本地旅游资源的品位、价值特色和功能与旅游客源市场的需求等来确定其产品导向和企业规模，并兼顾与该区其他企业的关系，尽可能地形成互补和协调的关系，而不是相互竞争。

由于生态旅游地较偏远，因此为满足生态旅游者食、宿、行、游、购、娱与环境保护的需求，应规划一定数量的具有地方特色的旅游服务设施，包括下述三类设施：一是基础设施，如交通、通信和水电等；二是旅游接待设施，如游客中心、博物馆、食宿点、游览点、购物商场等；三是环境保护设施，如垃圾收集和处理站、生态厕所等。

9. 社区参与机制的拟订

在进行生态旅游规划时，除考虑管理机制、人才培养、资金筹措等支撑体系外，还要充分考虑社区的利益，拟订让社区居民参与生态旅游事业的方案，使社区居民真正从旅游中获得利益。生态旅游可持续发展犹如一个宏观系统，社区参与是不可或缺的环节，是民主思想和民主意识在旅游发展和规划中的体现。因此应创造保证居民参与的咨询机制、居民参与利益分享的机制和培养居民旅游意识和培训居民旅游专业技能的机制等。

10. 形成规划方案

在满足既定的规划目标的前提下，依据规划内容，编制规划草案，再经过进一步的筛选、修改形成最后方案。方案中不仅要有空间上各类设施的布局，从时间纵向上还要有分阶段开发的具体安排，另外还要有生态旅游开发的环境影响评价报告书，为规划方案的优化提供生态学依据。

11. 修正反馈

制订规划方案时，应用定性或定量的方法进行初步的评价，根据评价结果分析是否达到规划目标，及时修正规划方案。进入建设实施阶段后，还要进行环境监测，分析旅游开发规划将会给生态旅游区环境带来的影响。根据反馈的信息，及时修正旅游区的规划设计，使规划方案日趋完善，为生态旅游区的可持续发展奠定基础。生态旅游规划编制程序如图5-4所示。

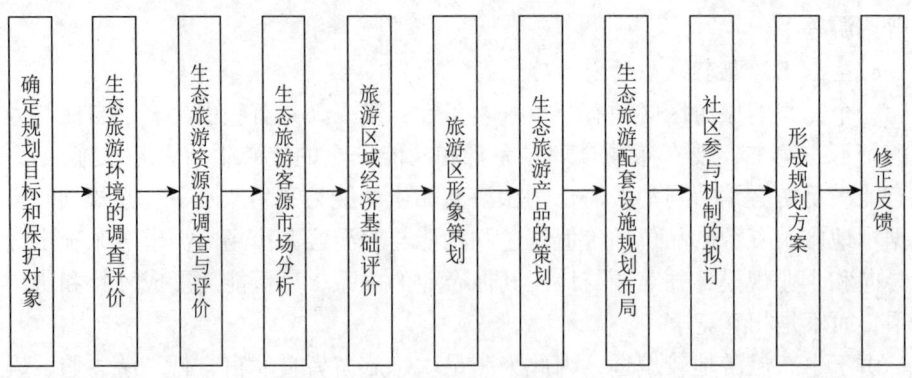

图 5-4　生态旅游规划编制程序

四、景观生态规划与设计

景观生态规划与设计是对自然—人文复合有机整体的系统设计，是一种以自然生态系统自我更新为基础的再生设计，是促使现有物质流与能量流的输入和输出形成良性循环流程。景观生态规划与设计的实质就是在空间上创造合理的景观格局以实现整体景观的持续利用。其中心任务就是创造一个可持续发展的整体区域生态系统。在进行生态旅游目的地的景观生态规划与设计时一定要做到统一规划，统一布局，充分考虑到各个景观之间的关系，各要素协调一致，突出目的地特色。

（一）景观格局优化

景观的结构通常用斑块（Patch）、廊道（Corridor）和基质（Matrix）来描述。斑块原意指物种聚集地，从生态旅游景观来讲，指自然景观或自然景观为主的地域。廊道是不同于两侧相邻土地的一种线状要素类型。从旅游角度来讲，主要表现为旅游功能区之间的林带、交通线及其两侧带状的树木、草地、河流等自然要素。基质是斑块镶嵌内的背景生态系统。其大小、孔隙率、边界形状和类型等特征是策划旅游地整体形象和划分各种功能区的基础。

景观格局优化目标是调整优化景观组分、斑块的数量和空间分布格局，使各组分之间达到和谐、有序，以改善受损的生态功能，提高景观总体生产力和稳定性，实现区域可持续发展。生态旅游区景观格局的基本面貌是点、线、面的分布状态，旅游景点或景区以空间斑块的形式镶嵌于具有不同地理背景的称为旅游区的基质上，旅游线路则是用以连接景点或景区之间，以及对外交通的廊道，廊道之间常常相互交叉形成网络。生态旅游区的开发就在这三元网络结构之中。三类景观单元的规划设计如表 5-3 所示。

表 5-3　生态旅游的三类景观单元

景观生态单元	特征	对应旅游功能	设计原则	影响
斑块	类型、大小、形状、分布情况	景点、宿营地、旅馆、服务网点	（1）区外集中式； （2）区内分散式； （3）与环境融为一体式	（1）景点及景区布局； （2）旅游活动项目的选择
廊道	连通性、弯曲度、宽度	交通路径网络	（1）利用现有的自然通道； （2）道路容量与环境容量一致； （3）回避生态敏感区	（1）景点间的可达性； （2）线路的合理组织安排； （3）自然资源的有效保护
基质	大小、孔隙率、边界形状	旅游区的自然背景	（1）适当注意突出背景色； （2）通过基质——斑块的递变构建新的旅游景点	（1）认清旅游区的环境背景； （2）对景点斑块的选择和布局； （3）确定保护旅游区的生态系统特色

　　功能的实现是以景观生态系统协调有序的空间结构为基础的。在进行旅游景观生态规划时，必须充分考虑景观的固有结构及其功能。在此基础上，选择或调控个体地段的利用方式方向，形成景观生态系统的不同个体单元。作为斑块设计的景点、宿营地、旅馆、服务网点等，应既要方便游人，又要分散布点和适当隐蔽，使斑块面积尽量减小而易于融入基质中，不影响景观的美学功能。进行廊道设计时，应注意合理组合。景区廊道互相交叉形成网络，网眼越大，生态效益越好；网眼越小，而异质性大，则景观美学质量越高。连接各景区的廊道长短要适宜，过长会淡化景观的精彩程度，过短则影响景观生态系统的正常运行。要强化廊道输送功能之外的旅游功能设计，以增加游赏时间。作为旅游区自然背景的基质，则是生态旅游目的地的基调。以基质为背景，利用RS（遥感技术）和GIS（地理信息系统）进行景观空间格局分析，构建异质性生态旅游景观格局。分景区进行主题设计，并策划旅游地整体形象，以体现多样性决定稳定性的生态原理和主体与环境相互作用的原理。

　　在生态景观系统中，基质、斑块、廊道三者之间的机构关系具有非常重要的意义。斑块之间要通过廊道连接，以防止斑块的异化、特化、孤立化，保证生态系统的能量流、物质流、信息流畅通，有利于生态系统的稳定性、多样性或生态机能的发挥。不注意斑块的规模和科学配置，忽视生态廊道的建设，会造成鸟类、昆虫的减少，绿化植物的退化，环境高温燥热等一系列生态问题。因此，基质、斑块、廊道的设计与规划应遵循一定的原则，同时强调人工建筑的"斑块""廊道"和天然景观的斑块、廊道、基质相互协调。

　　（二）景观生态设计

　　除了进行生态旅游区的景观生态宏观规划外，也可以进一步与具体的生态因素相结合进行微观层次上的设计。在规划与设计时要充分研究区域的自然背景,掌握生态系统的特征与功能机理,努力做到开发设计以水脉(水系)、绿脉(植被系统)和文脉(当地文化习俗)为先导的空间布局,形成结构合理、物尽其用、高效和谐的生态旅游区。

在景观设计时,注意保护旅游区的地形骨架,保护特殊的地形地貌,规划中的廊道建设尽量依山就势,避免对景观的破坏。研究地带植被的分布特点,保护自然植被,创建符合地域特征的人工植物群落景观,提高区域的美学观赏价值。保护好珍稀植物资源,为野生动物的栖息地提供良好的生态环境,保持多样性环境,提高旅游吸引力。结合水文因素规划,保护水体和湿地,尽可能保持天然河道、溪流,促进水循环与防洪,注意瀑、潭、泉或具漂流条件的河段开发的环境容量,利用植物—土壤系统保持好透水的下垫面,减少径流,避免水土流失。在生态退化的区域,应扩大被保护物种的适宜生境,恢复和维持具有地段性特点的生态区和生物群落。与此同时进行乡土物种的恢复,建立多样化生境。

(三)视觉景观控制

生态旅游区往往具有独特的自然和人文特点。由于生态旅游目的地对视觉景观的特殊要求,视觉景观的规划设计及原有视觉景观多样性的保持等,显得尤为重要。把景观生态学原理引入旅游设施规划,根据目的地区域景观生态系统的层次制定不同的标准,对各区内的设施配置做出规定,严格控制其规模、数量、色彩、用料、造型和风格等。

生态旅游区内的建筑设计要求建筑与环境共生,要把建筑作为一种风景要素来考虑,使之与周围的地形地貌相适应,与山海、岩石、草木、古迹和远景等融合为一体,构成优美的景色,同时满足各种功能的要求。建筑物的设计形式应有统一的要求和规范,让建筑物的风格、尺度、轮廓、层次、色彩等实现最大程度上的与周围自然环境贴合。但也应允许和鼓励一定程度的变异,这些变异应足以吸引人们的注意和兴趣,而又不会造成人们视觉景观的混乱。

韩国庆州波门湖旅游度假区在开发建设时,规定主要饭店限高45米(12~15层),建筑物占土地面积不得超过20%,饭店建筑离湖边最少收进各10米(实际上饭店离湖边是12~14米),户外广告牌被禁止,只允许挂标示牌及法律和建筑方面的标牌。户外灯光也受到限制。建筑设计必须考虑到气候特点,考虑到传统的建筑风格,如韩式庭院布局;选择建筑点也必须考虑到每个点的特殊性,并为游客欣赏户外景致设计观光走廊,建筑物的外部颜色以淡暖色调为主,环境美化的条款十分具体。

五、生态旅游开发的空间模式

自然保护区及国家公园是实施生物多样性保护策略的重要基地,是生态旅游开发的重要场所。功能分区可以保护景观尺度上的自然栖息地和生物多样性，并且不危害敏感的栖息地和生物。为了避免旅游活动对保护对象造成破坏，也为了对游客进行分流以及使旅游资源得到优化配置和合理利用，必须对生态旅游目的地进行功能分区与旅游生态区划。

功能分区是"对人们的旅游需求以及满足这一需求的地域平衡进行规划"（H.L.Mupohehko 等，1989）。有关环境敏感区域开发旅游的空间模式及其功能分区，很多专家很早就认识到这一点。景观设计师福雷斯特（Richard Forester）在1973年倡导的、得到IUCN认可的同心圆的利用模式，将国家公园从里到外分成核心保护区、游憩缓冲区和密集游憩区。根据1966年伯奇（Burch）提出的观点，人的游憩体验需求多种多样，并随时间不断变化，同时人们对于其游憩体验的感受也有着各自的评判标准，因此，对于大多数的自然保护地而言，需要多样的游憩活动使游客拥有更加多样的体验。1988年，著名旅游学家冈恩（C. A. Gunn）从游憩角度出发，在理查德·福斯特的研究基础上，结合伯奇游憩体验的观点，将游憩区细化，提出国家公园的游憩分区模式，包括有重点资源保护区、低利用荒野区、分散游憩区、密集游憩区和公园服务区。在加拿大，将国家公园功能分区为自然环境区、集中游憩区、野生游憩区与野生保护区等；纽坎姆普（1996）将生态旅游地分为四大区域：野生保护区、野生游憩区、密集游憩区和自然环境区，同时总结了生态旅游功能分区的重要性，并用图说明了生态旅游功能分区模式的可行性，如图5-5所示。

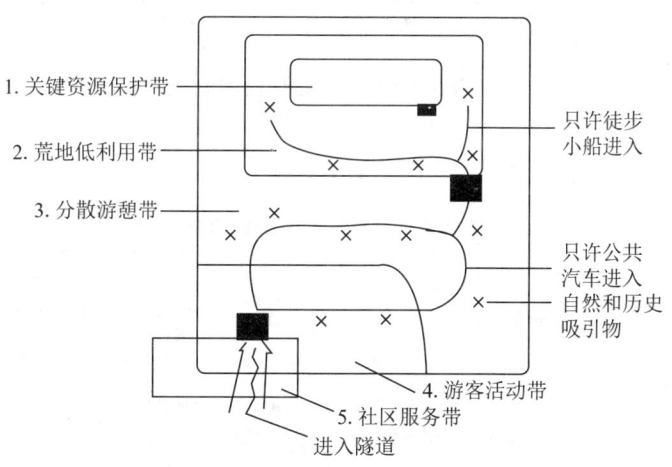

图 5-5　国家旅游公园模型

对自然保护区和国家公园这类环境敏感的地区进行功能分区，在有效地解决区域内旅游者分流问题的同时，对自然敏感度高的地方也起到了保护作用。我国学者陈传康提出的景观生态规划模式，主张以文脉特征为基础，"分地段"开发旅游生态产品，形成不同的生态回归情调，并针对具体风景名胜区的性质和景观特征，探讨了生态旅游产品的形象策划。特别注重因文脉的差别来区别各不相同的功能分区和地段划分，然后就其综合特点规划设计并开发生态旅游产品。陈传康等以云南昆明禄劝彝族苗族自治县轿子山风景名胜区为具体案例，探讨了垂直带谱的生态回归，分垂直带和阴阳坡等不同地段进行规划，特别注意景观和生物多样性保护以及规划措施与景观生态保护的关系。

目前在我国大部分的自然保护区或风景名胜区等进行生态旅游规划过程中，都接受了三区结构分法（见图 5-6），即由内至外，依次是核心区（绝对保护区）、缓冲区和试验区。这一思想已成为学术界的共识。但是其中对实验区的含义有些争议，吕永龙（1998）和徐篙龄（1993）建议将其改称为"保护性经营区"，也就是说在保证其生态景观与其他两区的程度相当一致的前提下，依照可持续发展原则，根据资源经济学原理，以各类资源的适度经营活动为主要功能区域。

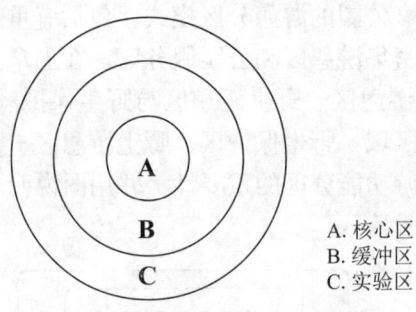

A. 核心区
B. 缓冲区
C. 实验区

图 5-6　保护区三区结构图

我国自然保护区分区管理规定如表 5-4 所示。

表 5-4　我国自然保护区分区管理规定

各区名称	管理规定
核心区	禁止任何单位和个人进入；除特殊批准外，不允许进入从事科学研究活动
缓冲区	在核心区外划定一定面积的缓冲区，只准进入从事科学研究观测活动
实验区	将缓冲区外围划为实验区，可以进入从事科学试验，教学实习，参观考察，旅游以及驯化，繁殖珍稀、濒危野生动植物等活动
外围保护地带	原批准建立自然保护区的人民政府认为必要时，可以在自然保护区的外围划定一定面积的外围保护地带

案例 九寨沟生态旅游开发

一、九寨沟的生态旅游模式及背景

四川九寨沟风景区凭借其先进的发展理念及模式成为国内生态旅游发展的典范,其理念更具有开创性和前瞻性,符合可持续发展观,在增加旅游收益的同时促进景区生态环境的保护、注重与当地居民进行利益分享,倡导社区和居民广泛参与,认为兼顾当地居民的利益是生态旅游成功的关键,使景区形成了一个良性循环的发展模式,保证了生态旅游的可持续发展。

九寨沟的成功案例说明:生态旅游不仅是一种提供自然旅游体验的环境责任型旅游,同时也负有繁荣地方经济、提高当地居民生活品质,将"维系当地人民生活"应用于实际的重要责任。在坚持持续发展原则、科学规划原则、容量控制原则、社区生态化原则、环境教育原则以及社区参与原则的基础上才能持续发展下去。

九寨沟的发展思路:学习借鉴国内外先进管理经验,坚持走"保护促发展,发展促保护"的永续发展之路,加强自然保护,完善设施建设,优化旅游环境,提升管理服务,在中国西部率先把九寨沟建成世界旅游精品。九寨沟以其极为丰富的自然旅游资源和神奇的藏文化吸引着来自世界各地的旅游者。

二、拒绝透支未来,坚持持续发展

"世界只有一个九寨沟,必须把一个完美的童话世界留给子孙,做不到这一点,我们就会成为历史的罪人!"当时的负责人以全球事业和战略眼光申报世界自然遗产为突破口,在实施保护的同时提升九寨沟知名度。克服种种困难,顶住当时一些不理解的看法,积极完成了申报工作,并于1997年获得成功,至此,九寨沟成为当时全国唯一拥有两项世界级桂冠的景区。随着九寨沟声名鹊起,游客人数迅速攀升,1998年游客人数增至40万人次,较上年翻了一番,收入达到2600多万元。

与此同时,问题出现了。昔日幽静的九寨沟顿时人山人海,景区内各大宾馆、饭店全部爆满,许多无处住宿的游客只得在汽车里过夜。供给与需求的严重失调使得景区不堪重负。此时景区采取了控制游客流量的措施,有效地平衡了游客与沟内环境和资源影响的方式和强度,以及沟内的自然环境对这种影响消除的能力。重视对生态保护区域的规划,对旅游者的可活动范围进行必要管制,勾画出旅游者不可进入的区域,避免人为活动对生态脆弱地区的破坏。而对于可以进行旅游开发与游客观赏的区域,以小规模发展为原则,确定出不同时期九寨沟的游客临界容量,限制游客观览的时间和游客流量,尽可能减少对生态环境的破坏程度。

具体措施有如下几点:

（1）在景区开发之前，旅游规划部门应该根据旅游地的面积、特点和可进入性等条件，合理测算最佳旅游者容量。

（2）在景区经营过程中，旅游管理部门必要时可用行政和法律手段调节旅游者流量，把旅游活动强度和旅游者进入数控制在资源及环境的承载力范围内。

（3）旅游者量控制也可以运用一些技术手段，如对旅游者进行活动区域控制、定期休园或局部封闭、预约进入等手段。

（4）向国际标准看齐，以敢为天下先的勇气和魄力，不遗余力地提高风景区品味、保护自然环境，使九寨沟景区在生态、环保、建设、管理等方面创造了许多奇迹。实现了"沟内游，沟外住"，在国内率先实施"限量旅游"措施，严格控制日进沟游客数量，成功解决了保景与富民的世界性难题，同时遏制了景区城市化倾向，有效维护了世界遗产地的真实性和完整性。

三、保护与发展并重，拒绝遮景煞景

"当保护景区与经济效益产生矛盾时，我们选择生态保护优先。"通过对比研究全球国家公园管理，特别是发达国家实施的财政支撑、公益型管理模式，以保护促发展，以发展促保护，为九寨沟风景区勾勒出科学的发展蓝图。

在景区建设之初，人工建筑的遮景煞景现象导致景区失去了其原始的自然生态之美。景区内的宾馆、饭店与原始的自然生态为主的景观极不协调，有的甚至拉低了景区原有的审美价值。这样的人工建筑不伦不类、无法与自然融为一体，对自然风光造成了极大的破坏。"旅游观光车工程"成功解决了景区内车辆尾气排放所带来的空气污染问题。生态旅游的开发呈现投入与收益不对等的现象，高投入并不一定带来高收益，且短时间内不能收回成本的特点。

生态旅游是一个持续回报的长效投资产业，也就是说，对于多数的生态旅游产品短时间内大量的资本投入并不一定能快速收回成本。生态旅游投资项目具有综合性与复杂性的特点，并且其开发的创意空间大，市场竞争激烈，在开发资源的同时还要投入大量资金保护生态资源的可持续发展。因此，结合企业资本投入力度、回报率等要求及投资商自身要素，形成了生态旅游商业模式的巨大差异。

应采取强化生态保护的主题，使旅游者通过观赏景区内优美的风景画卷来体验生态平衡的自然规律，增强生态保护意识，最终达到人与自然的和谐相处，生态旅游项目的设施建设应讲究科学、崇尚生态环境保护、与自然的和谐统一。

由于九寨沟的森林、水体、动植物等资源有着得天独厚的资源特色，因此这里是生物学、地质学、环境科学和农林科学、水文科学最好的研究基地。科学考察旅游项目，不同程度地开发新的生态旅游产品，如自然生态考察旅游等，使景区能够更好地做到经济效益、社会效益与自然生态效益的协调发展。

此外，为强化资源保护，近年来管理局累计投入保护资金约3亿元，先后在景区修建了4个气象观测站、2个水文观测站和7个生态保护站及一批森林病虫

害监测站和生态环境监测站,为保护景区生态奠定了基础;加强与国内科研机构和国家公园的专家学者的合作交流……

2006年8月国家旅游局、国家环保总局、国家建设部联合在九寨沟召开全国生态旅游现场会,对九寨沟景区给与高度评价:九寨沟景区是全国生态旅游发展的典范。

四、生态与和谐兼取,保景与富民共生

九寨沟运营的理念一直以来坚持:发展旅游就是要在壮大景区经济实力的同时,坚持以人为本、旅游富民,应提供适当的社会回馈机制,将旅游开发的收入按照适当的比例反馈给当地社区,帮助改善当地的电力、卫生、交通、通信等设施,提高当地的旅游公共服务能力,使地方居民和政府自发性地保护自然及文化资源,从而实现旅游企业和当地群众的双赢。多年来,九寨沟管理局在发展旅游产业的过程中,始终尊重、切实维护援助民的根本利益,坚持"政府、业主、当地群众共向旅游资源开发收益"模式,在解决"保景与富民"这一世界性难题方面进行了有益探索。

保障景区居民利益最大化,缩小贫富差距。管理局每年从门票收入中,按比例提出一部分作为景区居民的生活保障费,居民的生活保障费随景区门票收入的增长而增长。2006年景区居民基本生活费达到人均每年1.4万元,是1998年的4.6倍。

积极参与地方经济建设,促进共同发展。管理局每年向景区周边乡镇提供150万元的外围保护经费,从每张门票中提取8元支持地方经济建设,提取10元用于漳扎镇建设;鼓励景区居民入股参与景区游客服务中心经营,并解决200余名居民就业。

一系列惠民举措的实施,有力推动了景区管理机构和当地社区相融互动,社区居民和周边乡镇居民群众已成为景区发展的最大受益者,其经济收入和文化生活水平得到了极大的提高。

保障当地居民通过发展旅游获得就业、以土地入股利润分成、出售农副产品等利益,同时要将他们组织起来,通过引导和培训,提高服务意识和服务质量。

"现在景区居民不砍树、不种田、不狩猎、不放牧,而是依托生态旅游开发过上了以前想都不敢想的日子;与此同时,风景区的一隅当地居民积极参加保护,也获得了前所未有的发展。"破解了景区"保景"与"富民"重大难题的章小平倍感欣慰。

过去5年,九寨沟景区保持了每年20%以上的经济增长。与此同时,随着九寨沟生态环境的日益改善、景区管理水平的不断提高,其美誉度也不断提高:2004年,九寨沟管理局被评为四川省旅游工作先进单位;2007年初,九寨沟首批入选全国5A级景区;景区连续多年保持"零"刑事案件、"零"重大投诉、

"零"安全事故的优良纪录。

提高对当地居民利益的关注程度、居民对旅游的参与程度与生态旅游的成功与否关系十分密切。发展以当地居民（社区）为出发点的生态旅游，就是要顾及当地居民的利益，保证当地居民从旅游业中受益，改善居民的生活质量，以此推动生态旅游区的环境保护和可持续发展。

五、结论

通过对生态旅游的内涵和现状问题的剖析，加以对国内外成功案例的经验分析，我们得出结论：维系当地人民生活，强调社区参与，兼顾当地居民的利益是生态旅游成功的关键，也是生态旅游可持续发展的基本保证。要搞好景区的生态旅游开发，必须本着旅游项目开发与生态环境保护相统一的原则，开发出新、奇、特、精的生态旅游项目，利用自身资源优势发掘出新的、潜在的客源市场。生态旅游除了是一种提供自然旅游体验的环境责任型旅游之外，也负有繁荣地方经济、提高当地居民生活品质的重要功能。生态旅游应该将"维系当地人民生活"的责任内涵应用于实际。

实践中发现，社区参与旅游业有4个突出的优点：

（1）从经济方面看，社区的参与可使居民从旅游业中直接受益，在一些贫困地区称为"旅游扶贫"。

（2）从旅游方面看，社区居民参与到旅游服务中，渲染原汁原味的文化氛围，增加了吸引力。

（3）从社会发展方面看，发展旅游促进当地社会的发展。

（4）从环境保护方面看，社区参与为保护提供了强大动力。

第六章

生态旅游体验的动机与类型

第一节 生态旅游体验

一、体验经济与生态旅游体验

（一）体验与体验经济

1999年4月，美国两位学者约瑟夫·派恩和詹姆斯·吉尔摩在《体验经济》一书中提出了"体验经济"，指出体验是以服务为舞台、以商品为道具，环绕着消费者，创造出值得消费者回忆的活动。体验经济最根本的就是要使客人以个性化的方式参与到经济供给物之中，使人得到一种全新的感受，一种和社会时尚同步的感受。

随着对自然与人文生态认识的深入，旅游者已不满足于传统的观光休闲的旅游经历，而希望通过视觉、味觉、嗅觉、听觉、触觉与运动等全方位的融入，以体验的方式充分理解旅游地自然的、文化的、生活的和历史的内涵和特征，从中获得美学体验、娱乐体验、教育体验与遁世体验。

（二）生态旅游体验

本书认为生态旅游体验是旅游者以一种人文的、绿色的方式进行的旅游活动，并且能够在活动中有个性化的、亲近自然的体验项目，在自我参与的过程中回归自然，在感知自然与人文之美的历程中，丰富见闻，汲取营养，追求"天人合一"的境界，得到身心的舒缓和启发。

二、体验式生态旅游

体验式生态旅游是旅游者在某种特定主题体验场景下的一次活动、一次经历。体验式生态旅游的体验场就是具有旅游吸引力的生态环境及其生态要素。以生态为特定体验场是体验式生态旅游产品的核心，也是与其他体验式旅游的重要区别。既然生态旅游是一种"负责任"的旅游形式，那么旅游者就需要相应地注重个人素养，重视对生态环境的保护，这是一条基本原则。对生态旅游资源造成破坏，会影响到其他旅游者的旅游体验品质。人们向往回归自然，那就势必应该保护自然，重视可持续发展，不要仅注重个人利益。另外，生态旅游活动不仅与旅游者本身相关，更与开发者和经营者等相关，周勤勤（2010）提出，体验式生态旅游的经营者及其他利益相关者而言，不仅需要具有获得经济效益的能力，更需要有环境保护意识和专业技能，他们既是生态资源的使用者，更是保护者，既是游客的服务者，更是其教育者。由此可见，体验式生态旅游是一种基于旅游者和盈利者双方都负起责任的旅游形式，是需要我们共同维持的、可持续发展的一种旅游形式。

三、旅游体验的主要特点

旅游体验是旅游者在旅游过程中通过与外界的互动创造满足自身情感需要和特殊经历的过程，是旅游者自身的内在反映，是一种以超功利性体验为主的综合性体验。它具有三个主要特点，即旅游体验伴随着情感反应、具有很强的个体性、核心在于参与性。

1. 旅游体验伴随着情感反应

当旅游吸引物与旅游者的兴趣或心情相符合时，可以激发旅游者的好奇心，使其产生探求的欲望，产生去体验的动力，体验设施及体验服务等影响旅游者的体验效果。因此，旅游体验要着重体验二字，盈利者要注重旅游者的需求，注重关照旅游者的情感反应，完善缺漏，提升品质，带给旅游者优质的旅游体验。

2. 旅游体验具有很强的个体性

旅游体验是个人在旅游活动中达到情绪、体力、智力甚至是精神的某一水平时，个人意识中产生的感觉。每个人的经历不同，目的不同，心理不同，思维方式不同，种种差异致使我们每个人都是独一无二的，正因这份独特性才让我们的世界更有创造力和活力。旅游体验也是如此，由于个体差异，个人的感受带有个人的符号，因此旅游体验有很强的个体性。

3. 旅游体验的核心在于参与性

旅游体验需要旅游者亲身的参与，只有用心融入生态环境中，才有可能达到很好的体验效果，此时的旅游者就成为旅游产品中的一部分，当他们能够投入地与自然、与原住民、与其他旅游者甚至与当地的旅游活动和产品互动时，他们的旅游体验就会更丰富，更有层次，旅游经历就会更难忘，所以旅游者自身的素质，自身的参与性也是影响旅游体验效果的因素之一。

对于我们想要研究的生态旅游体验，从内容上包含了对旅游审美愉悦和旅游世俗愉悦两大类愉悦的体验。旅游审美愉悦是旅游者在欣赏美的自然、艺术品和其他人类人文现象时所产生的一种心理体验，是一种在没有利害感的观照中所得到的享受。旅游世俗愉悦是指旅游者在旅游过程中体验到的审美愉悦以外的一切愉悦。本书认为生态旅游体验应该是综合性的体验，旅游者不仅可以在旅程中感受到人与自然的和谐之美，跳脱世俗的困惑，滋润心灵，灌溉精神，而且可以享受旅程中的活动，参与到活动中去，在参与中体验，调动自己的感受。

四、生态旅游体验的层次

对于生态旅游体验的层次而言，整体可分为三个主要层次：

1. 初级层次——世俗愉悦

初级层次为世俗愉悦，是在感觉、感官上的愉悦。感官愉悦并不能真正地为游客带来心灵上的感悟与启迪，从文化消费角度看，过分追求趣味的通俗，可能使浅俗娱乐泛滥，导致大众审美趣味的普遍降低。生态旅游是一种追求境界的旅游形式，需要文化的熏陶，需要多姿多彩的风土人情来配合和点缀，只有合理地克服雅与俗的冲突和片面发展，合理调节雅与俗之间的关系，才能满足当今时代旅游者的多种需求，为旅游者带来更好的生态旅游体验。

2. 高级层次——审美愉悦

生态旅游体验的高级层次为审美愉悦，这种体验是日常休闲体验所不能得到的快感和愉悦，是精神上的超越。这是一种高级的精神现象，旅游者在这种体验中专注于眼前的审美对象，克服旅游体验中庸俗化的倾向，能够静下心来整理思绪，得到启发。

3. 终极层次——和谐愉悦

生态旅游体验的终极层次为和谐愉悦。旅游者只有在旅游中、从自然界的规律变化中体察到宇宙万物相互关联相互和谐的关系，才能到达旅游体验的终极层次，即和谐带来的愉悦，这种愉悦强调人不仅看到自然，体会到美，更要使身心都融入其中，达到天人合一的终极层次。

综上所述，体验式生态旅游应是旅游者到以生态环境为体验场的旅游目的地，感知自然资源、体验原生文化，并自觉保护当地环境，自愿为当地可持续发展担负起责任的旅游活动。随着社会和经济的发展，人们产生回归自然的渴望，为生态旅游的发展提供了条件，广阔的资源和市场是生态旅游发展的基础。

当旅游者已不满足于传统旅游经历，希望用不同感官，通过不同方式参与和体验到旅游活动中时，体验经济的时代已然来临。生态旅游体验不仅是生理上的愉悦，更是对旅游者精神、心理、素养等更高级的层面给予引导和教育。生态旅游是一种可持续发展的绿色旅游形式，优质的生态旅游体验带给我们从身体到心灵的震撼和舒缓，这种旅游形式将成为一种风尚，受到更多青睐，有着广阔的发展前景。

第二节　生态旅游体验动机

一、生态旅游体验动机

（一）内部动力

生态旅游动机是引发、维持个体在生态环境中的旅游行为并将行为导向旅游目标的心理动力。简单来说，它是直接推动人的旅游行为的内部动力（动因）。归纳大多学者对基本动机的分类，约有如下几种：身心放松的需要、求知需要、求新需要、交际需要。针对生态旅游体验动机，可概括为：在以生态环境为主要景观的旅游体验中，放松身心；进行生态教育和生态认知；以保护生态环境为前提，以统筹人与自然和谐发展为准则，并依托良好的自然生态环境和独特的人文生态系统，采取生态友好方式对生态环境产生新的体验和感受并在过程中产生必要的交际行为和联系的动机。

（二）放松身心

生态旅游前往的是某一特定的区域，一般是相对未受干扰或污染较小的自然区域或相关文化区域。纵向来看，该自然区域保存较完好、受干扰较小的，具有高品质的原生性、完整性，形成与现代工业文明的强烈反差，营造了与现实世界的距离；横向来看，地域空间的短暂转换所形成的生态旅游地文化、社会与旅游者所处现实社会的差异也造就了心理的距离。通常，主体总是倾向于只感受到与自己利害关系最为密切的一面，当在主客体间插入一段心理距离后，主体就能跳脱现实功利主义的羁绊，全身心地投入客体之中，从中获得一种放松的情感体验。生态旅游地使旅游者在短暂的旅游审美时空中抛离原有的现实功利，在一种纯精神领域中，重塑自我，获取真正意义上的全身心放松的情感体验，最大程度地满足身心放松的旅游动机，在另一种功利弱化的旅游生活中获得求知、求新、求异、求乐等心理需求的满足。

（三）逃离现实

简单来说，生态旅游体验者更在意的是生态景观与现实社会的反差，"逃离"的动机更加突出。旅游者在自然景观面前，抛下日常的琐碎和烦恼，体验大自然的清新和伟大，探索平时不重视的知识，寻求不需费心机的畅快。

随着城市造成的环境问题日益突出，人们对自然环境的需求越来越强烈，旅游者越来越注重旅游环境的质量，越来越希望享受到回归自然、返璞归真的旅游活动。旅游市场随着人们的价值观和喜好显现出一个共同的选择取向——走向自然、亲近自然。在旅游活动中追求回归自然，让自然环境的保健、疗养有益人类身体，让自然中蕴藏的文化寓意带来美学观赏价值和文化意义，愉悦人们的精神。

（四）回归自然

回归自然的旅游是以自然及人文资源为基础的旅游方式，人们带着某一特定的目的（如野生动植物观察、现存文化特质欣赏等），到干扰较轻微或未受污染的自然地区去从事旅游活动，并通过这些活动加强对当地自然和文化的认识。人与自然的和谐共生才能造就一个良好的生态环境系统，人们在享受自然的同时要对环境承担起对自然的保护责任，旅游观念的这种重大变革，使人们追求一种回归自然、自我参与的旅游活动，希望在享受自然的同时，尽一份爱护自然，保护自然的责任心和爱心，渴望与大自然融为一体，体验"天人合一"的高雅享受。

（五）探新求异的需求

此外，还有探新求异需求对生态旅游动机的"推"的作用。旅游业经历一百年的发展至今，传统大众化旅游方式已不能满足人们的旅游需求，旅游行为从一般的观光旅游转向对原生性的自然景观的欣赏，同时旅游者在旅游过程中，除追求"消费心理的满足"外，还开始追求"奉献心理的满足"，即越来越多的旅游者开始意识到自己的旅游行为会对环境产生影响，有意识地自觉地去保护环境。

二、生态旅游者旅游动机的特点

目前，国内外对于生态旅游者旅游动机的研究进行得相当火热。我国对于生态旅游研究的起步较晚，大多数还停留在概念引入阶段，实例研究较少，而且大多数实例研究偏重于生态旅游目的地的资源研究，对生态旅游主体——游客研究较少。

通过对国内外的研究进行比对，我们发现，多数国内生态旅游者的旅游动机是"缓解压力"和"欣赏自然"，而在国外生态旅游者中，旅游动机为"寻求新的体验"和"了解自然"的居多；环境纯净、风景优美的自然生态旅游地是现今中外旅游者的首选；影响国外生态旅游者选择何种旅游产品的因素主要与旅游地的情况有关，而旅游产品价格、旅行社服务水平对国内生态旅游者的旅游地选择的影响较大；中外生态旅游者的团队在构成上有比较大的差别；导游讲解和导游手册或景区标识牌是国内生态旅游者增进对景区了解的主要途径，他们比较喜欢从旅行社获取旅游信息；国外生态旅游者不太喜欢通过旅行社被动地获取旅游信息，而更多地通过访问当地居民来加强对景区的了解。相对于国内游客而言，国外游客对旅行社和导游的需求较少，他们更强调个人对自然的体验，希望能亲自了解当地的生态环境，独立性和自主性更强。

三、生态旅游者旅游动机的产生条件

（一）生态旅游的产生背景

休闲旅游是在人们生活水平普遍提高、可自由支配收入不断增加、闲暇时间日益增多、对身心健康追求逐渐强烈、社会基本服务设施日趋完善的大背景下产生的。它是社会进步和旅游得以丰富发展的产物，是人们厌倦了传统旅游的走马观花式的游览，而追求一种使身心得到休息放松、陶冶生活情趣的旅游方式。生态旅游的产生则与休闲旅游完全不同。在经济利益的驱动下，旅游资源被过度开发，旅游环境质量下降，旅游业已不再是所谓的"无污染产业"，旅游业发展中日益突出的环境、经济和社会问题，使人们深刻意识到环境保护对旅游业可持续发展的重要性，强烈呼吁一种具有保护性质的旅游方式的出现，生态旅游由此产生并得以迅速发展。

（二）生态旅游者旅游动机产生的主观条件

主观条件下，生态旅游的动机是由人们对环境强烈的保护意识产生的。比起休闲旅游，生态旅游的旅游动机更倾向于对环境的保护和对旅游者的教育，生态旅游活动的开展需要以生态环境不遭受破坏为前提。它把生态环境的承载能力作为首要考虑因素，重视旅游环境容量的研究强调经营者、旅游者和当地居民都要以保护环境为己任，保持旅游地的持续生存和和谐发展。景区旅游资源的盲目或过度开发必然会引发旅游地的生态破坏、环境污染、社会冲突等问题，进而影响旅游地的生命周期和旅游业的可持续发展，因此客观上某个旅游地必然存在容纳或承载旅游活动的最适值或极限值，这就是生态旅游承载力。由于承载力所反映的是对任何一种自然资源的利用，都存在一定极限的概念，而这种认识源自人们担心某种自然资源或环境的过度利用会造成永远不能再利用的严重后果。同时，生态旅游具有丰富的科学与文化内涵，通过旅游可以了解地质、地貌、气象、水文、植物、动物、环境等科学信息和知识，了解生态系统既相互依存、又相互制约的关系，从而提高人们的科普知识，达到教育目的。

生态旅游的社会功能主要体现在以下几个方面：一是为人们提供科普教育和科学考察场地、加强对旅游者的科普教育，同时有助于确立人们对生态和文化的保护意识，使人们认识到人和自然生态是一种相互依存的关系，从而有助于自然环境和人文社会的可持续发展；二是有利于环境保护与旅游和谐发展，环境问题是生态旅游产生的重要原因，生态旅游走的是可持续发展之路，重视生态环境保护，促进人与自然的和谐统一，这是生态旅游遵循的根本宗旨。

另外，不同生态旅游者的旅游动机产生的主观条件不尽相同。据有关部门分析，生态旅游出游人口主要有三种人：第一种是来自发达国家的经济充裕、身体健康的老年人，这些人退休后经常参加旅游，但他们并不喜欢传统的旅游方式，而是钟情于追求原始、自然的旅游；第二种是有着自由主义思想的中年人和中产阶级，他们经受过20世纪80年代环保热潮的熏陶，有着较强的环保意识；第三种是发达国家的年轻人，他们对环境问题很关心，又有较长的休假期。

(三)生态旅游者旅游动机产生的客观条件

客观条件下,旅游资源被过度开发,旅游环境质量下降,旅游业发展中日益突出的环境、经济和社会问题,都使生态旅游的产生与发展刻不容缓。生态旅游作为一种概念或实践,以回归自然和环境保护为核心,是旅游业可持续发展的最佳选择。与传统大众旅游相比较,生态旅游规模小型化,它是以自然生态系统健康、自然、风景优美、相对人迹稀少的区域为主要活动对象的旅游;其开发经营模式贯彻了可持续发展的思想和生态经济的观点;旅游开发同时兼顾环境、经济和社会三方面利益。它不会对旅游地造成大的破坏,是一种富有责任感的旅游形式。人们可以在缓解压力和陶冶情操的同时领略经济发展和社会进步带来的愉悦,从而使人们产生珍惜人类文明、保护生态环境的责任感,促进生态旅游的开发和发展;通过开展生态旅游,可以使人们产生对自然环境及人文环境的保护意识,增强人们的环保观念,从而对人们的休闲旅游活动起到指导和教育意义,使休闲旅游活动更加健康、持续地发展。

(四)大众旅游者与生态旅游者的旅游动机比较

生态旅游者具有强烈的生态意识,所以他们对旅游舒适度的要求很低,如他们不会为了自身的方便而要求建筑公路、索道等交通设施,他们认为这将损害当地的生态环境。

陈楠、乔光辉(2010)在大众旅游者与生态旅游者旅游动机比较研究——以云台山世界地质公园为例的研究过程当中,提出生态旅游者与大众旅游者最大的区别在于生态旅游者具有一定的生态意识。通过旅游动机的因子分析和问卷调查,他们进行了大众旅游者和生态旅游者的差异性检定,如表6-1表示。

表6-1 大众旅游者与生态旅游者的旅游动机差异性

动机	大众旅游者	生态旅游者	T值
因子1 休息、逃避	3.83	4.06	4.33*
换个心情	4.16	4.42	3.20*
减少压力	3.95	3.93	5.44**
脱离日常生活	3.73	4.14	10.97**
获得生活的动力	4.02	4.34	7.34**
摆脱生活中的义务	3.58	3.47	1.52
寻找生活的富余	3.77	4.11	6.21**
脱离嘈杂的生活圈	3.59	3.92	5.51**
因子2 户外活动	3.43	3.84	6.14**
建立运动型的生活	3.70	4.03	5.32**

续表

动机	大众旅游者	生态旅游者	T值
想要野外活动	3.37	3.65	3.21*
因子3 归属	3.31	2.52	15.50**
增进同事间的友情	3.77	2.56	17.21**
与朋友一起打发时间	3.32	2.72	10.44**
想要寻找归属感	2.86	2.24	9.22**
因子4 挑战	2.83	3.13	10.06**
尝试别人不做的新活动	2.82	3.17	4.95*
想结识新的人	2.80	2.97	7.79**
想要感受冒险	2.86	3.25	7.86**
因子5 成就、地位	2.54	2.03	9.88**
感受与地位相符的生活	2.48	1.81	14.40**
考验一下自身的能力	2.51	2.14	22.53**
想要发挥领导能力	2.56	2.02	11.46**
不想输给周围的人	2.07	1.41	18.37**
想要感受成就感	3.09	2.75	7.53**
因子6 自我实现	*3.28*	*3.48*	*1.45*
寻找恢复自我的机会	3.48	3.86	5.09**
想要开发自己	*3.15*	*3.32*	*1.76*
想要思考自我的价值	3.26	3.67	5.61**
为了获取自信感	*3.23*	*3.08*	*1.86*
因子7 追求自然美	3.50	4.13	18.98**
为了感受自然的美	4.01	4.42	8.32**
想要亲近自然	3.98	4.41	10.82**
体验未受污染的自然	3.62	4.26	11.63**
想要学习自然	3.17	3.61	9.43**
感受旅游地的景观	3.75	4.22	10.90**
感受、看、听新的东西	3.28	4.28	16.31**
想更加了解环境	2.79	3.71	15.82**

注：*P<0.05，**P<0.01；斜体标注项为无显著性差异。

此研究以大众旅游者旅游动机与生态旅游者与旅游动机进行 T 检定，研究结果发现：除"自我实现因子"外，其他旅游动机因子均有显著性的差异。

从研究的结果来看，生态旅游者在休息、逃避因子、活动因子、挑战因子以及追求自然美因子方面均高于大众旅游者；大众旅游者在归属因子、成就地位因子上高于生态旅游者。也就是说：生态旅游者一般多是为逃避日常枯燥的生活，挑战自我，在休息活动时，前往大自然，追求自然美。普通大众旅游者多为寻找归属感及感受成就、地位。在"摆脱生活中的义务""想要开发自己""为了获取自信感"三个动机描述项不具有显著性差异，即大众旅游者与生态旅游者在摆脱义务、开发自我、获取自信感三方面具有相似性。游客在前往生态旅游目的地旅游时，无论是大众型游客还是生态型游客他们都期望能够通过此次旅游摆脱生活中的繁杂，使自我获得自信，最终能够达到开发自我、实现自我的目的。

单独分析大众旅游者与生态旅游者的旅游动机发现：旅游动机因子5"成就、地位"在大众旅游者与生态旅游者的动机中得分最低，其旅游动机的重要性最低。生态旅游者的动机因子7"追求自然美"的得分最高，即对于生态旅游者来说"追求自然美"是最主要的旅游动机，其次是因子1、因子2、因子6、因子4、因子3、因子5；大众旅游者人群中，因子1"休息、逃避"的动机得分最高，即"休息、逃避"的是大众旅游者最主要的旅游动机，其次是因子7、因子2、因子6、因子3、因子4、因子5。

此研究实证分析了普通大众型旅游者与生态旅游者的旅游动机，并发现了两类旅游人群的主要旅游动机不同，并且各个旅游动机因子具有显著性的差异。

第三节　生态旅游体验类型

一、生态旅游体验类型分类标准

生态旅游体验类型的分类界定尚不清晰，国外成熟经验多基于市场定位，即基于旅客的心理和需求进行划分。有别于生态旅游资源的分类，生态旅游体验的分类直接针对游客本身，对生态旅游景区的发展具有重大意义。为进行市场细分，分析生态旅游者的体验需求。

（一）生态旅游游客体验感知度的调查

表 6-2 为一处典型生态旅游景区的游客心理需求调查。

表 6-2　广西某景区游客心理需求调查

指标	配对变量		均值差（SQ）	配对变量的相关系数		配对变量T检验	
	期望	感知		相关系数	P	t	p
检验未被破坏的环境	4.77	4.60	−0.17	0.342	0	3.023	0.003
体验户外情趣	4.64	4.42	−0.22	0.293	0	3.005	0.003
欣赏美丽的自然风光	4.79	4.50	−0.29	0.289	0	4.870	0.000
欣赏野生动物	4.40	4.28	−0.12	0.510	0	1.756	0.081
增进对自然的理解	4.60	4.47	−0.13	0.414	0	2.084	0.039
了解当地民风民俗	4.57	4.31	−0.26	0.287	0	3.543	0.001
摆脱单调的生活	4.39	4.26	−0.13	0.485	0	2.012	0.046
换届工作生活压力	4.53	4.42	−0.21	0.456	0	3.144	0.002
精神得到放松	4.61	4.31	−0.20	0.412	0	3.385	0.001
促进身体健康	4.63	4.48	−0.15	0.331	0	2.509	0.013
增长知识	4.57	4.35	−0.22	0.535	0	4.11	0.000
增强自信心	4.34	4.21	−0.13	0.523	0	2.020	0.045
增进亲友感情	4.44	4.24	−0.20	0.438	0	2.825	0.005
冒险	3.95	3.27	−0.68	0.326	0	6.650	0.000
挑战自我	4.10	3.42	−0.68	0.378	0	6.672	0.000

该景区是广西区内生态旅游开发和经营做得比较成功的生态旅游景区和相对理想的生态旅游目的地，以该景区的旅游者作为调查对象具有一定的典型性和代表性。在期望部分，用1~5分别表示"完全不期望""不期望""无所谓""期望""非常期望"，在感知部分用1~5分别表示"完全不同意""不同意""中立""同意""完全同意"；第三部分是受访者基本情况，包括性别、年龄、常住地等人口统计指标及旅游类型、旅游组织形式、访问生态旅游景区的频率等生态旅游相关指标。

从上述数据的分析可得知，第一，区内游客的感知不如区外游客感知强烈，这是由于区内受访者生活及接触到的环境与景区环境的差异性相对较少，通过旅游缓解工作生活压力，使精神得以放松的效果亦不如区外受访者；第二，受到职业影响，通过生态旅游"体验户外情趣""摆脱单调的生活""增长知识"的感知方面，企事业管理人员的感知明显高于其他职业的受访者，这一点说明不同的职业的市场定位应有所不同；其三，收入影响旅游体验期望的同时，也影响到旅游体验的感知。对同一指标，中等收入受访者期望高，但其感知也高。

结论是外地游客、白领、高收入阶层、高学历人群，普遍对生态旅游体验的感知更强烈。旅游体验感知更强烈能够给旅客带来更深刻的回忆，能够促进提升景区口碑；另一方面，促进旅客消费，增加景区收益。而提升人群的体验感知，则应该进一步突出景区特色，明晰生态旅游体验分类的界定。

（二）生态旅游游客旅行的心理与需求

国内外其他的研究表示，生态旅游体验的分类具有特殊性，缺乏统一性，大到一个国家小到一个景区都不尽相同。Kreg 等认为生态旅游体验的特点突出体现在游客的动机是为了满足其"回归大自然"的心理需求。Michael Hughes 等以西澳大利亚森林旅游目的地为例，指出非原生态自然旅游地的游客与传统生态旅游地的游客的体验特点是前者更加注重身体上的锻炼，后者则认为精神上的放松更重要。PAN Lili 等分析了生态旅游者在湿地旅游的体验发现他们更加注重对湿地生态系统作用和环境影响行为的观察，这都体现了生态旅游体验的独有特点。

生态旅游景区体验类型的分类，应具有明显的受众性与个性，促进人群提升其体验感。例如，传统生态保护区以旅游观光为主，那么体验感较差，如果设计了国家保护类植物园区，有专业的培育员引导游客参与移植，护养植物的活动，能够促进特定人群的体验感，投其所好，吸引特定人群，就能够增加其逗留时间，促使其消费。

二、生态旅游体验类型分类方法

（一）体验旅游的等级类型

国内体验旅游类型的定义如下：

（1）文化体验：主要是利用人文生态旅游资源来满足人们对于历史文化等的认知和对异地文化、宗教等的好奇，有助于人们把握人生价值。

（2）生存体验：在旅游者自愿参加的情况下，有助于旅游者真正认识自身和生命的价值。它主要针对某些需要刺激和具有冒险精神的人们，但需要为他们提供专门的生存技术指导，并且保证参与者的生命没有危险。

（3）民俗体验：是让人们在少数民族当地浓郁的氛围中真切地感受他们的生活，体验他们生活的每一个细节，了解他们对于自然和生活的不同看法，满足旅游者好奇、轻松和欢乐的需求，让人们体验到真的民族风情。

（4）学习教育体验：主要满足人们对于自我发展的需要，也满足现代人在娱乐中学习的需求。

（5）自然体验：不仅让人们加强对自然的认知，同时也能满足人们对自然界的好奇。

（6）生活体验：主要是让旅游者换一种生活方式，换一种心情，同时反映了人们对于自我完善的需求以及对另一种生活的好奇。

生态旅游体验分类有异曲同工之妙，不过只是泛泛而言，特定到生态旅游景区的具体的分类其实很复杂，能具体到一个景区，而分类的标准则基于游客需求与当地景区特色的结合。

（二）体验旅游的分类方法

John R 等以新西兰凯库拉风景区为例，采用 Q 分类法将海内外游客的旅游体验分成生态、海上娱乐、海岸社区、自然风景和家庭海上度假旅游体验五类。Jennifer 等以在马来西亚旅游的欧洲游客为对象，对他们的生态旅游体验感知进行探索性研究，测量了游客体验质量维度，将生态旅游体验分成生态旅游活动、目的地自然环境、与服务人员交流、与其他游客相处及旅游信息获取等类别；窦清则将旅游体验分成情感、文化、生存、民族风情、学习、生活、自然、梦想和娱乐体验九个方面。卢睿认为可把生态旅游体验分为生态休闲、生态观光、景区生态性和自我实现体验四类。苏勤经聚类分析法将游客分为身心放松、知识、社交和发展四种类型，并分别比较他们的体验质量。Yiping Li 将旅游者的体验感受分为正感体验和负感体验，其中正感体验是指旅游者心态的满足，负感体验则相反。

通过分析游客体验，不难发现，生态旅游体验的分类是因地制宜的，缺乏统一性。生态游体验的分类标准从心理角度、景区资源角度、休闲学角度分类，结果差异明显。不同角度的分类方式在不同领域的研究就有着各自的价值。就单个景区而言，从资源的角度出发，再结合旅客需求，对生态旅游体验进行分类，有助于景区管理；将景区进行功能性分类，有助于为景区定性以及定级。

三、生态旅游体验类型分类定义的不足

生态旅游体验分类目前界定模糊，这与生态旅游体验的复杂性有关。不过，生态旅游体验分类在国外已经就个别景区进行专门分类，而国内的定义仍然停留在概括旅客在生态旅游中体验的整体感知差异的分类上。在生态旅游与体验经济快速发展的大背景下，将生态旅游体验进行科学的分类，并最终作用于景区的管理与建设上的要求极为迫切。将生态旅游景区进行定性、分级，例如生态观光体验、休闲体验等；将生态旅游景区资源带来的体验分类，如娱乐、社区、生态等，都亟待精确的分类。

第四节 生态旅游体验设计

一、设计原则

(一) 立足生态旅游资源与市场

生态旅游作为一种旅游活动,其活动的开展和完善必须依赖一定的旅游资源。生态旅游的设计需要根据其具有的生态资源进行,要保护好自然生态环境,既开发旅游资源,又保证能够持续利用。

(二) 设计有吸引力的生态主题

主题是各种旅游项目设计的核心。生态旅游的主题应具有的独特吸引力,凸显"独特性"。特色化的主题,可以充分展现生态旅游项目,增加其吸引力。只有将游乐项目、标志性建筑、接待设施、休闲项目、引导系统等所有的内容都围绕其主题展开,才能达到整体景观的最佳效果。

(三) 吸引游客的深度参与

生态旅游需要游客积极、深度参与,只有保证了与游客的交流,才能设计出更加符合游客需求的项目。另外,生态旅游包括与自然相关的旅游,涉及一些特定地区的环境以及生态问题,在这样的旅游中需要游客能有机会参与保护自然环境并能与当地居民相互交流。

(四) 保护优先原则

任何生态旅游的开发都必须以保护作为首要的出发点,这是生态旅游景区区别于大众旅游景区的核心所在。生态旅游设计应注重保护原有的生态资源。尤其旅游景区中的自然保护区、风景区等是各种生态资源的重要保护场所,在其设计中,应有意识地把生物多样性的保护作为重要的设计指标,营造一个可持续的、具有丰富物种和环境的生态系统。

(五) 原始性与真实性原则

在生态旅游的设计过程中,要尽量保存其土地的原始性,因地制宜地利用原有地形及植被,避免大规模的土方改造工程,尽量减少对原有环境的负面影响,充分发挥自然系统的能动作用,建立完善的自然生态系统。

二、设计过程

体验调查的目的是了解旅游市场的机会威胁,分析旅游体验的需求状况。只有充分了解了市场机会威胁,才能根据出现的问题设计出更加符合市场发展以及满足更多顾客需求的体验。

体验设计包括:

（1）围绕旅游者在旅游中追求新鲜感、亲切感、满足感，求补偿、求解脱的需求设计主题来塑造最优的旅游体验。

体验设计要以满足人们的情感需要、自我实现需要为主要目标，必要时可以商品为载体，以服务为手段，使消费者融入其中。要以最大程度地满足旅游者的需求，提高旅游者的满意度。要以新鲜、有趣的主题吸引旅游者，并促进其在旅游体验中的活动，最大程度地使旅游体验的过程变得轻松、愉悦、有趣。这样，在旅游体验结束以后，留给消费者的记忆才能是难忘的，并且有可能促进其再次前来体验。

（2）生态体验设计要满足生态效益原则。

生态旅游的产生是人类认识自然、重新审视自我行为的必然结果，体现了可持续发展的思想。生态旅游是经济发展、社会进步、环境价值的综合体现，是以良好生态环境为基础，保护环境、陶冶情操的高雅社会经济活动。但是一些珍贵的生态资源如草原、湖泊、湿地、海岛、森林、沙漠、峡谷等和文物一样，极易受到破坏，并且不能再生，甚至可能在地球上消失。因此，生态旅游体验应是一个带责任感的过程。这些责任包括对旅游资源的保护责任，尊重旅游目的地经济、社会、文化并促进旅游目的地可持续发展的责任等。生态旅游不仅是一种单纯的生态性、自然性的旅游，更是一种通过旅游来加强自然资源保护责任的旅游活动。所以，生态保护一直作为生态旅游的一大特点，也是生态旅游开展的前提，并且还是生态旅游区别于自然旅游的本质特点。

（3）营造与旅游主题相适应的场景和体验氛围，赋予旅游体验形神兼备的意象。

主题是体验的基础和灵魂，鲜明的主题能充分调动游客的感官，触动游客的心灵，使之留下深刻感受和强烈印象。按照主题性原则，应从景区的大环境到具体的服务氛围，从景物、建筑、设施设备、服务用品和旅游纪念品的外观形式，到食、住、行、游、购、娱各环节的项目内容，用一条清晰明确的主线贯穿起来，全方位地展示一种文化、一种情调，使游客通过视觉、听觉、嗅觉、味觉和触觉，多层面、多角度地获得一种整体、统一的美好感受，形成难以忘怀的记忆。因此，在生态旅游体验的设计过程中，要格外注重旅游主题与场景和氛围的适应和匹配度。所有的旅游项目、旅游产品，都应围绕其制定的旅游主题来设计、安排。

（4）要重视策划旅游体验过程。

旅游体验在设计过程中，可以综合利用声、光、电、味及实物，从建筑、音乐、舞蹈、解说系统、艺术作品、设施、活动项目、旅游纪念品、工作人员服饰、氛围、服务程序等各个方面，全方位刺激旅游者的感觉器官和心灵，使其充分感知和理解产品所要传达的主题与内涵，从而留下难忘的经历。通过旅游纪念品、广告和照片等的设计提醒游客回忆经历过的体验，提升游客体验，更好地满足游客的需求。另外，纪念品对游客体验也有一定的影响，通过对旅游纪念品的设计、创新，提高对游客的吸引力，从而增加旅游体验对游客的吸引力以及游客的满意度。

（5）要根据市场和游客需求推陈出新。

旅游市场在日新月异地发展，游客的需求与品位也在不断地变化、提高。为了满足游客追求新奇的心理，旅行社应及时把握旅游市场动态，注重新产品、新线路的开发与研究，并根据市场情况及时推出。一条好的新线路的推出，有时往往能为旅行社带来惊人的收入与效益。即使一些原有的旅游线路，也可能因为与当前时尚结合而一炮走红。景区可以结合当下的流行元素，设计出更加新颖、更具吸引力的体验。

三、生态旅游体验顾客化设计内容

（一）充分把握顾客差异和个性化需求

生态旅游体验要注意突出旅游者的参与性和生态旅游景区的互动性。从旅游产品的设计到旅游项目的组织开展，都要围绕旅游者展开，要最大程度地使旅游体验满足更多旅游者的需求。景区在体验物的设计上应力求独特，人无我有、人有我优、人优我特，时刻保持体验物与众不同的个性，不断为游客带来新鲜的旅游感受，满足其个性化和参与性的需求。景区的环境、项目、活动与游客自己的生活环境有较大差异，要突出景区自身的独特性。

（二）在生态旅游体验提供系统中突出灵活性

在旅游者进行生态旅游体验的过程中，可能会出现各种不同的状况，这时，就需要旅游景区根据生态体验提供系统中出现的问题及时做出调整。尽力将旅游者的损失降到最小化，避免影响旅游者对于旅游景区的满意度。另外，旅游产品和旅游设计应根据市场以及旅游者的需求进行不定期的调整、更新。

（三）提升旅游服务设施服务效率

利用更加便利的电子设备等方式为旅游者多方面提供不同种类的服务，满足各种游客的需求，减少旅游者在体验过程中不必要的等待时间，可以提高旅游者的旅游体验满意度，同时，也可有利于保证工作、服务质量，提高工作人员的工作效率。

（四）给予工作人员更大的自主权

给予工作人员更大的自主权，使他们能够在顾客化的生态旅游体验中也能参与设计，发挥更加积极和有效的作用。通过这种方式既可以更加全面地了解旅游者的需求以及在实际工作中已经或是潜在的各种问题，避免了在以后的旅游体验中出现更多的不必要的问题。同时也有利于保证工作人员的工作热情，提高工作积极性以及服务质量,也可以更好地设计出符合旅游者需求的产品,提高旅游者满意度。

(五)监控体验过程,评价体验提供系统的绩效

定时地对旅游体验的过程以及结果进行监控,根据监控的结果,有利于及时发现问题。对出现的问题做出总结,并及时提出解决方案,及时调整,保证系统的正常运行。另外,还可以通过对旅游者进行调查、访问,及时地得到旅游者对于旅游体验的反馈,并根据旅游者所反映的问题对旅游产品、旅游项目进行整改,保证其最大程度地符合旅游者的需求。

案例 唐家河

唐家河生态旅游区是由国家级自然保护区、省级风景名胜区阴平古道组成,位于岷山山系龙门山脉西北侧,摩天岭南麓向青藏高原过渡地带,是以大熊猫及其栖息地为主要保护对象的森林和野生动物类型的自然保护区。是连接千年蜀道剑门关和童话世界九寨沟的重要节点,生态优美,资源独特,历史悠久。通过对唐家河国家级自然保护区的分析,了解生态旅游开发中的逻辑,以及生态旅游理念的落地模式。

1. 唐家河资源定位

唐家河旅游度假以唐家河独特良好的自然资源为基础,以生态度假为旅游主题定位。唐家河被誉为"天然基因库""生命家园"和岷山山系的"绿色明珠",被评为全省首批"低碳生态旅游示范单位""四川十大最美花卉观赏地",2006年被国家林业部命名为国家示范自然保护区,是省级风景名胜区阴平古道的主要组成部分。

2. 唐家河资源保护与开发

唐家河以保护立区、依法建区、科技兴区、旅游强区为发展理念,管理机构为四川省唐家河国家级自然保护区管理处和四川唐家河风景区管理局是全额拨款事业单位,实行两块牌子、一套人员的管理体制,负责唐家河的资源保护和旅游管理。另外四川唐家河旅游开发有限公司,负责唐家河旅游区的旅游经营活动。

3. 唐家河严格科学的布局

在唐家河生态旅游系统质量优化的规划设计中,践行了"少设施、设施集中、设施从入口区向深山区渐次减少"的原则,采用了"点—线"式设施布局模式。"线"是指游步道系统,点是指入口区、6个保护站点和少量休憩停留点。入口服务区的设施、服务最为集中。6个保护站点在不增加建筑面积的前提下,每个站点都利用旧有建筑改造出一个主题环境教育馆,增加了一些坐凳、解说、导引设施。连接入口区和6个保护站点的游步道,则规划为解说步道、自然观察路

径。在接近缓冲区、核心区的步道上,甚至连垃圾箱、方向导引牌都不能出现。

4. 唐家河环境教育

唐家河景区内开展7座主题鲜明的自然体验馆:唐家河自然博物馆、唐家河历史馆、扭角羚体验馆、金丝猴体验馆、珍稀动植物展览馆、昆虫体验馆、大熊猫体验馆。

这些主题环境教育馆并不需要新建建筑,而是从保护站的旧有建筑中腾挪出一部分空间使用。最大的"羚牛馆"才100多平方米,最小的蜜蜂主题馆"蜂采馆"仅有30多平方米。唐家河的6个主题教育馆分散在6个保护站点的好处是,每一个面积都很小,游客未及厌倦便已看完,然后到户外游览一会儿,随后再进入一个小主题教育馆游览。教育馆内活动和户外观察体验还可以进行必要配合,馆内介绍的现象可以在户外看见,户外看见的现象可以引导到馆内详细了解。

另外设有8条主题解说步道:蛇岛自然观察步道、水淋沟顽猴生态观察步道、百雄关生态保护解说廊道、灵猴谷溪畔自然漫游路径、香妃森林健康环山步道、阴平古道生态历史解说步道、大草堂自然深度体验线、马鞍岭自然深度体验线。

此外,唐家河自然保护区设计了《唐家河生态旅游手册》《唐家河观鸟折页》等纸质解说出版物,配合环境教育馆参观、户外游览观察使用。

现代生态旅游还强调在保护自然的前提下满足游客学习、锻炼身体和意志、融洽包括亲子之间的人际关系等多种价值追求。

唐家河为度假酒店住客使用的"香妃森林健康步道",深入荒野地带徒步的"马安岭自然深度体验线",到高山草甸探访观察羚牛生活的"大草堂深度自然体验线"等游线,并把所有步道、游线从健身角度区分为徒步、自行车骑行、登山等功能游线。

总之,唐家河的旅游模式,是生态旅游理念在中国自然保护区落地的一次有益尝试,也是对生态旅游开发逻辑的一次中国式诠释。

第七章

生态旅游管理的多角度考察

第一节 生态旅游性质的经济学分析

公共产品理论认为,公共产品是具有消费或者使用上的非竞争性和收益上的非排他性的产品,可分为纯公共产品和准公共产品。其中,非竞争性指一部分人对某一产品的消费不会影响另一些人对该产品的消费,一些人从这一产品中收益不会影响其他人从这一产品中收益,收益对象之间不存在利益冲突。非排他性是指产品在消费过程中所产生的利益不能为某个人或某些人所专有,要将一些人排斥在消费过程之外,不让他们享受这一产品的利益是不可能的。

根据上述理论分析,生态旅游应属于公共产品的范畴。首先,生态旅游开展的基础,如自然保护区、地质公园、风景名胜区等都属于公共产品。一个旅游者到生态旅游景区参观游览并不会影响或排斥其他旅游者的活动。例如,一个风景名胜区清新美好的空气是一项能为人们带来好处的服务,它使所有人能够呼吸到新鲜的空气,要让某些人不能享受新鲜空气的好处是不可能的。其次,生态旅游本质上是强调可持续的旅游发展,而可持续发展所强调的代际公平和代内公平也是公共产品非排他性和非竞争性的体现。

但是,生态旅游并不完全是纯公共产品,它更像是准公共产品。纯公共产品的非竞争性有两层含义:①边际成本为零。这里所述的边际成本是指增加一个消费者对供给者带来的边际成本;②边际拥挤成本为零。每个消费者的消费都不影响其他消费者的消费数量和质量。但生态旅游具有不充分的竞争性,首先旅游人数的增加势必会增加供给成本,其次旅游者的数量多少绝对会影响其他旅游者的体验和感受到的旅游质量。

因此,生态旅游具有纯公共产品和准公共产品的双重属性。一方面,当自然保护区作为生态旅游区域,由于其作为外部性产品具有消费时的非排他性和非竞争性,因此生态旅游资源具有纯公共产品属性;另一方面,当生态旅游作为旅游产品时,体现出消费竞争性和非排他性,因此生态旅游产品具有准公共产品属性。

纯公共产品的提供者一般是政府,准公共产品的提供者有政府、非政府组织、非营利组织、社会团体、企业及私人等。生态旅游所具有的公共产品属性要求在分析其利益相关者时必须考虑更多方面的因素，如非政府组织、当地社区等。

第二节 生态旅游中的利益相关者

一、生态旅游中的利益相关者

利益相关者能够影响组织，他们的意见是决策时需要考虑的因素。但是，所有利益相关者不可能对所有问题保持一致意见，其中一些群体要比另一些群体影响力更大，这使如何平衡各方利益成为战略制定考虑的关键问题。

传统的旅游系统包含主体（旅游者）、客体（旅游资源）和媒体（旅游产业）三个基本要素。这三个要素构成了旅游活动的市场链条。生态旅游的公共属性使生态旅游系统不仅包含旅游者、旅游资源和旅游产业，也应该包含当地社区以及公共部门（政府和 NGO）。这些要素及其管理部门共同构成了核心内容，它们成为生态旅游的核心利益相关者，另外还有一些作为紧密层和松散层的利益相关者，如表 7-1 所示。

表 7-1 生态旅游利益相关者分类

层次	核心层	紧密层	松散层
利益相关者	旅游者：包括大众旅游者、生态旅游者		
	生态旅游投资者：包括国际捐赠者、非政府组织、私人投资者	生态旅游外围企业：包括交通经营商、餐饮、旅游零售商、金融体系等	国际旅游企业
	生态旅游核心企业：包括开发商、经营商	学术组织	旅游者网络：包括网上旅游论坛、自驾车组织
	当地社区：包括在生态旅游业就业的居民	咨询机构：包括商业咨询、认证机构、规划机构	邻近社区
	政府：包括中央政府、地方政府	媒体：包括广告与传媒	受生态旅游业影响的社区居民
	自然保护区机构：包括各级自然保护区机构		……

（一）核心层利益相关者的利益诉求

在表 10-1 的中的核心层，旅游者作为生态旅游的主体，它的利益是寻求与自然（如动物、植物、水域等）亲近的体验，通过这种感受消费，成为实现生态旅游经济活动的不可或缺的利益相关者，与自然保护区形成了主体与客体的关系。

在生态旅游投资者中，相当一部分生态旅游项目投资来源于公益渠道如国际非政府组织、国际多边援助等。谭红杨和朱永杰（2007）对巴克利（2003）的《生态旅游案例研究》(Case Studies in Ecotourism)中记录的51个案例进行了统计，其中公益投资占总数的61%。这个数据从实践途径证明了生态旅游在目前阶段还带有公益性质，生态旅游投资者的利益目标是保护生物多样性和消除当地社区贫困。在对51个案例的统计中，非政府组织或社区组织是生态旅游活动的重要组织者，反映出其行为具有社区扶贫和保护当地居民生态环境的公益性。生态旅游的投资者和经营者构成了生态旅游活动的重要媒介。

社区是开展生态旅游的载体，其内涵是指生态旅游景区内或周边的居民社区及其承载的社区历史、文化。社区文化在一些生态旅游案例中也是旅游吸引物的一部分。若干生态旅游成功案例表明，在适当的条件下发展生态旅游，有助于保护生物物种的多样性，帮助农村地区消除贫困，也能维护居住在自然保护区和附近的社区居民的各种利益。社区和自然保护区的利益关系是唇齿相依的"鱼水"关系。

政府的角色行为应该包括政策和规划制定、制度和管理体系的建立等。然而从生态旅游实践来看，某些政府的行为与其理论上的角色规范之间还存在较大偏离。利益驱动性使政府在制定旅游规划决策时，特别是对一些生态敏感区和脆弱区进行不违法但是不合理的开发时，造成了生态旅游资源开发的短期经济行为，导致生态旅游的"标签化"（刘静艳，2006）。

自然保护区机构作为政府为保护自然资源设立的专门组织，其目标就是保护生态环境。然而在现实中，有的地方政府为了短期的经济利益，与自然保护区在"保护"和"发展"的问题上存在矛盾。

（二）紧密层利益相关者的利益诉求

在紧密层，包含了生态旅游的外围企业、学术组织、咨询机构和媒体。其中，外围企业是旅游服务业链上的基础企业，它们追求利润最大化。学术组织包括生态旅游相关科研人员，他们为生态旅游实现可持续发展目标，为合理利用自然资源提供理论依据和实践指导。他们追求学术成果和社会名誉；咨询机构包括生态旅游项目策划、规划、商业咨询，或者是提供生态旅游认证的非政府组织。他们通过提供不同的服务，为生态旅游的有序开展提供管理上的标准和具体保证措施。他们在追求生态旅游有序发展的同时也追求经济目标。媒体包括报纸、杂志、电视、网络、广播等形式，可进行直接的旅游线路广告和旅游地宣传推广，通过传媒网络推动生态旅游事业的发展，同时获取经济收益。

（三）松散层利益相关者的利益诉求

松散层包括国际旅游企业、旅游者网络和邻近社区等。生态旅游的客户群具有收入高、专业人士和管理人员居多、受教育程度高等特点（刘静艳，2006）。所以，在发展中国家的生态旅游景区，目前主要以发达国家的旅游者为主。国际旅游企业在生态旅游中所获得的利益颇为可观。另外，在互联网如此发达的今天，旅游爱好者通过网络中的论坛、俱乐部等平台组成自助团体进行自驾游和徒步游的活动呈快速增长趋势，他们的目标是通过网络寻找组团出游的机会。

二、生态旅游利益相关者框架

利益相关者图清晰地描绘谁是利益相关者集团，在采取新的战略时，代表哪个集团的利益，他们是否可能阻碍变革，他们的力量如何，应该怎样对待他们。绘制时首先确定所有利益相关者，标出他们之间的重要关系，然后分析这张图表所显示的风险和机会，识别任何可能的变化对这张图的影响。

根据利益相关者对组织的影响力的主动性、重要性及紧迫性进行判定，生态旅游利益相关者可分为核心利益相关者、蛰伏利益相关者和边缘利益相关者。

（一）核心利益相关者

生态旅游开发和发展所获取的经济利益一般在当地居民、当地政府、开发经营者之间进行分配。其所获取的利益主要是生态旅游者在旅游景区内的旅游消费收入及旅游地产收入。当地居民、当地政府、开发经营商在开展生态旅游中扮演了不同角色，当地政府提供土地、政策及公共服务，开发经营者提供了资金及经营设施，当地居民提供土地、劳动力及服务等，生态旅游景区所获得的整体效益是由当地居民、当地政府、开发经营者的共同付出获得的，为了补偿他们的付出，开展生态旅游所得的经济利益应在当地政府、开发经营者、当地居民之间进行分摊。当地居民利益在此理论框架下能得到保护，如图7-1所示。

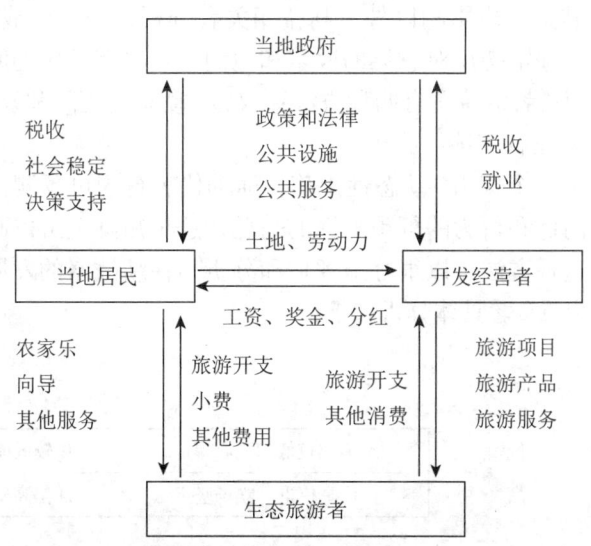

图7-1 生态旅游核心利益相关者关系

(二) 其他利益相关者

生态旅游的利益相关者除了核心利益相关者之外，其他还包括蛰伏利益相关者和边缘利益相关者。蛰伏利益相关者指生态旅游的供应商、生态旅游者、生态旅游的投资人（债权人）、生态旅游区分销商、上级政府；边缘利益相关者指那些往往被动地受到企业的影响，对发展生态旅游来说他们的重要程度很低，其实现利益要求的紧迫性也不强，特殊利益集团和社区属边缘利益相关者（见图 7-2）。

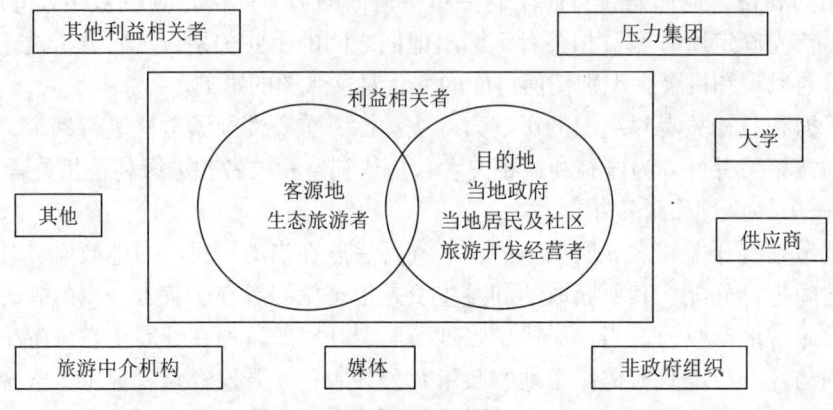

图 7-2　生态旅游利益相关者分析图

三、利益相关者评价方法

除了对战略制定产生影响以外，利益相关者分析也是评价战略的有力工具。战略评价可以通过确定持反对意见的股东和他们对一些有争议的问题的影响力来完成。确定利益相关者的位置有两种方法：权力/动态性矩阵和权力/利益矩阵。

（一）权力/动态性矩阵

图 7-3 列出了一个权力/动态性矩阵，横轴代表行为可预测性，纵轴代表权力，按照权力的高低和行为的可预测性的高低在这个矩阵上可以画出各利益相关者的位置。利用这种方法可以很好地评估和分析出在新战略的发展过程中应该在哪里引入"政治力量"。具体分析如下：

权力	行为可预测性	
	高	低
低	A 地位较低却死心塌地	B 较低地位却左右摇摆
高	C 位高权重、立场坚定	D 位高权重但容易动摇

图 7-3　利益相关者分析：权力/动态性矩阵

（1）最难应付的是处于 D 区内的那些团体，因为它们可以很好地支持或阻碍新战略，但是它们的观点却很难预测，因为他们的观点受到既得利益的制约。如果能够给他们带来新的利益时，显然是会获得支持的。但如果新的利益将与已有的利益有冲突，而且新的利益似乎也不是很确定的时候，要得到他们的支持显然是有难度的。在开发生态旅游之前，旅游景区的上级管理机构或政府的态度起着非常重要的作用，如何找到一种方法来测试这些利益相关者对生态旅游新战略的态度是非常重要的。

（2）在细分市场 C 内的利益相关者，他们既有很大的权力，又具有对事物向前发展逻辑的明确认识，他们会支持一切走向进步和发展的事业，而较少考虑到自己的利益，因此他们是利益相关者中最健康、最进步的团体，他们会通过下属管理人员的参与过程来影响战略，这些管理人员同意他们的观点并建立那些代表他们期望的战略。该部分群体可能是生态旅游战略的主要支持者，也会影响到生态旅游未来战略的应用和实施。

（3）虽然细分市场 A 和 B 内的利益相关者权力相对来说比较小，但是这并不意味着它们不重要。事实上，这些利益相关者的积极支持本身，会对权力更大的利益相关者的态度产生影响。他们一方面比较关心自己的切身利益，另一方面也会观望，察看权力大的利益团体的决策，当一个具有符合社会进步和发展的事业，又有具有权力的团体的大力倡导，并能够为他们带来近期或长远的利益的时候，显然他们会给予支持。当地社区居民以及其他社会团体参与生态旅游非常重要，成功的生态旅游是离不开当地居民和社区的积极参与的。

（二）权力（影响力）/利益（公益）矩阵

权力/利益矩阵的一个有价值的发展如图 7-4 所示，横轴代表利益水平，纵轴代表权力。权力/利益矩阵根据利益相关者与其持有的权力（或影响力）大小的关系，以及从何种程度上表现出对组织战略的兴趣，可以将利益相关者分为四类群体。

		利益水平	
		低	高
权力	低	A 最小的努力	B 保持信息灵通
	高	C 保持满意	D 主要参与者

图 7-4 利益相关者定位：权力/利益矩阵

权力/利益矩阵指明了组织与利益相关者之间的不同类型。

在战略制定和实施过程中，应重点考虑主要参与者（D 区）是否接受该战略。因为他们既有权力又有兴趣。关系最难处理的一类利益相关者是 C 区内的利益相关者,虽然总的来说他们是相对被动的,但却可能因某些特定事件而对战略产生兴趣,并施加有力的影响。因此,全面考虑利益相关者对未来战略的可能反应非常重要。如果低估了他们的利益而迫使其突然重新定位于 D 区内,并且阻止战略变革,那么情况就会很糟糕。类似地,需要正确地对待 B 区中利益相关者的需要,因为企业的经营业绩和战略,与他们的利益密切相关,而他们并没有太大的权力,所以可以通过保持信息交流来满足他们对利益关注的心理要求。

通过权力/利益矩阵可以明确以下问题:

(1)组织的政治和文化状况是否可能会阻止采纳特定的战略,如处在一个成熟行业里具有惰性文化的企业,可能不愿采用创新战略。换句话说,确定利益相关者位置是一种分析文化适应性的方法。

(2)确定哪些个人或团体是战略变革的支持者或反对派。为了重新确定某些特殊利益相关者的地位,要明确是坚持战略,还是改变战略,以满足他们的期望和要求。

(3)一旦制定了明确的战略和确定了利益相关者的地位,就应该采取一定的维持行动,以阻止他们对自己重新定位。因为重新定位会阻止战略的实施。这意味着应努力保持 C 区内利益相关者的满意程度,并保持与 B 区内利益相关者的信息沟通。

谭红杨和朱永杰(2007)采用权力/利益矩阵方面对自然保护区生态旅游的利益相关者进行了分析,根据相关者的影响力和利益关系建立了主要利益相关者矩阵。他们对权力/利益矩阵进行了修订,影响力代表权力,"低利益/高公益"替换了原矩阵中的"低利益","高利益"改变为"高公益"。"利益"指经济收益和社会效益。

由于生态旅游具有公益性特征,所以不能只分析经济利益一个方面,从表 7-2 可以看出,中央政府具有政策方面的重要影响,但是从利益方面体现为提供公共产品公益性,因此处于矩阵的左上格;地方政府和旅游企业(尤其是大型企业)不仅得到高利益,而且具有高影响力,处于右上格;在得到预期服务的情况下,意味着旅游者获得高个人(经济)利益,处于矩阵的右下格

表 7-2 利益相关者定位:影响力/利益(公益)矩阵

	低利益/高公益	高公益
高影响力	政府:中央政府 自然保护区机构:各级自然保护区机构	政府:地方政府 生态旅游核心企业:开发商、经营商
低影响力	当地社区:在生态旅游业就业的居民 邻近社区:受生态旅游业影响的社区居民	旅游者

第三节 生态旅游与社区参与

一、基本概述

(一) 社区参与生态旅游基本观点

1980年,加拿大学者莫林在论文《有当地社区居民与社团参与的生态与文化旅游规划》中,首次提到了社区参与生态旅游的概念,并将这一概念和生态性旅游(Ecoogical Tourisn)联系起来。哈维契(1993)等在伯里兹生态旅游与社区发展的案例研究中指出:真正意义上的生态旅游是可持续的,它必须考虑社区的参与,将当地居民当作合作者,保证居民在旅游产品设计、旅游规划实施等方面进行参与,并使居民在旅游景区保护和社区发展中获利,同时强调当地居民必须成为环境保护的倡导者、管理者和监督者,只有通过支持社区的发展,才能实现对野地以及整个生态环境和文化的保护。使当地社区受益是生态旅游有别于其他旅游形式的核心内涵之一。1993年,国际生态旅游协会(The Ecotourism Society)再次对生态旅游进行定义,指出了它的两个重要内涵,即负"责任"的旅游和"维系当地人民生活"的旅游。1998年国外学者进一步提出了社区生态旅游(Community Based Ecotourism)的概念,指出这一概念最基本的一点就是生态旅游是社区拥有和管理的旅游。

生态旅游目的地社区是生态旅游景区周边的那些与旅游地紧密关联的有着共同利益的人群的聚居区(刘静艳,2008)。生态旅游与社区参与的关系概括起来主要有三种观点:

(1) 社区参与是生态旅游内涵的一部分。国际生态旅游协会把生态旅游定义为"具有保护自然环境和维系当地人民生活双重责任的旅游活动",将社区参与作为检验生态旅游的一个重要标准之一。国外学者如德拉姆也认为生态旅游一词本身就包含了保护、教育、负责任和积极的社区参与,这也是与自然旅游的区别所在。国内学者也认为"使当地社区受益"是生态旅游的一个方面。

(2) 社区参与是生态旅游的特点之一。生态旅游具有四个最基本的特点:一是生态旅游的发展不以牺牲生态环境为代价,而是要通过旅游产业的发展,增强人们保护环境的意识;二是生态旅游的发展不能以牺牲当地传统文化历史遗产为代价,而是通过生态旅游的发展促进对当地传统文化历史遗产的保护;三是生态旅游的发展鼓励当地居民的参与,并帮助贫困人口脱贫致富;四是生态旅游发展有利于旅游资源的可持续利用。

(3) 社区参与是实现生态旅游目标的理想途径。生态旅游是旅游资源可持续利用的关键途径,以及旅游运作的理想境界,具体来说就是生态旅游应满足保护和发展的目标，而社区参与正与此要求相符合。

为了强调当地利益，基于社区的生态旅游（Community-Based Ecotourism, CBET）孕育而生。CBET的特征主要体现为：社区拥有，社区受益，生态可持续，小规模、低影响，解说原真性。CBET被认为是更接近真正意义的生态旅游，是基于社区的自然资源管理（CBNRM）的实现形式，是保护和发展一体化项目（ICDP）的基本组成部分，能够最大限度地维持自然资源的可持续性、防止经济漏损和保护当地传统文化。

（二）社区参与生态旅游的意义

1. 社区参与有助于原生文化资源的保护

斯科文思（1999）认为社区通过参与生态旅游可以获得心理赋权，即通过外界对当地文化、自然资源和传统知识的独特性和价值的认可，增强社区成员的自尊、自信和文化自豪感。激发当地居民的主人翁意识，自觉保护和弘扬传统文化。

2. 社区参与有利于旅游者获得更为真实的旅游体验

生态旅游强调体验真实的自然环境和当地文化。只有社区参与，才能通过当地居民的服务、表演、生产、生活等活动，展示原生态的民俗风情，并通过他们对本地环境的熟知和感悟，形成生动有趣、个性化的解译过程，向旅游者提供真实和富有价值的生态旅游体验。

3. 社区参与可以确保目的地居民享有经济利益

生态旅游的经济目标不仅要满足企业的赢利动机，还要造福于当地社区。但在实践中，"生态"一词很多时候被当作一种营销手段。那些以利润最大化和自利为主导思想的企业，为了吸引旅游者，给旅游贴上了"生态"的标签，但并不可能真正将环境保护和当地收益放在首位。

生态旅游的开展也面临着一系列的挑战，例如，如何建立有效的回馈机制，补偿当地居民为开展旅游所放弃的经济收益，如原有的农耕收入和资源使用权？如何减少经济漏损，确保目的地居民享有旅游开发的收益？上述问题的答案就是有效的社区参与，让旅游地社区积极地"获益于"而非消极地"受益于"旅游。从旅游规划起，当地社区就有权并且能够为获得公平的生态补偿和利益分配制定相应的政策法规，在参与到旅游发展全过程的同时获得相应的旅游收益，确保社区居民获取经济利益，做到生态旅游造福于当地社区。不仅如此，开展生态旅游还为当地居民提供了替代性的经济来源，从而减少了如农业扩张、砍伐、狩猎等活动对生物多样性的威胁，有助于当地生态环境的保护。

（三）社区参与生态旅游基本模式

1. 墨菲社区旅游战略构成模式

墨菲曾提出社区旅游战略构成模式。他认为发展旅游产业应该将社区作为一个整体旅游产品,从四个方面来考虑,即:①可进入性环境模式。这是开展生态旅游的基础,直接关系到旅游资源的利用程度和环境的保护问题。②商业经济模式。经济利益是旅游活动最原始的本质所在。③社会文化模式。指旅游产业的发展必须依靠当地的设施和文化,在规划和管理中要充分考虑到当地的风俗和民情。④良好的管理模式。这是旅游产业预期目标和社区目标顺利实现的保障。

2."卡尔多改进"在社区参与生态旅游的应用模式

"卡尔多改进"是指受益量大于受损量并通过受益者向受损者的补偿实现有人受益无人受损的改进方式,"帕累托改进"则是指至少有一个人受益但没有任何人受损的改进方式。李周和孙若梅(1996)在对自然保护和社区发展关系的考察过程中,发现"卡尔多改进"和"帕累托改进"都存在,但以"卡尔多改进"为主。他们采用"卡尔多改进"理论来处理生态旅游中自然保护和社区发展的关系,通过控制生态旅游景区内资源的利用强度,并对受影响的社区居民给予经济补偿和就业等经济支持,从而实现有人受益无人受损的最佳状态。

李周和孙若梅(1996)在研究中指出:妥善处理自然保护和社区发展关系的关键,是要通过新技术推广,减轻传统资源利用方式对受保护目标的冲击并对实行资源利用管制造成的影响给予经济补偿;同时,用经济扶持的办法诱导社区居民进行产业结构和就业结构的转换,提高维系传统资源利用方式的机会成本,进而放弃传统资源利用方式成为具有经济学理性的选择。只要解决好这一问题,即便被保护的生态系统和物种资源属于农民集体所有,也同样能够协调自然保护与社区发展的关系,否则,即便是在国有土地上,也无法解决因产权界定不清而引发的各种问题。

3. 生态旅游的社区化管理模式

社区化也是生态旅游的一种管理模式,其核心是旅游目的地社区化,从社区的角度考虑旅游目的地建设,以社区的互动理论指导旅游景区的总体规划和布局,通过优化旅游社区的结构提高旅游流的效率,谋求旅游产业及旅游目的地经济效益、环境效益和社会效益的协调统一和最优化,同时还强调旅游社区的开发要保证当地居民的参与,旅游社区必须以当地居民为主体、为基础,没有社区参与,旅游社区就不存在。

4.WTO 的生态旅游社区参与管理机制模式

世界旅游组织在 1994 年曾提出社区参与必须有一定的机制作为保障,如建立旅游管理委员会,实行委员会负责制。国内学者刘纬华也认为社区参与生态旅游的管理必须通过建立一定的机制来实现,如创造保证居民参与的咨询机制,创造居民参与利用分享的机制,创造培养居民旅游意识和培训居民旅游专业技能的机制。

二、社区参与生态旅游内容

(一)参与规划和决策

生态旅游开发要立足当地,要让社区积极参与旅游开发规划过程,要让社区成为旅游产业的核心力量,要让社区成为生态旅游开发的主要负责者之一。

(1)让社区了解生态旅游发展的未来状态。

(2)倾听社区和当地居民对于发展生态旅游的希望与看法,并将他们的意见纳入旅游开发规划中。

(3)和社区一起制订开发规划,让社区深入了解整个旅游项目可能对当地带来的社会、经济、环境影响。

(4)让社区和当地居民做好心理准备以及初步的应对策略。

(5)让当地人知晓生态旅游项目的进展情况

(二)参与投资和经营

生态旅游目的地的所有权有国家所有和集体所有两种形式,但不论是归国家还是集体所有,社区一般拥有土地的具体经营权和使用权。因此,在生态旅游开发中,一定要合理确定国有、集体与私营的比例关系,如某些旅游项目的开发,要为当地社区保留一定的份额,当地居民应占有一定的股份,在条件相同的情况下,在饮食业和旅馆业等方面应实行当地人优先原则,通过倾听居民的意见和与居民协商,尽可能地形成社区自主经营管理的机制。

(三)参与管理和分配

1. 社区参与生态旅游发展决策

即授权居民自行决定旅游发展的目标,倾听居民对发展生态旅游的希望和看法,并将意见纳入政府决策中,原因在于:一是可持续发展的思想;二是旅游吸引物不仅只是景观资源(自然和人文),居民(包括其素质高低、对旅游发展态度)也是旅游吸引系统的一个重要组成部分(常旭,2005)。

2. 建立问题协商制度

尽管生态旅游被看成可持续发展的新型旅游方式,但只要有旅游活动存在,就会同时伴随着或多或少对环境与资源的破坏。为此应建立有效的协商制度,成立专门的机构,不一定是常设机构,可以是民间组织,定期组织一些座谈或会议,倾听当地居民对旅游产业发展中的一些看法和要求,及时反馈给自然保护区管理部门,并根据这些意见或建议及时调整生态旅游中的某些措施或做法,让生态旅游的各方主体都能满意。创造一个保证居民参与的咨询机制,充分反映居民的目标和社情民意。包括成立社区成员与旅游当局的联席会,定期开会商谈旅游发展相关问题,成立当地各阶层参加的旅游行业组织,在社区居民就其他利益主体之间实现沟通和协调(董阿丹和吴郭泉,2008)。

3. 社区参与生态旅游培训教育

保证社区有机会参与生态旅游知识、环保知识以及相关技能的培训，以之提高居民的生态旅游意识和环境观念，增强居民在生态旅游发展中的参与能力和技能，规范居民的旅游服务活动。

4. 社区参与生态旅游利益分配

生态旅游的发展必须保证社区参与带来的利益分配，不仅是社区居民通过参与住宿、餐饮、接待等实业经营途径能够分享到生态旅游带来的利益，而且当地社区也有权要求政府将利益开发所获得的税收等利益中的部分反馈给当地，用于道路、通信、环境维护等公共基础设施建设和维护等。

5. 社区参与生态补偿

鉴于旅游对资源与环境的影响，而居民又是外部性的直接承担者，所以作为旅游的开发者、经营者应该对此给予一定的补偿，即生态补偿。生态补偿的受众可以是居民个人，也可以是当地的学校、交通设施、医院等公共事业部门，补偿的方式可多样化（董阿丹和吴郭泉，2008）。如肯尼亚的安波沙堤国家公园在开展生态旅游的过程中，公园当局就每年划出门票收入反馈给当地的学校和乡镇，并取得了很好的回报，当地的滥捕滥猎行为明显减少。再如黄山旅游景区，投入近百万元资助周边村镇调整产业结构，兴办乡镇企业，种植猕猴桃，与农民合作驯养野生短尾猴等。同时，还投入近百万元为周边农民建水库、修路、架桥、改善医疗和办学条件等，也取得了较好的效果。

三、社区参与生态旅游的一些案例

刘静艳（2008）以斯彭斯利（2002）对非洲南部自然保护区洛克泰尔湾社区的研究、赵俐俐（2005）对我国云南哈玛谷社区的研究、乔伊（Reinaldy Joy, 2002）对印度尼西亚哈里曼山国家公园的研究和刘静艳（2008）对我国南岭国家森林公园的研究作为案例，在这四项研究的基础上，进一步总结了各案例的社区参与模式。

（一）社区参与生态旅游的模式

1. 哈玛谷社区参与模式

哈玛谷是云南迪庆自治州香格里拉县建塘镇尼史村下属的一个自然村，坐落在纳帕海自然保护区南端。哈玛谷村在开展生态旅游过程中担心外来公司利益导向导致过度开发，拒绝外来公司的投资要求，自主开发哈玛谷的生态旅游，该社区参与模式如图7-5所示。

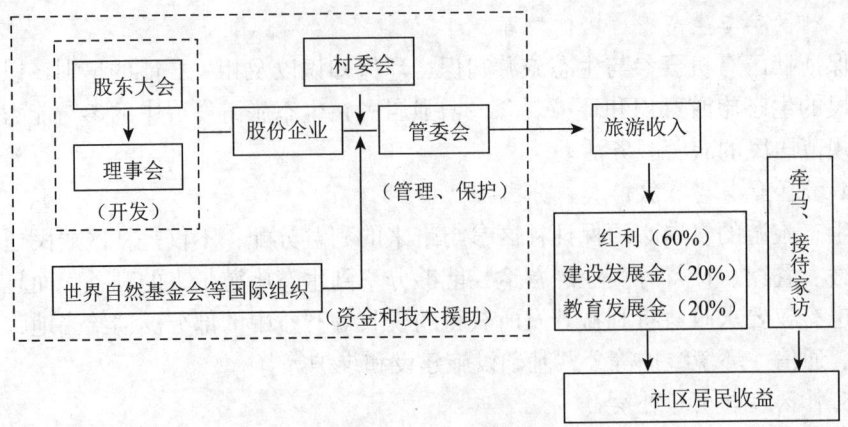

图7-5 哈玛谷社区参与模式图

2. 洛克泰尔湾社区参与模式

洛克泰尔湾位于非洲南部自然保护区内,私营部门增加了立足当地的自然资源管理和优先发展贫困农村地区经济的非政府组织项目,社区被纳入盈利项目的受益体系,该社区参与模式如图7-6所示。

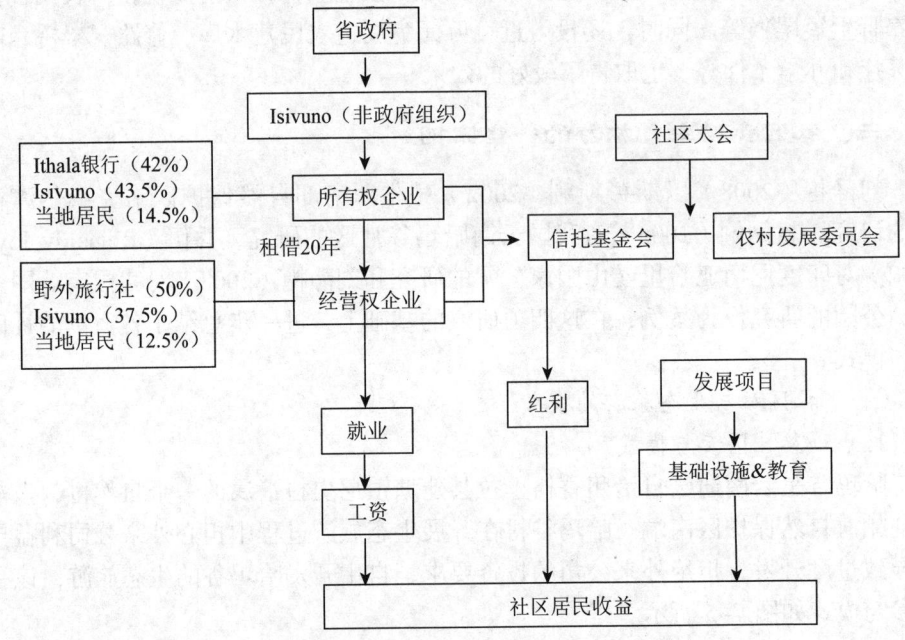

图7-6 洛克泰尔湾社区参与模式

3. 哈里曼山国家公园社区参与模式

哈里曼山国家公园是印度尼西亚爪哇岛现存最大的低地山地林。为了保护生态环境，充分利用自然资源和原生文化的独特性，由风险投资者成立了"哈里曼山国家公园生态旅游开发团"。于1995年成立了以当地社区为基础的生态旅游企业，该企业有五个机构组织：生物科学俱乐部、国际野生动物保护联盟、哈里曼山国家公园管理局、印度尼西亚大学以及印度尼西亚麦克唐纳饭店。其工作目标就是在哈里曼山国家公园开展以当地社区为基础的生态旅游，并以此盈利，该社区参与模式如图7-7所示。

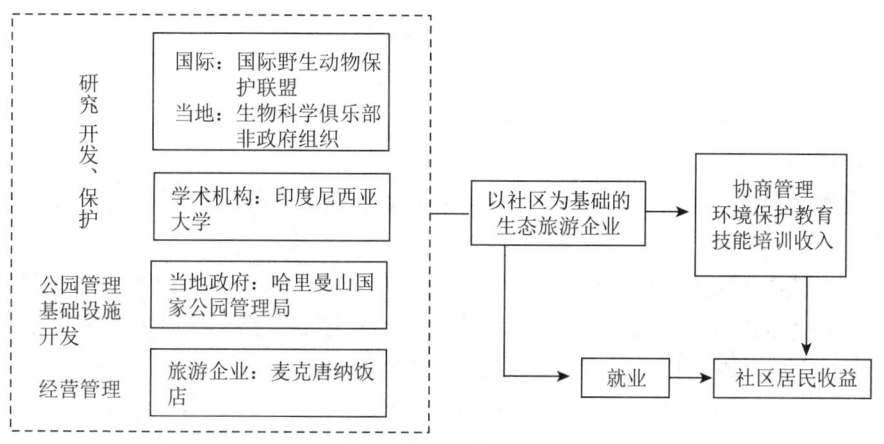

图7-7 哈里曼山社区参与模式图

4. 南岭国家森林公园社区参与模式

广东南岭国家自然保护区位于广东北部。作为一个始建于1984年，直属于广东林业厅的国家级自然保护区，南岭保护区在很大程度上代表了我国自然保护区尤其是森林生态类型自然保护区的发展现状。南岭国家森林公园（即南岭自然保护区）1993年成立。2004年香港一家企业获得该旅游景区50年的经营权，并与当地林业局共同组建"南岭中恒生态旅游发展有限公司"（简称中恒公司），负责南岭国家森林公园的旅游开发和管理。南岭国家森林公园社区参与模式如图7-8所示。

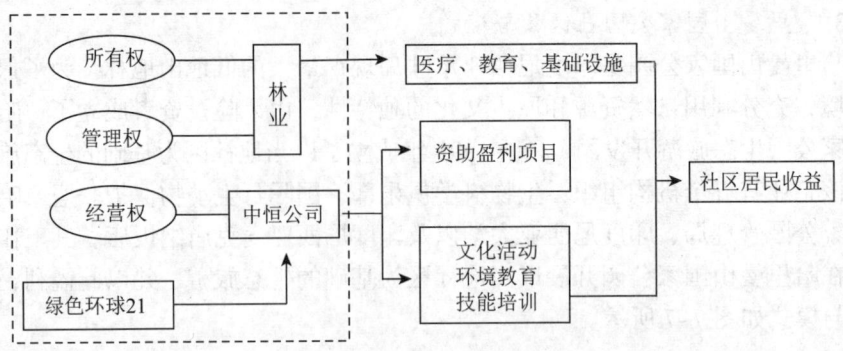

图 7-8 南岭国家森林公园社区参与模式

（二）社区参与生态旅游经验总结

1. 基本特点

针对上述案例的分析表明，社区参与既有共性也各有特点，初步得到以下结论：

（1）从参与主体的构成来看，有单一和多元的特点。前者以哈玛谷社区为代表，表现为完全由居民自主经营开发的社区参与模式，参与主体相对单一；其他3种模式均涉及3个以上的参与主体，表现出多元化的特点。

（2）社区均为参与主体，但主导地位和作用不同。哈玛谷表现为完全由社区居民自主。尽管形式上是"股份合资企业"，但其开发哈玛谷生态旅游的权力是哈玛谷村委会授权，社区享有决策权。洛克泰尔湾表现为由非政府组织主导。当地居民虽持有所有权和经营权双重股份，但份额较小，从属于非政府组织的统一指导。哈里曼山则是典型的基于社区的多主体参与模式。当地政府、非政府组织、学术机构、旅游企业和当地社区几大主体角色清晰，各司其职。南岭国家森林公园是比较典型的以旅游企业为主导的社区参与模式。企业在引导社区参与生态旅游的过程中发挥了重要作用，从社区角色定位到社区活动的实施都占据了明显的主导地位。

（3）引入非政府组织。非政府组织在洛克泰尔湾和哈里曼山的生态旅游发展中占据了重要位置，无论是总体指导还是更为密切的参与，都对当地发展产生了深远影响。即使是拒绝外来开发商的哈玛谷也积极申请了世界自然基金组织的资助款项和国内外生态保护组织的理论指导。世界银行将非政府组织定义为以援贫济困、维护穷人利益、保护环境、提供基本社会服务或促进社区发展为目的的民间组织。非政府组织由于其政治、财政、管理的独立性，更能客观公正地体现民间诉求，服务公众。社区作为生态旅游的利益主体，无论是政治参与、经营管理，还是资金投入和知识水平都处于劣势，话语权微弱，无法保证利益的获得，而非政府组织的引入在加强第三方监管的同时，更因其在资金及教育等方面的支持提升了社区的获利能力，强化了社区的主体地位。

（4）社区被纳入受益体系

不同模式都强调关注社区利益，并建立相应的利益分配机制，体现了社区生态旅游的本质。社区利益主要体现在以下几个方面：①社区居民的主人翁意识增强；②基础设施、服务及安全等公共福利条件改善；③自主创业和就业机会增加，获得工资收入；④更多的教育和培训机会，包括环境保护等知识的学习和生存技能的培训；⑤红利收入。

相对公平合理的利益分配机制，能使各利益主体在生态旅游系统中找到利益平衡点，进而产生心理平衡。当地社区最大的资源是其赖以生存的自然环境，有效的资源价值评估，合理的生态补偿，可以激发社区发展旅游的积极性，减少对外来企业的敌意和不信任感，自觉放弃砍伐、打猎、放牧等传统的土地利用方式，与其他主体合作共同开发生态旅游市场。

2. 存在问题

尽管上述模式体现了社区参与生态旅游的一系列特征，但仍然存在以下问题：

（1）社区参与起点问题

没有资料表明社区参与了洛克泰尔湾和哈里曼山的生态旅游规划。哈玛谷村理事会对旅游规划的参与主要体现在制订、落实规划上，村民对旅游规划的参与主要体现在对旅游规划的贯彻执行上，但明显受到资金和规划水平的影响甚至制约。刘静艳（2008）认为社区参与应始于规划。社区参与生态旅游开发、规划、经营、管理、监测和利益分配的全过程是社区参与的高级阶段，是保障社区主体地位的有效手段。社区是当地生态环境变化的最直接承受者，因而是旅游规划必不可少的参与主体。国内外的生态旅游实践都尝试在旅游规划中采用利益相关者理论，扩大社区的参与广度。

（2）社区参与强度问题

社区参与方式、参与程度及其获利途径都比较单一。社区参与生态旅游的收入主要来自为旅游者提供牵马上山等服务、接待旅游者家访、餐馆、导游销售手工艺品等，参与强度不够。

社区参与强度的加强取决于社区是否在核心管理层享有"话语权"，因而，应赋予社区参与生态旅游管理的实权，摆脱象征性参与的局面。但这并不意味着以哈玛谷社区为代表的由居民自主经营开发的社区参与模式具有更大的优势，因为社区在资金及开发管理水平等方面的不足都可能构成发展的瓶颈。所以，应充分发挥各参与主体的不同作用，如引入风险投资基金、学术机构、企业管理等，关键是要建立各利益相关者的参与及利益分配机制。

第三部分

生态虚拟体验

第一章

生态文化与影视作品概述

一、生态文化与影视作品的关联

随着时代的高速发展,人类对物质世界的需求越来越多,而这些被索取的物质大多数源于大自然。不断索取导致生态平衡被破坏,人类社会随之产生恶劣影响。在这样一个人与自然矛盾越来越激化的档口,摒弃人类中心主义,重新建立适应人与自然和谐发展的生态观念,推广"生态文化"迫在眉睫。影视艺术作品是一种最为广泛的大众文化形态,对人们有着深刻的影响。影视作品传播的内容涉及多种方面,在很大程度上影响着人们的价值观,使人们的生存态度和方式在潜移默化中逐渐变化着。此时,通过影视作品传递积极、健康的生态保护意识和相关自然生态知识,以及呼吁环境保护是最佳手段之一。各类具有生态主题的影视作品的呈现,在某种程度上是为人们提供了可以产生不同观感的虚拟旅游。通过一次次的生态虚拟旅游,大众可以对不同生态背景下引发的不同事件做出思考,再加上社会对生态文化建设的重视,生态文化会逐渐广泛地出现在大众视野当中,出现在大众的生活当中。为了人类社会能够始终和谐发展,生态文化将得到足够的重视。以此可见,影视作品通过虚拟旅游对生态文化建设的推动作用,十分深远。

二、人与自然——生态文化形成的背景

从人类起源开始,人与自然的关系就在不断变化中。据此,对人类文化做大尺度划分,可以概括为三种历史形态:原始文化——人本文化——生态文化。在生产力水平极低的原始社会,人和自然是一种依存的关系,人依附于自然。人类一方面直接或通过简单的生产工具从大自然获得所需的一切,另一方面又要承受自然界给人类生存带来的各种威胁。这一时期,人类被动地适应自然,与自然的关系处于一种原始的和谐状态。人类的"文化创造"都是使用大自然的现成材料,石块儿就是生产工具,果实就是基本饮食,猎到动物有肉吃,那就是饕餮盛宴,树叶兽皮就是锦衣华服。

紧接着,随着生产力水平的提高,青铜器、铁器的使用及农业、畜牧业出现后,人类开始开发利用自然资源,改变自然,使得这种关系进入了开发阶段。西班牙阿尔塔米拉洞穴壁画上的野牛为今人讲述了一个时代的变迁,在人类与自然妥协斗争的年年岁岁中,牛儿们逐渐告别了纵情肆意的野生生涯,无奈成为第一批踏上"人化自然"旅程的生命形态,在春种秋收中陪伴我们的祖先进入了农业社会。人类终于开始掌控自身的社会形态,由依附自然到摆脱自然进而积极地干预自然,而这一社会形态开始催生出文化形态——人本文化,凸显出承载它的生命体——人类所同样具有的天使和魔鬼的两面性,这是一把双刃剑,既缓解了人类与自然的原始冲突,同时开始酝酿两者之间更深层次的矛盾冲突,观念中的主体,开始向人类自身倾斜。在这一时期,由于人类开发利用自然的能力有限,还没有对自然造成较大的破坏。

但是,随着科技进步和生产力水平的进一步提高,近现代大工业生产出现后,人类的贪婪心得到了助长,开始对生存环境感到不满,强大的自信心驱使他们去"征服自然""统治自然",毫无节制地向大自然索取、掠夺,压榨了其他生命的生存权利,生态恶化,物种消失,越来越多的自然生态陷入"无序"状态。例如,工业文明阶段,大机器工业动力十足,三次工业革命纷至沓来,人类足迹遍布了天空、海洋、高山、河流、外太空,人类之手触遍了从夸克级的微观世界到上亿光年的宇宙时空。人类仿佛有了控制自然的绝对优势,为了自身利益干预自然、牺牲自然利益变得理直气壮。科学技术飞速发展的结果打破了地球自然系统的内在。掠夺性地开发资源,一方面对大自然造成破坏性的灾难,另一方面也招致大自然对人类的报复与惩罚。就我国而言,因为对生态环境的破坏带来的恶劣影响不在少数。黄土高原的水土流失,主要归于人为原因所致。人类对土地不合理的利用破坏了地面植被和稳定的地形。又如西北地区的荒漠化——干旱土地的过度放牧、粗放经营、盲目垦荒、水资源的不合理利用、过度砍伐森林、不合理开矿等是人类活动加速荒漠化扩展的主要表现。乱挖中药材、毁林等更是直接形成土地荒漠化的人为活动。另外,不合理灌溉方式也造成了耕地次生盐渍化。很显然,这些看似是为了改善并提升人类生活需求和质量的行为,不仅直接打破了自然的生态平衡,更是间接伤害了人类自身唯一可以赖以生存的地球,使其遭受着大肆的破坏性行为。

人类在一定历史时期的独立和解放是以牺牲自然为代价的,人类文明全面的独立、解放和发展,则必须要和自然达成和谐共存,符合自然生态发展的生态社会将是历史的必然选择。社会形态的更迭,必然产生与其相适应的意识形态,在这样的历史背景之下,世界范围内形成了对生态文化的"召唤结构"。目前,这一阶段正在努力实施中。

三、生态文化建设的必要性

"生态文化"的建设开始在生存危机中孕育生长，这是一种从根本上区别于"人类中心主义"的文化形态，是从人统治自然的文化过渡到人与自然和谐的文化。王如松认为"人类社会的核心是人，人与环境长期相互作用的结果形成生态合理或不合理的文化，推动社会的兴衰。人与环境和谐共处、持续生存、稳定发展的文化简称生态文化，涉及人的意识、观念、信仰、行为、组织、体制、法规以及其他各种有形式的文化形态"。这种对"生态文化"的描述是出于对生态文化的认知角度总结得出的。像前文中提到的，人类是以文化的方式生存的，人类的生产、生活过程就是文化过程，人类文化实质就是人类创造的物质、精神财富的总和。人类最早的文化是自然文化，古代社会的文化是人文文化，近现代社会的文化是科学文化。人类正向生态文化的方向发展。而"生态文化"是从人统治自然的文化过渡到人与自然和谐发展的文化，反映了人类价值观的改变和人类文化发展的新阶段。这一种观点是既涉过程，也重结果，是过程和结果的统一。

生态文明的创建绝非工业文明顺势前行的自发过程，这个"大逆转"的艰难将超乎想象，工业文明几百年的历史相对于地球46亿年的历史只是短暂的一瞬，然而却足以让欲望膨胀的人类各种反自然的行为积重难返。工业文明的价值观以人类为中心，认识和征服自然界的手段是机械世界观，人类早已习惯牺牲动植物的生命利益和生存环境。全社会的游戏规则以物质消费和能量掌控的最大化为社会进步的基本尺度，人类文明史一直伴随着战争、经济竞争、资源竞争、军备竞争，对物质财富的追逐，对欲望的满足，是各个阶层争斗的根源，身处社会中的个体也为了自我实现而在对物质生活的追求攀比中永无宁日。"嗜欲深者天机浅"，横流的物欲侵蚀了人类鸿蒙之初时与天地相通的灵性，我们遗失了祖先敬畏自然、关怀天地、悲悯万物的大智慧。如何找寻这丢失的钥匙，应该是从当代、从今天开始，唤醒每一个人铁肩担道义的责任。

生态文化应该有以下几个基本特征。第一，生态文化是理性的、科学的文化模式。理性指的是生态理性，科学指的是人本科学，生态文化将通过生态合理的尺度发展人性化的科学，以获得生态最大化的利润与效率；第二，生态文化是具有主体性的、创造性的文化模式。它与无主体的自然经济不同，正如生态农业与自然农业不同一样，它要求人们不断超越已有的观念和成果，不断变革与更新，不断实现人的本质力量和全面发展；第三，生态文化是法制型的、契约型的文化模式。它要求社会的一切活动和人的一切交往行动都遵循生态合理性的法则，并将生态合理纳入法制轨道，在社会运行和人际交往中建立适合生态合理性原则的、平等的、民主的、契约的交往模式。

生态文化的关键组成部分是"生态中心主义"，这是一种和"人类中心主义"

相对立的伦理价值观念，它把人类道德关怀的客体扩展到了整个生态系统，把"权力主体"扩展到了自然界万物，它更加关注的是"生态共同体"而不是囿于有机个体，就像"大地伦理学"创始人利奥波德所说的那样，人类是生物共同体的普通公民，而不是大自然的主宰和凌驾于其他物种之上的"大地的主人"。

四、生态文化与影视艺术

几十年来，全球环境受到的损害正在多方面损害人类社会的进步，它削弱了我们对贫困的战斗，甚至损害了国际和平与安全。保护自然环境，优化生态结构的重要性不言而喻，然而单纯用技术性手段治理污染、保护环境，只能是治标不治本，价值观的改变才能真正从根本上影响人类行为，只有抛弃人类中心主义，建立正确的生态观，才能疗救业已造成的生态创痛，也给人类自己留下一条通向美好未来的生态之路。在这一点上，影视艺术输出意识形态的优势得以凸显。

作为影响力广泛的大众传播媒介，影视作品往往能以其精美的视觉效果、曲折的故事情节、商业的运作模式，为最广大的受众所普遍接受，而表现生态文化的影视作品则能予艰深理性的生态观念、生态科学于电影故事当中，向人们传递生态意识与自审意识，继而唤起越来越多人对生态问题的关注。以影像的方式与艺术虚构的方法完成对人类行为的批判，敲响生态毁灭的警钟，更容易被受众接受，引起受众反思。影像的试听语言缩小了受众的文化背景差异、民族界限以及地域隔阂，以影响传播的方式传递当前全球生态危机并传播生态伦理观念。

在表现生态文化的影视剧作品中，生态场景大致也可分为两种：一种是表现未来灾难的场景；另一种则是表现生态奇观的场景。

灾难电影表达了强烈的现代生态观念和深沉的生态忧患意识，并且还凭借其广大的受众和强烈的艺术感染力，通过观众实现对现实生态环境的优化和改良。今天的灾难电影则大多着眼于全球宏观视角，热衷于表现全人类的大灾难，甚至地球毁灭，对环境问题的思考更加深入，上升到哲学层面，在电影理念上创作者集体倒戈，以批判性的眼光剖析人类的思想和行为，甚至批判和讽刺人类成为电影的主题。人类贪婪好战的嘴脸即使是走到了陌路都无比丑恶，大自然的美好插上了想象和科技的翅膀被无限升华，即使是在毁灭世界的一刻都透着神圣不可侵犯，这种对自然的"膜拜"情绪让我们想到了原始初民朴素的自然崇拜，电影创作者在创作思路上"返祖"恰恰意味着人类在文化艺术领域生态意识的进步。

生态奇观——虚拟美好的生态文明。如《阿凡达》中的灵魂树，则是使用了色彩组合和丰富的想象力来虚拟构建的一个新奇的事物，得到观众的认同，并拉伸其想象空间。影视作品中的生态角色的定位也是很有特点的。能够推动生态文明进程的主人公都具有一个共同特点：具有赤子之心。明代末期的杰出思想家李贽曾在文章中提出过"童心"的文学概念，"童心"就是真心，"一念之本心"，实际上是表达个体的真实感受和真实愿望的"私心",是真心与真人得以成立的依据。李贽将认知的是非标准归结为童心,认为文学都必须真实坦率地表露作者内心的情感和人生的愿望。可以说这种纯粹的体验和表达,是伟大文学作品诞生的先决条件。借用这个文学概念来分析适应生态文化的人格构成,保留纯粹人性的童稚之情也是生态人格构成的重要因素。无论现代文明的铠甲有多么厚实,本质上,我们不是"0"和"1"的组合出自虚拟世界,也不是财富和权力的奴隶,更不是商品世界无限物质的堆砌,我们是来自于自然界的高等生命体,这决定了我们的精神和肉体都蕴含了自然和社会的双重属性。影视作品中的"童心说"往往以"童心"的方式表现出来,涉世未深的孩童身上保留了最多的人性本真,生态主题的影视作品大多围绕这种充满"童心"的孩童或纯真的角色发展。

不同类型的影视作品带给观众的虚拟旅游体验不同,但是它们的主题是共同的,都是宣扬生态平衡的重要性,并在当下唤醒人们对帮助大自然重新恢复美好的意识。在当下生态文化亟须扩大建设的情形下,以生态文化建设为主题的优秀影视作品将会直击人心,对大众价值观的正确牵引给予了最大的支持。除此之外,明星效应带来的影响力也是不容小觑的。例如世界各国都会邀请不同发展方向、形象不同的明星们做自己国家(或具体旅游区域)的旅游形象大使,充分利用明星效应夺得大众的目光于旅游市场;同理,真人秀一类影视作品也是借助了名人效应,让观众观看明星在室外进行各种各样活动的同时,在不知不觉中关注到背景中不同种类的或好或坏的生态环境,以生态保护作为主题或副标题,达到影视目的。生态类纪录片的出现让生态环境被破坏之前的原貌和被破坏的原因及随后的变动直接展现在大众眼前。完整的变化过程被记录下来,人类文化与生态文化的碰撞带来的影响也被添加到纪录片中,这种视觉冲击也许会引发人类进行自我反思,从而达到影视作品与生态文化结合的目的。

第二章

影视作品中的生态文化蕴含

一、影视作品中的生态主题

从观众理解的角度来看,"一千个读者就有一千个哈姆雷特",由于影片观众的不同人生经历和观影感受,使影片的主题呈现差异化多元化的状态。而从创作者的角度来看,生态文化类的影视作品大致可分为两类:一是二元对立,在影片中代表"人"和"自然"的两大角色处于斗争和矛盾的状态中,具有较强的现实主义批判色彩;二是主体间性,这种影片中侧重表现人与自然获得了和谐共处"共存"的理想化结局,更偏向于理想主义主题。无论从观众的视角还是从创作者的角度来看待一部生态影视剧作品,都将是一种全新的视觉体验。

(一)二元对立

大部分影视剧的生态内容的表现都会侧重这个方面,从西方文艺复兴开始的"人本主义"在将人性从中世纪的束缚和泯灭中解放出来的同时,也逐步将"人类中心主义"普泛称为一种"集体无意识",我们的价值观念表现在人与自然的关系问题上,遵循人是万物的平衡标准,习惯于用人的理性与自然定义和立法,宣扬人是自然万物的主宰,高举"人定胜天"的大旗,向自然苛索无度(苏婷,2011)。这样的思想造就了人类对自然环境的过度索取,从而带来了自然灾害等负面影响不断惩罚回人类。

《人猿星球》系列电影用二元对立的场景展现并讨论了生态文明对现代工业社会三大文明的革命性影响,提高了人们对生态文明建设的艰巨性、复杂性和紧迫性的认识。同时,导演罗兰·艾默里奇电影通过灾难性电影《2012》和《后天》将二元对立的生态主题充分展现出来。《后天》讲述由于温室效应造成地球气候异变,造成全球即将陷入第二次冰河世纪,北半球因温室效应引起冰川融化,全球受到龙卷风、海风、地震的肆虐,整个纽约陷入冰河包围的故事。将较为灾难性的场景展现在观影者的眼前,使人不禁感到惧怕,从而联想到了人类活动。同时后续电影《2012》将二元对立的主题推向极致,影片上演玛雅预言,并阐述世界毁灭的直接原因不是人类活动、环境污染、生态破坏,而是因为太阳活动的异常。这样的原因看似缺少批判意义，实则唤起了人们的深度思考。人类的自我意识的过度膨胀，将自然视为人类私有资源，认为人定胜天的颠倒性贪婪思想，造成了影片中的一系列破坏灾难场面，如逃亡的飞机撞断了埃菲尔铁塔的塔尖，里约热内卢的耶稣雕像在洪水中倒塌，约翰肯尼迪航母被巨浪掀翻撞向白宫。

这类影视剧以二元对立的角度去创作，让观影者在观赏影视剧作品的同时，感受灾难的紧迫感、压抑感，从而不由重新审视人与自然的关系，感受人与自然的强大力量。

（二）主体间性

主体间性的场景电影主要表达了人与自然和谐共处的美好愿景。以美好事物，美好景象的笔触传递生态观念，从而呼吁人们对生态的可持续发展做出贡献，使人流连忘返。

《指环王》系列电影还原了磅礴而史诗的中土世界，以魔幻的笔触，将自然主体拟人化，揭示了主体间平衡发展的重要性，"精灵之心"带给观影者全新正确的人文理念：可持续发展的平衡态，科学的意义不在于向自然一味索取，而在于维护自然家园。2016年的《美人鱼》也利用主体间性揭示了人与自然平衡相处的原则，影片讲述了富豪刘轩的地产计划涉及填海工程，威胁到靠海为生的居民。因为人类对大海及生态环境的破坏，美人鱼只能被赶到一艘破船里艰难生存，美人鱼珊珊被人鱼家族派遣暗杀刘轩以阻止填海计划。刘轩是一个白手起家的商人，他与美人鱼珊珊在交手过程中互生情愫，最终因为爱上珊珊而停止填海工程，并放弃金钱，努力保护人鱼家族。周星驰导演以幽默的笔触表现美人鱼与人类的复杂关系，体现了其生态情怀，也隐喻了人类或人类总体与自然和谐的绿色生态思想。

二、影视作品中的生态思想

影视剧，不仅是传递给观影者强大的视觉体验，其传递的生态思想，也是令人们着迷生态电影的主要原因。旅游，是一种视觉的冲击，更是一场文化思想的冲击。旅行的迷人之处便在于扩展人的事业，解放心灵。影视剧与生态旅游有着异曲同工之妙。其影视剧传递的生态思想充实饱满我们的思想，带给我们一场真正的足不出户的生态旅游。

（一）影视剧中的生态批判思想

1. 人为主宰

电影《猩球崛起》中，人类为了研制新型药物，可以轻易地剥夺其近亲猩猩们的生命。在《人猿猩球》中，对危险区域的探索可以让猩猩代替人类去送死，而当我们用换位思考的方式把猩猩和人类的位置调换过来审视时，人类中心主义的丑恶嘴脸才昭然若揭，以至于我们必须用革命的手段来推翻它。又如《美人鱼》，影片中有一段展示了刽子手们在施虐或杀伐时凶狠残酷的一面。当李若兰带领一群全副武装的猎杀者从废船的楼梯上鱼贯而下时，人鱼一族都被吓得躲在水里，却因为声呐而不敢游回海洋，只能听天由命，他们被如雨点般的子弹杀害，栖息的水域被染成一片殷红，逃上甲板的人鱼又在猎杀者的包围中一斧一斧地被剁下去，隐含了强势阵营在高大外表下的冷酷和对弱小的无情践踏。人类文化的三种历史形态为原始文化—人本文化—生态文化，千年的人类中心贯穿始终。人类中心主义和理性精神的彰显，开始了在人类理性指导下认识、征服自然的科学主义时代。工业科技在近两个世纪的高速发展，让人类实现了诸多神话般的梦想，缩小了世界的距离。而伴随着这些，人类的自信心空前膨胀，对科技的崇拜让他们相信人是万物之灵、人定胜天，人为世界的主宰。创作者用尖锐的笔触表现了人为主宰的意识，并使人们在欣赏美景，观看大自然神奇景象的同时，不由得反观自己，审视自己的生态观。

2. 大自然的哭诉

人类今天的物质文明高度发达，很大程度上得益于工业文明所创造的物质财富，社会化大生产，但科学和经济的高速发展的结果往往是以打破自然规律为代价的，与此同时，大自然向我们用行动哭诉着它的痛苦，全球变暖、地震、海啸、动物灭绝不断出现在影视剧和现实生活中。

高科技所创造的物质文明就像地球的癌细胞，正在迅速积累、快速扩散，一旦实现从量变到质变的转换，人类的灾难将发生井喷式的效应。正如《人猿星球》里的结局一样，飞越天际的壮观景象，自然灾害，使星球走向毁灭，人类文明将彻底被人类自己毁灭，或者被一种全新的生态文明所取代，那时的人类如果还能幸存下来，一切就要重新开始。影视艺术来源于生活，在稀疏高原的地区开垦农田可以养活更多的人口，长此以往，会造成严重的水土流失，黄沙漫天，人类宜居指数下降；《2012》中看到，人类文明的海口海岸地区，随着全球变暖，洪水的到来，临海建立的高楼大厦，将人类文明顷刻之间淹没在海底之中，"洪水""海啸"这些不常出现的生活场景，影视剧将其还原，让人们内心悲痛的背后是理性的思考；2014版的《哥斯拉》中呈现了核武器带来的生态危机，影片中，人类的核武器不仅没有消灭怪物，反而唤醒了沉睡在地球已久的怪物，为人类世界带来极大的灾难，它们以核物质为食，或者依赖辐射来维持自己的生命周期，人类消灭不了它们，唯有靠自然的机制平衡才得以保护人类。这体现了人类高速发展的科技，打破了自然规律，从而导致了人类危机。这告诉观影者，人类在自然面前是渺小的，不应该滥用人类无法控制的核武器，而应该尊重大自然，敬畏大自然，遵循大自然的生态法则，从而达到真正的生态平衡。

（二）影视作品中的生态文明思想

1. 生态文明在影视剧中的重要性

以生态文明为导向规划和协调影视创作，就是将持续创作与有效保护相结合，观照其题材资源赖以生存的文化生态，通过合理攫取，在满足受众消费需求的同时，延续影视创作自身的积极成长态势，其用和谐的场景引人入胜，爱上这片景，也会换得一些思考。以影片《狼图腾》为例，影片中广袤的蒙古草原，人类、羊群、狼世世代代和谐共处，随着20世纪60年代，北京知青陈阵和杨克来到了内蒙古额伦大草原插队，加入了一家生产队开始牧羊生活，人与自然的关系开始转变。蒙古人崇敬狼，热爱草原，而汉人则功利地掠夺土地，再加上黄羊事件，导致了狼群与人之间的"战争"，场部主任包顺贵为首的生产队发起了灭狼运动，破坏了人与自然的生态平衡，草原仅剩下一只小狼。影片中，人与羊群和狼群的和谐共处的草原生活着实让人们心生向往，但最后的生态破坏也幕幕锥心。人们都向往影片中无拘无束驰骋草原的生活，喜欢风吹草低见牛羊的生态旅行。生态文明思想是将现实与影视剧拉近距离的最直接的方式，让观影者不禁产生共鸣的同时向往美好，反思生活。

2. 纯粹的人文情怀

每一部影视剧都是一种情怀，我们沉浸在影视剧的情节里，或哭泣，或大笑，抑或平淡，揭示我们身临其境的情怀，有时人们会与影片中的一帧景，一句话引起强烈的共鸣，从而爱上。《小王子》里那颗纯粹的星球，有多少人想像小王子一样和他的玫瑰坐在那颗星球上看尽日出与日落；又有多少人梦想着《罗马假日》的情节，幻想着自己能像赫敏一样，伴着旁边茶店传来的阵阵茶香，坐在西班牙的广场上舔着意大利冰激凌。这份情怀，是众多人的影视剧情节。它让每个人痴迷，也让每个人向往，更让每个人思考这蕴含的生态文明思想。

3. 天人合一

每每看完一部影视剧，深思过后，"天人合一"的生态思想已深入人心。《碧海蓝天》中以主人公雅克对乔安娜和大海的爱为主线，道出了他在两种爱之间艰难的抉择。他爱乔安娜，也爱大海，一个是搁在灵魂浅处的爱情，一个是放置灵魂深处的亲情。但吕克贝松最终没有让相爱的人在一起，或者说这个故事本来就是一个远离世俗的蓝调。年轻的雅克在一个寂静的夜晚，告别了他的爱情，潜入了湛蓝的深海，与海豚嬉戏直至生命的最后，他终于实现了他人生的夙愿：向海而生，与海为伴。这些都无不体现出吕克贝松在思想上迸发的人与自然的内在和谐理念。把人人平等的伦理道德观扩大到生命和自然界，承认所有自然生物的生存权利，并通过立法和道德规范等方式约束人类的行为，从而实现人与自然的协同进化。只有这样，才能实现人类真正意义上的平等和自由。

又如周星驰的《美人鱼》，电影借用人鱼这个形象来作为人与自然共生的象征。美人鱼，一半是人，一半是鱼，代表的是自然与人类不可分割，人与自然融为一体，用人鱼这样一种珍贵、稀有又完美的形象来表现生存状态下所追求的一种完美主义。同时导演通过幽默风趣的风格抓住观众的眼球，进而通过凶暴、残酷的电影镜头抓住观众的内心，当观众全情投入电影之后又抛出更多深刻的问题。该故事不免有以强欺弱，弱者抗争，最终善战胜恶的剧情套路，然而套路背后让人深思的是谁才是真的"恶"，不仅是影片中牟取暴利的富商，同样影射到了我们自己身上，每一个正在破坏环境的人类都既是破坏环境的强大敌人，又是因环境破坏而饱受其害的受害者，引导观众思考如何面对环境保护这个严肃的话题。最后美人鱼姗姗与林轩以美好的爱情收尾，刘轩将自己的钱捐给环境保护机构，自己和美人鱼珊珊一起生活，遨游海底。这"诗意地栖居"的美好画面，象征着人与自然应和谐共处，再次强调了"天人合一"的生态思想，使人们得到一场海下的视觉体验。

4. 情怀与行动

影视剧欣赏震撼过后，余韵犹存的情怀背后是我们落实到生活中的具体行动。开始一场生态旅行或是将生态文明"天人合一"的思想落实到生活细微之处，从身边的小事做起，尊重自然，爱惜自然，争取做到物质简朴、精神丰富的绿色消费。同时人类应该依照自然的基本发展规律，发展可持续的循环经济，使人们生活的社会可持续发展。

就像《阿凡达》中纳威星人的生态理念那样，重视自然界的"能量"流动，建立"资源—产品—再生资源—再生产品"的经济模式，把物质文明的生产活动融入自然生态的动态"能量"平衡中，以最小的资源和环境成本，获得最大的经济社会效益。同时，要变革单纯追求经济增长的经济发展理念，转而谋求生产、消费与自然生态系统的和谐发展；并大力发展生态信息、生态文化、生态旅游等相关产业，引导人们把物欲追求更多转变为精神追求，树立生态友好可持续发展的消费理念。

第三章

影视动画中的生态文化蕴含

随着全球性的环境问题日益突出，人们越来越严肃地思考人类在生态系统中的生存发展问题。影视动画作为影响广泛的大众传播媒介之一，同时也作为特殊的影视形式，动画影视在生态文化传播中有自己独特的优势。其叙事中逐步涉及生态文明思考的多个层面。卡通化的表现形式、拟人化的角色设置、自由的叙事时空创建都让影视动画的生态叙事更加生动灵活。生态叙事是生态学和叙事学的融合发展，主张用生态学的观点去观察、诠释和处理现实问题，并在叙事过程中，渗透生态整体观。影视动画发展中结合生态叙事，探索用全新的生态视角引导人们关注与生活密切相关的生态问题，同时也印证了生态旅游理念：以可持续发展为理念，以保护生态环境为前提，以统筹人与自然和谐发展为准则，并依托良好的自然生态环境和独特的人文生态系统，采取生态友好方式，开展生态体验、生态教育、生态认知并获得心身愉悦的旅游方式。本章分为三个主题，分别从不同影视动画中讲述其故事情节，评价其生态观念并剖析其生态意识。

一、尊重与和谐

生态文明是高于迄今为止的其他文明的一种文明形态，人类不是大自然的主宰，而是地球大家庭的一员。只有和谐共处，尊重自然，才能实现人类社会自身的长久发展。

宫崎骏的代表作《千与千寻》讲述了年仅十岁的荻野千寻跟随父母举家搬到一个陌生的城镇开始新的生活，然而因为中途迷路，她和父母意外闯入了一个人类本不应该进入的灵异小镇。不幸的是，千寻的父母因为贪吃，在未经他人允许的情况下大快朵颐，受到了惩罚变成了猪。这个小镇的主管人是一个拥有着名叫"油屋"的澡堂的巫婆——汤婆婆。千寻为了让父母重返人型，她在汤婆婆的助手"白龙"的帮助下，进入了澡堂，获得了一份工作，然而作为代价，汤婆婆夺走了她的名字，叫她千。而就在澡堂工作的过程中，千从一个娇生惯养的小公主，变成了一个坚强能干、独立自主的女性。同时她善良的本性也使她获得了他人的尊重和几份珍贵的友情。最后千寻在白龙的帮助下，救出了父母，也成功离开了那个灵异的小镇。千与千寻表面上是一个少女的奇幻历险，但其实往更深一层讲，千与千寻更像是一个人与自然的故事。千寻与白龙相遇到相爱，白龙就像是自然的化身，因此让他们的故事更像是一种人与自然的和谐的结合。而片中的反派汤婆婆代表的则是人的贪念和欲望，片中的白龙被汤婆婆控制着，做一些违背他本意的事情，就像是在现实生活中，人类会为了自己的利益，依照自己的意愿去改造自然，并没有尊重自然。故事的结尾，白龙获得了自由，但他也没有找汤婆婆报复；他没有为汤婆婆拿到魔法印章，而汤婆婆也没有因此惩罚他。这样的结尾体现了人与自然的互相宽容。这也是宫崎骏先生所推崇的一种人与自然和谐的乌托邦式的自然世界。

还有一部重要的中国生态动画是1980年上映的《我的朋友小海豚》，描绘少年水手阿波在海上得到一只小海豚，通过训练与它建立了友谊。一天，小海豚被一群戏水的野海豚召去，阿波非常想念它，当阿波同大墨鲨搏斗时，小海豚赶来救走阿波，一对小伙伴终于又在一起愉快地生活。这部电影运用浪漫抒情的手法叙述少年水手和失去母亲的小海豚之间的深厚情谊，颂扬人与自然、人与动物和谐共处的美好愿望。它用干净纯朴的精美画面，生动别致的造型，唯美飘逸的配乐向我们展示了人和动物，人与自然，友好相爱和谐相处的情景，似乎是最朴素、最纯洁的生态愿望。冰心老人曾说过"美的真谛应该是和谐，这种和谐体现在人身上，就造就了人的美；表现在物上，就造就了物的美；融汇在环境中，就造就了环境的美"。从这句话我们不难感受到和谐之美，但在我们飞速发展的现代化生活中，真是要做到人与人、人与动物、人与自然、人与社会和谐相处，仍存在很多困难。杀害大象夺走象牙，活剥水貂做皮革衣物……都值得我们去反思去检讨。类似《我的朋友小海豚》的生态主题电影仍有许多，意在突出强调人与自然的平等、共生、和谐的生态文明观念，人对大自然之间的一切事物，都要学会尊重敬畏并友好和谐共处，这样才能避免各种悲剧的发生。

二、机械与战争

在人类社会的不断发展与进步中，势必会造成对生态环境产生一定的影响，如废弃物、排放物等，故人类社会的发展对生态环境都会导致不同程度的损害。宫崎骏电影《风之谷》讲述千年前世界的产业文明达致巅峰后，经历一场称为"火之七日"的战争而毁于一旦。世界被一种由菌类构成，名叫腐海的新生态体系所掩盖，只有巨型昆虫能够适应其中，而人类们生活在仅存的小面积土地上，面对巨型昆虫和会释放瘴气的腐海森林包围威胁下积极求存的故事。在《风之谷》中，自然因人类的愚昧战争和过度掠夺而反噬，巨大的菌类组成的腐海因人类产生，毒素散发着毒气，这些恐怖而震撼的画面让人们在看完电影之后，引起对自我行为的反思。《风之谷》中表现的主题和"娜乌西卡"的一系列特点，与日本20世纪70年代的"反公害""反核""反科学"运动的社会背景密切相关。1970年，日本陆续发生公害事件，濑户内海污染、田子浦污染、光化学烟雾事件，加上60年代起发生的由于工业水污染引起的水俣病、痛痛病等严重影响公共健康的公害病问题，引起了社会的广泛关注，举世瞩目。不仅仅是当年的日本，如今由于人类社会的发展导致的各种全球性生态环境问题，如由于人类活动规模扩大导致的全球气候变暖，臭氧层的破坏，以及严重的空气污染、水污染等，这也让公众对科学技术、人类活动、社会发展给社会可能带来的危害有了重新的认识。

同样是宫崎骏的电影《幽灵公主》，主要讲述了古时遭受侵略而移居远方的虾夷族青年阿斯达卡，为了拯救遭受危险的村人，右手被凶煞神诅咒，为了寻找解除诅咒的方法，阿斯达卡决定离开亲人到西方去流浪。在旅行中他见到了一群由幻姬大人领导的贫穷人们。他们在麒麟兽的森林开采铁矿，并在森林中建立炼铁厂。然而森林中的种种生物都视他们为敌，总是袭击人类。有着三百岁智慧的白狼神莫娜和被她养大的人类女孩"幽灵公主"桑更是时刻想杀死幻姬，毁灭人类的城市。阿斯达卡既被桑所深深地吸引，理解"幽灵公主"保护森林的心情，但同时又想帮助人类。在战斗的过程中阿斯达卡被麒麟兽所救，立场更加摇摆不定。以疙瘩和尚为首的一批人受领主的命令来杀麒麟兽，更利用幻姬的力量与反攻人类的大批山猪作战。幻姬以火枪杀死麒麟兽，失去头颅的麒麟兽为了夺回自己的头对森林造成了极大的破坏。阿斯达卡和桑合力将麒麟兽的头颅从疙瘩和尚手里夺回，并还给了愤怒的麒麟兽，麒麟兽的灵魂方才安息，被破坏的大自然又恢复了正常。影片中的麒麟兽实际上其实就是自然界的一种平衡法则，通过它来使生与死达到一个和谐统一的循环，从而维持整个自然秩序的稳定。影片中阿席达卡多次挺身而出化解危机，是中和双方利益的协调者，作为人类中敬畏自然，保护自然的代表，他的存在是宫崎骏在整部电影的荒凉气息中唯一吐露的希望。影片中以幻姬为代表的达达拉城居民，为了获得生存下去的条件，不断地挖掘资源，砍伐森林，破坏动物的生存困境，又为了对抗前来报复的动物不停地制造铁器，杀害动物。人类为了满足自己的贪欲，在无休止地破坏这个平衡，当这个平衡被打破后所引发的灾难，人类也不能独善其身，或者可以说，这种灾难就是自然对人类的报复。宫崎骏说："我们一直面临着一个进退两难的尴尬局面：是保护树木还是保护人类，是追求环保主义还是人道主义，这是全世界面临的最大问题。"《幽灵公主》中的诸多矛盾，正是现实世界中人类发展与生态环境保护之间种种问题的反映。细细想来，重工业与资本主义恰恰是无限度地激发并释放人的欲望，而因为人的欲望无止境，其欲壑难填的本性才有了人类更加无底洞破坏力更强的贪婪属性。从这层意义上说，工业革命之后的人类发展是不可持续的发展。之所以现在相安无事，在于宫崎骏电影中自然的宽恕，无私的爱意与猿猴，麒麟神的治愈。因此，衡量人与自然生态，不在于我们拥有了哪些物质设施，而在于人生活或者说是生存在这个世界上的幸福感，能不能与自然长期共荣互利共生。这样，我们现在的文明才是人类历史上最好的文明。而更多的应该是怀着一颗敬畏的心去不断地反思当下的发展模式与人们所赖以的生态环境，实现人与自然和谐共存。

《一个森林的故事》(Once Upon a Forest)是20世纪福克斯公司于1993年发行的动画电影，主要讲述在森林中有四只年幼的动物：爱冒险的树鼠、害羞的鼹鼠、贪吃的刺猬以及可爱的獾妹妹，跟随着一位年长的獾老师学习。有一天，有个缺乏公德心的驾驶员，从车窗内丢出一个玻璃瓶，瓶子碎在路上。碎瓶刺破了一辆卡车的轮胎，车翻了，车上氯气筒的氯气逸出，弥漫在森林里。獾妹妹回到家中，发现父母已死于有毒的氯气，而她自己也被氯气熏昏。爱冒险的树鼠将她救出，见她一直昏迷不醒，獾老师要树鼠、鼹鼠和刺猬去远方采集草药。他们在路上克服了被开路的机器掩埋的危险，依照獾老师的草图制成飞行器，飞过峭壁，在暴风雨中飞了回来，以草药治好了獾妹妹。不久，有一群戴着防毒面具的人们来到森林，吸除了氯气，并且拯救了误踏陷阱的鼹鼠。这群人走后，幸存的动物们又再度活跃于森林中。本片中，树鼠、鼹鼠和刺猬看到黄色的挖土机、推土机、压路机，发出巨大的噪声和排出大量的废气时说："可怕的黄龙，好像要吃掉我们。"在本片的片尾，獾妹妹问獾老师，经过氯气逸出的事件后，森林是否仍可恢复原貌，獾老师以期待的语气说："可以的，只要我们都尽力来拯救家园，就像树鼠、鼹鼠和刺猬以全力帮助你那样。"本片揭示的是四种生态环境污染：垃圾、有毒气体、噪声及废气。

《风中奇缘》(Pocahontas)是迪士尼公司于1995年发行的动画电影，故事的诉求内容是资源的争夺，本片以美国印第安公主波可红塔丝和英国拓荒者约翰·史密斯的恋情为背景。

总督雷特克里夫率领约翰及其他拓荒者，从英国来到北美洲寻找金矿，当波可红塔丝与约翰相遇时，她说她的族人并非野蛮人，这块土地也非入侵的拓荒者所能支配或拥有的。她又说当地并无金子，约翰向总督雷特克里夫报告后，雷特克里夫并不相信。后来，波可红塔丝的未婚夫见她和约翰在一起，怒而攻击约翰却被他的朋友射杀，约翰也因此被印第安人掳去。当约翰将于日出之际被处死时，雷特克里夫率众前来拯救，经波可红塔丝的舍身恳求，族长父亲答应释放约翰，却被雷特克里夫开枪射击，约翰挡在族长身前而受伤，拓荒者们制止了雷特克里夫。最后，约翰向波可红塔丝话别，与其他拓荒者扬帆驶回英国。

在本片中，总督雷特克里夫不相信当地无金，也不认为是因肆意伐树及挖掘而遭致印第安人攻击，他说："为什么这些野蛮人要攻击我们呢？因为他们藏有金子啊！我们一定要去抢过来！"拓荒者抵达北美洲时唱的插曲《都是我的》

说:"来抢此地的金子啊！我们要发财啰！由此刻起，这块土地及其所有都是我们的！"本片最吸引我的还有一首片尾曲《风中的色彩》，其中的第一段可意译为:"不要认为你脚下的土地就是你的，不要认为你拥有整个地球，我知道每块石头、每棵树、每个生物，都有生命、都有灵性、都有名字。"破坏地球，就是破坏人们自己的生活空间。本片意在探讨了地球资源的争夺，在17世纪为金矿，在今日则为石油。然而，石油终有用尽的一天，核能也有安全及废料处理的考虑，发展绿色能源如风力、水力、太阳能或可为能源发展的长期目标。

三、回归与制衡

为了实现生态文明，并且实现人类与自然和谐共处，人们就要形成良好的生态意识和伦理道德，并强调社会与生态资源协调发展，建立可持续发展的制度体系。影片《疯狂原始人》获得了九分的豆瓣评分，绝非单纯基于绚丽的3D效果，受众在观影过程不仅获得视觉愉悦，而且也同时更多地思考《疯狂原始人》中一系列生态关系问题。影片讲述小伊一家在旧家园毁灭之后寻找新家园的历险过程，从这一历险的叙事主题突出表现了家庭成员间关系的转变。作为成长期的少女，小伊叛逆地反抗着父亲"瓜哥"过于保守的生存方式，而少年盖这一"新新人类"的出现使小伊和"瓜哥"父女相处模式的转变成为可能。影片叙事主题重视表现各种生态关系的转变，展现了人类处于变化的世界中如何寻求新的生存方式，并通过对理想世界的塑造展现未来世界发展的美好图景。人与大自然整体的关系在影片中也被多次设计，站在浩瀚的深蓝色夜空下，人类的渺小是不言自明的，在这种特定的情景设置下，人对自然的敬畏之情不由自主地生发出来的。人类社会中的各种关系、人与动物之间的关系、人与生存环境之间的关系等成为《疯狂原始人》等动画影片着力表现的主题元素。这类动画影片力图通过对各种生态关系的探索潜移默化地改变受众的生存观念，构建受众的生态整体观念，深化受众生态意识。在一系列人类生存关系的表现中，影片着力于表达关于自然生态整体有机运行的思考，以及人类在有机的自然生态系统中健康可持续生存方式的探索。

《辛普森一家》是由20世纪福克斯公司出品的电视动画剧，自1989年以来已经播出了25季。该剧刻画了辛普森一家五口人在春田镇典型的中产阶级生活。爸爸霍默荒诞不负责任，女儿丽萨古灵精怪，儿子巴特闯祸不断，妈妈玛姬整日为家庭琐事包围，并照顾婴儿麦琪。生态问题在《辛普森一家》的创作者马特·格勒宁（Matt Groening）看来也是该剧的核心话题。比如在电影中，面对湖水污染，居民有组织地建起堤坝，互相防止倾倒垃圾，还在堤坝上涂满了儿童绘画，唤起大家同情。电影中的新闻记者特意记录了一个傻子不断在堤坝前碰壁的情况，以此电影揶揄了这种解决方式。政府一方，面对湖水污染，起先用一个玻璃罩子粗暴地把整个镇子都罩在里面，以隔绝污染扩散，并将整块地方从地图上移去，后又决定全部炸毁，变成旅游胜地。这些明显不妥的创造性的解决方案激发观众理智地看待生态问题，并积极参与到对解决方法的思考中。

《龙猫》完成于1988年，当时的日本经过战后四十多年的经济发展，生态环境已经遭到了极度的破坏，生存困境已经十分突出和严重，作为狭小国家的当代知识分子，加上日本世代传承的物哀意识，历尽沧桑的宫崎骏无疑忧心忡忡。影片讲述爸爸因为喜欢一棵枝丫漫天的大樟树而带着小月、小梅姐妹，在阳春三月搬到了乡野的一间老屋。这里背靠着一片蓊翁郁郁的大森林，农人在风景如画的田地里悠然地忙碌着，小孩在绿草丛里嬉戏，鲜花满地，满目生机。在这里，姐妹俩看到了大龙猫并发生了很多不可思议而有趣的故事。整部影片中的一切都很美好，无论是邻家婆婆、小凯，还是爸爸、妈妈，还是小月、小梅，每个人物的身心都是那么平和、自然、宁静、美满、幸福、和谐。没有对生活的抱怨、不满，也没有对社会的愤慨、控诉，更没有对人生的失望与痛苦，体现了人在回归自然下的理想生活状态。影片中令人目不暇接的画面都是如诗如画的田园牧歌。在工业文明高度发展的21世纪，我们面临着越来越严重的环境问题，威胁着人类的生存与发展，回归自然与自然和谐相处的可持续发展才是最终的理想状态。人生于自然，存于自然。回归自然可以使人们达到身心的宁静。自然决定论认为自然法则与自然定律决定着宇宙中的一切，自然规律始终在统治着世界万物。

从这些以生态为主题的影视动画作品中，我们能感受到人与自然和谐生存的真切呼唤，对人与其他生物的生存环境的高度关切与担忧，以及最终人类觉醒并积极采取措施来回归大自然的愿望。作为重要的大众传播媒介，影视动画正利用自身独特的艺术特色，从叙事主题设置中自觉引导生态文化的传播方向。影视动画通过叙事主题中多重关系的表现，瓦解受众关于各种生态关系的传统认识并使之重新思考生存中的各种生态问题，确定正确的生态观念和生态立场，用生态整体观统筹人类发展中的各种问题。

第四章

真实纪录片中的生态文化蕴含

一、纪录片中的生态文化

故事片类型的电影电视作品在传达生态文化上具有视听效果更完美,传播范围更广等优势,但也具有很多劣势,比如其绝大部分具有商业性的色彩,使得传播的生态文化内容流于表面,不能对现有的生态问题进行更深入的探讨、分析和批判;而且,其影片多建构在一个大情节的故事基础之上,生态文化蕴含往往是依附在矛盾冲突和故事情节之上的"隐喻",虽然很多生态题材的大制作具有传播的广泛性,但是其对生态文化的有效传播还需要观影者具有一定的文化水平和思考深度,而大部分的观影者想要的还是停留在影片带来的视听享受。这些"劣势"恰好可以由真实记录性作品来弥补,真实纪录片在表现生态文化内容和思想、传播生态文化意识与实践方面有着得天独厚的丰富资源和客观条件。

生态意识是一种反映人与自然环境和谐发展的新的价值观,是现代社会人类文明的重要标志。生态纪录片注重维护社会发展的生态基础,强调从生态价值的角度审视人与自然的关系和人生目的。人们也意识到了生态文化的重要性,表现出了对大自然的向往。但由于生态保护的限制,人们不能亲身去感受,因此观看生态纪录片不失为一种声画结合、形象生动的亲近自然的方式。

二、生态纪录片的背景与发展

在人类的童年时代,原始初民们的认知能力是不足以科学解释自然现象与存在物的,因而在新奇与敬畏的心理支配下,产生了原始宗教文化之源——自然崇拜。一方面表现了初民们尚无主体意识,一方面使人与自然处于平衡和谐的生存状态。然而,随着人类社会不断地进步与发展,主体意识的产生,人们将"人本主义"中的"人"开始无限地放大。尤其自20世纪以来,人类为了追求现代文明与科技发展,无限度地开发自然,破坏环境,排放化工污染物,进而引起一系列环境危机问题,甚至导致了生态物种的大面积灭绝,以致各国科学家惊呼第六次大灭绝已经开始。

面对一系列的生态危机，那个宣称人类可以征服自然的年代再也走不下去了。关于环境问题，各国政要也开始密切参与其中。他们不断在各种气候或生态环境问题的会议上号召人们要提高环境保护意识，并要维持生态平衡，促进人类社会与自然生态环境和谐发展。而且在全球范围内，尤其在民间都兴起了一场声势浩大方兴未艾的绿色运动，乃至直接强力有效地干预着人类的现代社会生活与经济行为。在这一发展趋势之下，各类社会科学中也出现了新兴学科，像在哲学领域中出现了环境哲学，而且诞生了诸多绿色读物，大量的生态文学、生态公众理解科学的读物也大量面市刊行。同样，在影视艺术分支下的纪录片也衍生出了自然生态纪录片。最早的自然生态纪录片是由英国广播公司（BBC）制作的电视纪录片《视野》所开启的。

这一系列纪录片首次将非人类的生命体作为主体展现在荧幕上，让人们能够更加近距离地接触自然环境。尽管只是每集 30 分钟的黑白片子，但亦是足以引起受众极大程度的关注。《视野》自 1955 年起播出了 12 年之久。紧随其后的还有像美国国家地理、Discovery、BBC 星球系列等以纪录片形式去关注自然生态的组织机构，它们也是风起云涌地占领了很大的影视行业市场。特别像美国迪士尼公司，借助其自身商业平台的效益，通过媒体、授权产品、出版物等途径，打造了一系列定位高端的自然生态纪录片，借以宣扬尊重与保护自然、人与自然和谐发展的理念。

而在我国，中央电视台自 1981 年 12 月 31 日播放《动物世界》以来，一直有着非常好的收视效果，时至今日依然在央视以及国内其他电视台不断重播着。而这种现象的背后，却是在人类社会生活物欲横流谷底上反弹出的一种强大绿色文化需求。

三、真实纪录片的生态文化蕴含

缘起于 BBC 自然历史部的生态影像真实记录和传播，正式开启了影视传媒展现真实自然，传播生态文化的时代，为全世界观众带来自然的美好，生命的神奇。优秀的纪录片应该以平行的视觉角度追逐动植物生态环境的变化轨迹，选择自然界的主观角度将蕴含人类伦理情感的生态文化融入电视艺术之中。

（一）精彩绝伦的自然影像

自然之美是生态纪录片的精髓所在，背景音乐时而气势恢宏，使观众犹如置身于山河壮丽的魅力自然之中；时而温柔婉转，使观众如同身处山幽水净的小桥人家。电视观众感受到的自然风光与人文情怀的同时，更体会到生命的严肃与对大自然的敬畏。

《美丽中国》是一部曾获"艾美奖新闻与纪录片大奖"的六集大型自然生态纪录片，可谓中国纪录片拍摄史上的经典之作。它用独具中国气质的磅礴、浑厚、包容的声音结合美丽的中国自然画面，为观众呈现了一个描绘大自然风光的优秀作品，其视觉语言充溢、表现着浓厚的思维品格。风云变幻、万物生长的场景展现出壮阔的美感。

《美丽中国》以其完美的视觉冲击将中国不为人知的自然魅力与民俗风情展现给世界观众，梯田区的整体视觉冲击效果，无不集中反映着人与自然和谐这一伟大主题，是电视艺术与生态文化的完美融合。同时，拍摄者在摄像时总是尽可能地亲近拍摄对象，获取最真实的视觉画面、获取自然最美好的瞬间。对于摄制者来说，它们已经不是单纯的物或景，而是怀有情感的相互依存的"伙伴"。影片中的很多珍贵镜头将自然之美第一次呈现在观众眼前，例如扬子鳄的孵卵过程、藏羚羊求偶时的打斗场面等，这些都是观众到野外旅游时难以看到的场景。

1.《美丽中国》中的生物平等观

《美丽中国》中展现给观众的自然世界与每一个人所面对的并无不同：孤独、疲惫、不能支撑和致命伤害。它告诉人们：大自然的力量是强大的，自然生物是人们的朋友，只不过与人们生活的方式、地点不一样。人们应该保护自然，保护野生动植物和那些历史悠久的自然人文景观。也许是社会生活太过复杂和疲惫，人们早就忘了其实所有的生物都是地球的主人，应该发现，这个地球不仅仅属于人类，还属于动物，属于更多的生灵。纪录片引导人们关注或者说重拾的，是人与自然和人与自然中生物的平等关系，如果每一个观众都在观后像珍惜自己一样善待动物，那么这就足以体现这部纪录片在现实中的价值和意义。

2.《美丽中国》中的生态平衡观

文明是一把双刃剑，在带给人类物质享受和现代生活的同时，也带来了人类与自然的隔阂和异化，人类的心灵越来越粗糙，感觉越来越迟钝，心肠越来越坚硬，于是生命的意识淡薄，悲悯情怀丧失，人文精神缺乏，人类成为唯一只爱自己的冷漠动物。但是《美丽中国》，它带给观众的不仅是美轮美奂的中国自然视觉奇观，还有前所未有的心灵震撼，人们震撼于大自然的美与脆弱，让冷漠已久的心灵变得湿润、柔软。这部纪录片的特点是以自然为对象，以平等的视点关注人与自然界中的生物。以纪实的手法和写意的风格，来抒写和展示自然的奇观和生命的奇迹，让观众有机会近距离地观赏中国大自然中生存的各种生命，在观赏中感受自然的壮观、神奇与美妙，感受生命的庄严、神圣与美丽，同时也对自然法则产生了新的认识和新的思考。

它不是从人类的角度看自然，而是从自然的角度解读人类，即将动物的世界作为这个世界的主角，从自然的角度来观察人类的行为，巧妙地将动物的世界与人的世界进行艺术化的对比。无污染无破坏的自然环境本来是自然界最美好、最壮观的景象，而人类无止境的开发与建设却把这些美好近乎破坏殆尽，多种物种濒临灭绝，美丽的自然美景不复存在，最终也影响了人类的生存。当人们从大自然的角度来观察这个世界时，才能看清这个世界的面貌与形态。

（二）隽永的人文情怀

为了增强观众内心的共鸣，生态纪录片往往需要注入人文情感，让观众更好地理解其中的故事。此时便需要一个中间人，用镜头记录自然之音，再将其传达给观众。一部成功的生态纪录片需要隽永的人文情怀进行支撑。

1. 人与自然的"天人合一"

《森林之歌》是中央电视台摄制的大型电视纪录片。从2003年起，拍摄团队纵穿中国南北，从东北森林到秦岭一路南下直至海南热带雨林，拍摄地点遍布我国大江南北，用精美的镜头画面记录下我国森林中特有的动植物。它拍摄的每一个森林类型都以该森林中的特色植物为主角，以其中的一种或几种特色动物的生活经历为主线，展现它的生存环境，以及动植物生态链，建构一个动物与植物和平共生的神奇"家园"。

纪录片中讲述的不只是这些美丽的生灵和奇妙的生态系统，还阐述了中国人的"天人合一"思想，间接地表现出人与自然和谐。武夷山的山谷里居住着淳朴的农民，在他们的生活中，到处都能见到竹子的身影，各式各样的竹制品。在竹子成熟的时节，他们会进入竹林里采竹，对象是五六岁的成年毛竹，有固定的数量范围。胡杨树会将体内多余的盐碱通过汁液排出体外，形成盐碱结晶——"胡杨泪"。沙漠中的居民学会采摘胡杨泪用来制作面食——桂麦奇，将胡杨泪溶解在和面的水中，和好面团后，将它压成饼状，埋在炙热的土地里。不一会儿，就能烤熟。

种种的生活情景体现了人的生活对于自然的依赖性，全景展现中国森林的多样性和神秘色彩，而且还让世界了解中国真实的生态文明。片中所反映的生态意识还可以延伸到人类生态文明体系构建中，这对于我们奏响生态文明的主旋律，创建和谐共生的世界具有积极的意义。这样丰富的材料和内容让人产生真实感，更能唤起人类保护生态的意识。

2. 顺应自然

《喜马拉雅》是由法国、尼泊尔、瑞士和英国四国合作，历时9个月拍摄的剧情与纪录大片。纪录片主要讲述在与天相连的莽莽群山之中有一座藏族村寨，由于生产的粮食不够自给，世世代代靠运盐为生。老酋长天尼的儿子本应是下一任村里的头人，却在运盐的路上意外身亡，而众望所归的继任者卡玛在天尼的眼中则是为夺头人之位而蓄意害死自己儿子的罪犯。在一次新的运盐旅程开始前夕，村子里以老天尼和卡玛分别为首的两派各执一词，互不相让。

最终卡玛带领年轻人在提前于老人们占卜的日子出发，而天尼则带领自己当喇嘛的儿子和孙子与一群老随从按占卜的日子上路。运盐队伍不仅一路风餐露宿还要应对群山之中意想不到的危险，年迈的藏族酋长以对神圣雪山的信仰拯救出困在雪山的族人，他用生命达成了与自然的和解。本片影像风格粗犷绮丽、荡气回肠，宛如仙乐般的藏密梵音贯穿始终，赋予了喜马拉雅一段动人的故事，令人心旷神怡。

《喜马拉雅》的主题在于表达人与自然的关系。自然赐予人类谷物和盐，人类则对自然保持崇高的敬畏。喜马拉雅的自然风光是影片的背景，圣洁的雪山、翠绿的湖水、连绵的群山以及质朴的藏地风俗和虔诚的宗教信仰表现了人与自然的和谐相处。喜马拉雅的雪山和峡谷阻挡了现代文明的滚滚潮流。这里的人们延续着农业文明时代的耕作方式，他们不依赖现代工业文明，尊重自然运行规则。在现代文明中，人类对自然的无限扩张和资源利用，而在《喜马拉雅》中，人们平等、恭敬地和自然交流，他们没有征服者的霸道和骄横，没有精明算计和掠夺破坏，体现了人类生产生活应顺应自然的生态思想。

（三）人化自然的生态警钟

一部生态纪录片如果只是客观反映自然影像，将难以逃脱被指"徒有其表"的命运。只有更深层次地挖掘生态文化与纪录片相契合的现实意义，揭露当今存在的生态问题，才能更好地引起观众共鸣，为人们敲响警钟，并呼吁大家参与到保护行动中去。

1. 资源危机

中央电视台拍摄的电视纪录片《水问》是一部揭示生态环境问题的力作，制作周期长达两年。由于关注的是现实社会热点问题，摄制组面对来自社会理解等各方面的困难历时两年制作完成了这部关注水资源危机的大型纪录片。他们走遍中国雪山、沙漠，一路用镜头记录了我国湖泊、河流生态现状以及中国最缺水地区人们的生活，展现了城市生活中的节水困境。跟踪走访污染源头，披露了触目惊心的湖泊、河流污染调查结果。访问了中国乃至世界一流的水问题专家，分析了水危机出现的深层次原因，推荐了符合科学发展观的用水管水理念，并试图寻找一条符合中国国情的、人水和谐的发展道路。将生态环保问题搬上荧屏，敲响人化自然的生态警钟。

《水问》整部作品共360分钟，分为八集播出，分别从危机、饮水、生态、利用、分配、治理、节水、文明八个方面回答有关水的问题。《水问》在拍摄过程中得到了中国一流水问题专家以及部分国际水问题专家的全力支持，他们对作品所揭示问题的深度和广度给予了相当高的评价，认为《水问》不仅能够起到唤醒民众资源危机意识的作用，也能够为政府决策、社会发展提供相当水准的资料参照。影片在展现给观众一幕幕污染场面的同时，也带给人们心灵上的冲击，面对已被污染的水源观众仿佛身临其境。

2. 工业污染

《迁徙的鸟》是由法国、德国、意大利、西班牙、瑞士联合拍摄的纪录片，由雅克·贝汉、雅克·克鲁奥德联合执导。该片围绕候鸟南迁北移的旅程，讲述了候鸟如何在大风沙中寻找出正确方向，在冰天雪地中保护自己，历经了危机重重，只为了寻找一个温暖的地方生存。

影片中，雅克·贝汉表现出超前的环保意识，他用大量低沉的音乐表现候鸟遭受工业污染的不幸。当群鸟经过工业城市而身陷污染物再也不能展翅高飞时；当浓烟与怪味喷薄而出，鸟类发出嘶竭的哀鸣声时；当一只鸟跌入沼泽般的油污中而绝望地挣扎时，刺耳的枪声和鸟儿悲愤的哀鸣唤起了人们的环保意识。逼真、深刻的镜头揭示了人类征服、统治自然的残酷现实，这是一种无声的控诉和批判。每一个有人类的画面都表现出了人类中心主义，这种人类中心主义最明显地表现在人类征服和统治自然的叫嚣和行径中。

3. 肆意屠杀

《海豚湾》是一部拍摄于 2009 年的纪录片，由路易·西霍尤斯执导，里克·奥巴瑞主演，该片记录了在著名的海洋哺乳类动物专家的带领下，一群动物保护人士冒着生命危险、突破重重阻碍走进了这一海湾，深入现场，记录下大量海豚被日本人屠杀的血腥场面的故事。日本和歌山县太地町，是一个景色优美的小渔村，然而这里却常年上演着惨无人道的一幕。每年，数以万计的海豚经过这片海域，他们的旅程却在太地町戛然而止。

渔民们将海豚驱赶到靠近岸边的一个地方，来自世界各地的海豚训练师挑选合适的对象，剩下的大批海豚则被渔民毫无理由地赶尽杀绝。这些屠杀，这些罪行，因为种种利益而被政府和相关组织所隐瞒。理查德贝瑞年轻时曾是一名海豚训练师，他所参与拍摄电影《海豚的故事》备受欢迎。但是，一头海豚的自杀让理查德的心灵受到强烈的震撼。从此，他致力于拯救海豚的活动。不顾当地政府和村民的百般阻挠，他和他的摄影团队想方设法潜入太地町的海豚屠杀场，只为将罪行公之于众，拯救人类可爱的朋友。

电影《海豚湾》不仅给我们带来了真正的内心震撼，更批判了以日本太地町为代表的人类对自然的征服行径，批判了人性丧失，同时又昭示人类应该尊重自然，和自然和睦相处。在面临巨大生态问题的当今社会里，人类对自然的态度在今天显得尤为关键，就是因为现代人已经具有了能够彻底改变和完全摧毁自然的、决定着整个星球之命运的能力。人类能力的急剧膨胀，是我们的不幸，而且很可能是我们的悲剧。因为这种巨大的能力不仅没有受到理性和智慧的约束，而且还以不负责任为其标志。征服自然的最终代价就是埋葬自己。在现代生态灾难的大语境下，电影《海豚湾》对世人来说，无疑是一个很好的警戒式的生态预言。

第五章

真人秀节目中的生态文化蕴含

一、真人秀简介

真人秀，也称真人实景秀或者真人电视秀，是20世纪末产生于西方国家并且迅速在全球范围内流行的一种极具娱乐性质的电视节目形式。真人秀被认为是"纪实类节目和虚构类节目两类节目的综合体，它打破了新闻、纪录片等真实的电视节目与电视剧等虚拟的电视节目的界限，在西方国家备受欢迎，成为各大电视网争夺收视率的灵丹妙药"。

真人秀节目一般强调参与主体的大众性、参与过程的规则性、记录的真实性和内容的可观赏性。从2000年至今，经过近15年的发展，真人秀节目已成为当代大众文化的重要组成部分。不管是国外还是国内的真人秀节目，其中的户外真人秀节目与生态文化之间有着密不可分的联系。从生态美学的视角关注真人秀节目建构是一个重要的文化问题，但也是当下真人秀节目研究中容易被忽略的问题。

伴随着旅游业的蓬勃发展，旅游资源面临着过度开发的危险。因此，"生态旅游"这一新兴的旅游产业应运而生。将影视产业与生态旅游业合理地结合，旨在保护生态环境的同时扶持文化创意产业的发展。真人秀无疑是这一产业重要的组成部分。

二、生态视域下的真人秀节目

曾繁仁被认为是中国生态美学的奠基人，他认为生态美学"是一种人与自然、社会达到动态平衡、和谐一致的处于生态审美状态的存在观，是一种新时代理想的审美的人生，一种'绿色的人生'。而其深刻内涵却是包含着新的时代内容的人文精神，是对人类当下'非美的'生存状态的一种改变的紧迫感和危机感，更是对人类永久发展、世代美好生存的深切关怀，也是对人类得以美好生存的自然家园与精神家园的一种重建。"真人秀节目多以户外场景为背景，与生态文明联系程度密切，一个节目的诞生往往带动着当地生态旅游的发展，生态旅游是立足于自然与人文环境，实现生态、经济、社会三重效益的统一，它以可持续发展为基础，发展旅游经济的同时保护生态环境，成为现代生活中一种更为积极的旅游消费方式。

最早兴起的野外生存类真人秀节目便是以多元的生态审美关系作为节目创意主题的。美国哥伦比亚广播公司于2000年5月推出的《幸存者》（Survivor）是最早被中国观众认识和接受的野外生存类真人秀节目。该节目从近万名应征者中挑选出16名参赛者，把他们送到无人居住的海岛或荒山野岭生活39天。剧组全程跟拍，记录选手们在野外生存及相互竞赛的过程，最终获胜者将获得100万美元的奖金。为强化"人与自然"的冲突，此类节目录制的地点多选择与世隔绝、人迹罕至的荒岛或原始森林等。自然环境越原始，生存条件越艰难，选手面临的挑战越大。为了自己的生存和最终获得胜利，选手不得不与自然做斗争，与对手相竞争。在这样的真人秀节目中，"人与自然""人与人"被设计成对立的关系。

不难看出，和西方人与自然"二元对立"的关系不同，"天人合一"是中国古典哲学、美学中的重要思想。季羡林曾指出："在天人的问题上，西方与东方迥乎不同。西方视大自然为敌人，要'征服自然'。东方则视大自然为亲属朋友，人要与自然'合'一。"因此，中国野外生存类真人秀节目摆脱了过去借鉴西方的残酷、单一的淘汰机制，更多地展现人与人、人与自然之间的和谐美妙关系，展现积极心态与生活化，挣脱了西方野外生存类真人秀节目中的道德瓶颈和人性负面的束缚。在《爸爸去哪儿》《人生第一次》《喜从天降》《明星到我家》等真人秀节目中，选手与自然、乡村形成亲密、和谐共处的关系，选手之间竞赛的过程减少了残酷、艰险的成分，多了温情。

虽然东西方文化差异较大，但是真人秀节目带来的各种效应是共同的，许多真人秀录制地变得火爆起来，吸引了很多游客参观，都是因为透过屏幕看到一个个原生态的地区，远离城市喧嚣，回归最原始的淳朴的生活，因此不难发现，对生态旅游的宣传其实无处不在。

三、真人秀中的生态文化蕴含

如今，国家倡导可持续发展，崇尚原生态的自然资源、原生态的民歌民风及原生态旅游等。因此，旅游产业中的生态旅游业得到了国家的大力扶持和推崇。在真人秀节目中，这些理念相互融会贯通，越发地重视起人与自然，人与人之间的关系。其中孕育的生态文化如下：

1. 敬畏自然之心

以金炳万的丛林法则和荒野求生为例，展示了在沙漠、沼泽、森林、峡谷等危险的野外境地，这极为恶劣的环境下，为脱离险境，设法寻找回到文明社会的路径。节目中主要展示出自然生态的危险性，让观众不仅有身临其境之感，同时也有敬畏自然之心。荒野求生节目中比较实用，也比较精彩的节目很多，其中最过于让观众受刺激的可能就是荒野求生之中的食物篇了，生吃鼻涕虫、蛇蛋以及各种昆虫，让人们感觉自己生活幸福的同时，也教会了人们一些生存的道理。人类应该时刻记住珍惜生活、敬畏自然。

2. 人与人之间的和谐之美

生态文化中，东方强调着人与人之间的和谐之美，不仅仅人与自然需要和谐共处，人与人之间更需要互帮互助。无论是人与自然，还是城市和乡村、城市人和农村人之间都应当建立一种尊重、平等、和谐、互助的关系。人与人之间的爱是可以跨越国度、跨越种族、跨越一切的。

观众在真人秀的节目互动中看到了城市人乡村人的不同，也看到了各个国家人民的不同，无论贫穷富贵，人与人之间的平等互助是永远值得被宣扬的。奉献出自己的一份力量，换来一个真正和谐的地球家园。

3. 宣扬保护环境和谐理念

以熊欣欣真人秀骑行节目《骑遇记》为例，该节目倡导环保出行，新颖的节目形式与贴近真实的生活元素，获得了极高的评价。同时，作为本次活动主持人的小颖子也深受感染，表示也将加入公益活动和骑行组织中，成为该活动的另一大亮点。作为本次节目主角的香港著名动作影星熊欣欣身体力行向大家倡导绿色健康生活。《骑遇记》沿途除了体验运动的乐趣，还会帮助许多贫困家庭，让他们能够对生活更加地充满信心。这样的节目势必将引起大家的响应，为我国生态文明事业的发展做出贡献。

真人秀节目作为一种传播形式，受众群体广泛，传播效应迅速，虽然特意为保护环境而做宣传的节目不多，但是相信在不久的将来这也会成为一种主流的宣传方式，带动观众和身边的人一起积极参与到公益环保事业中。

4. 推动生态旅游发展

为满足当下城市观众对优美的自然生态环境的向往，《爸爸去哪儿》《人生第一次》第一、二季中选择的外景地都是风景优美、自然生态极好的地方。兼具西北风光之雄美和江南景色之秀美；"鱼米之乡"云南文山普者黑被誉为"世界罕见、中国独一无二的喀斯特山水田园风光"，此外还有山东威海鸡鸣岛、黑龙江省牡丹江市雪乡、内蒙古呼伦贝尔大草原、浙江省丽水市云和县农村、云南省丽江市海打渔村等。

在航拍的画面上，辽阔的黄土高原、层层的梯田、壮观的山峦、茫茫的草原等，都让观众在不出门的情况下看到生态之美自然之美。这不仅仅是一种精神上的旅行，同时也刺激了观众走出家门去旅行的需求。不仅如此，随着真人秀节目的火爆热播，节目中的旅游目的地被许多人熟知，吸引了大批游客参观，推动了乡村城市的旅游发展，也激起了生态文明旅游的兴起。

四、真人秀节目的生态评价

有人说过，人类的命运并不掌握在自己手中，也正因为如此，人类更应该认识到自己和自然之间的关系。人们的智慧可以改变人们的生存方式，却改变不了人们的微不足道；人们选择不了最终的命运，却可以选择和自然的关系。

真人秀节目作为电视节目的一股新潮流，它负载一个国家的哲学思想、文化精神、价值标准以及情感方式，展现出本民族的文化气质和精神风貌。结合创作者的创作思路，意识形态，自然界无尽的意蕴，加上人们自身的生命体验，基于自然之美，成于影像传播的自然之美在人们的心灵世界开疆扩土，陶冶人们的情操指向生态文化，为生态文化的传播奠定审美基础。

国内现有比较著名的影视旅游城多数为人工建造，自然生态景观甚少。有些基地甚至有游客止步游览的规定，影视旅游城仅供拍摄使用。这样的规定造成影视景观资源的浪费，违背资源的共享性。虽然生态旅游因为受到这些影视作品的影响而传播开来，但是真正的生态旅游应该不止步于此，反而资源的浪费违背了生态旅游的基本意向。

真人秀作为影视作品的一种形式如一股清流般脱颖而出，以大自然作为纯天然背景，以人与人之间美好的互动作为吸引点，让观众情不自禁地想到节目拍摄地参观游览，也会因为真人秀节目中淳朴的民风而深受感动，这种积极的影响潜移默化地改变着观众。这大概是真人秀最不同于其他作品的特点。

古人遍游名山大川才能寄情山水，今人打开电视，轻轻按动遥控器就能环游世界，真人秀节目特有的带入感是其独特之处。但是，虽然传达了生态文化，并且具有很好的视听效果，但其对于生态文化的诠释不够具体和深刻，对现存的生态问题的解决效果不显著，真人秀中表现保护环境的主题已经成为一种艺术表现形式。应该将生态文化表现到节目中，唤起大众环境保护的意识和危机感，才是一种符合时代要求的表现。因此，在生态效益的基础上开发具有丰富的自然、人文资源，同时兼具拍摄、游览、体验和放松等多功能、综合性的生态旅游基地已刻不容缓。

"人与自然"这个主题的重要性，对人类的意义要远远大于对自然的意义。作为自然界的一部分，作为高等的智慧生命，传播生态文化，建立生态文明，实现人与自然和谐发展，这才是人们真正顶天立地的选择。而真人秀节目，最大程度上真实地还原了人类与自然、人类之间的互动，它独特的吸引力激发投资者的热情并促进相关管理体制的创新，还可能创造出 1+1=3 的经济效益、生态效益和社会效益。激发着越来越多的观众参与旅游的热情，他们乐衷于身临其境地感受所喜爱真人秀中那些原生态的自然风光，享受在那里进行观光、休闲、度假等活动。真真正正地让游客远离城市喧嚣嘈杂的生活，亲密接触大自然。这都为生态文化的宣传起到推动作用。

第六章

从生态文化影视作品中反思生活

　　随着科技的发展，人类的生活变得越来越便利，但与此同时生态环境的恶化也严重地威胁到了人类的生存与发展。为了使这种恶化减速甚至不再持续，减少其对人类生活的威胁，此时，生态意识应人类的求生潜能诞生了，并迅速渗透到哲学、伦理学、社会学、环境学和文学等多个社会科学领域。但由于生态系统理论需要许多学科领域的共同支撑，其本身专业性极强的术语和深奥的学理令普罗大众难以明白，因此如何将如此复杂的东西化为简单的语言让大众明白成为当务之急。此时生态批评出现。生态批评是一种人类反思文化，传播生态理念的利器。在其发端的早期，生态批评是旨在通过人民对文学作品的反思来解决人与自然的关系问题。但是文学作品的传播有一定的局限性，很多文学作品的传播都只是在一定的文化圈进行。而想要让更多的普通老百姓理解生态文化，树立生态意识，生态批评就应该扩展其视野，容纳更多的生态围堵来发散生态思维。此时生态影视的优势就展现出来了，通过借助图像、声音和其他影像语言，将生命科学和环境科学等前沿科研成果中抽象的难以理解的概念、生僻的术语和深奥的道理形象化、简易化，同时全方位调动人们的感官功能，让人感受到多方面的、复合型的艺术熏陶。这种处理方法不仅简单，而且其深入人心的地步也是普通文学作品难以达到的。生态批评的影视新思维通过对影视作品本身及其赏析来凸显生态文化的厚重理念，教育并启发人类生态保护的重要性。借助新兴媒体等现代化手段来传播生态理念，鞭挞了人类贪欲和罪恶。生态批评和生态影视的结合，是一种新时代的历史性革新。很多以生态危机为题材的作品都会通过影视这一形象的平台传递生态和谐的观念。

　　在2009年一上映就各种打破票房纪录的电影《阿凡达》，是一部关注现代生态环境问题的电影作品。人类贪恋潘多拉星球上丰富的矿产，但是却又因为潘多拉星球上的环境恶劣，并且人类本身不能和潘多拉星球上的土著纳美人流畅地交流，所以派了一个人类当卧底，将他的意识植入到一个人类和纳美人的基因混合克隆体内，让他能被纳美人接受，从而让人类能够肆意开发潘多拉星球上的资源。这个卧底最后归顺了纳美人，人类却无法接受，发兵攻打了潘多拉星球，祈求用武力来占领这个美丽的星球。影片里因人类的贪婪而对环境造成了破坏,原本美丽宁静的潘多拉,却成了遍地流血牺牲的灾区,人类对纳美族的血腥杀戮,带给了观众很多的感触。影片的结尾,纳美族获得了胜利,潘多拉重回往日的安宁。阿凡达的导演——卡梅隆,在影片中展现了他对生命的敬畏,宣扬了包括植物在内的所有生命都是神圣的、平等的、没有人类主观赋予的高低贵贱之分的生态哲学观。里面男主角杰克对那些试图占领潘多拉星球的人类的背叛,最终成为一名纳美人,是一种人类从自我中心意识的执迷不悟的觉醒,并向生态中心意识移动的旅程。这部影片遣责了贪婪和欲望、侵略和移民,彰显正义和良善,唤醒了人类与自然相通的意识,呼吁了更多人类去关注生态问题,保护自然。

如果说《阿凡达》中的人类已经够贪婪,那么《猩球崛起》中人类的贪婪则有过之而无不及。影片中,人类为了研制自己认为新型的科技技术成果,不惜一切代价地掠夺大自然的资源,同时对黑猩猩大开杀戒。然而在这个技术开发研制的过程中,黑猩猩加快了其进化的速度,成为与人类拥有一样聪明才智的生命体,并为了自己生存的权利与人类展开了搏斗。自以为是的人类认为自己可以掌握这个世界上的一切生死大权,却最终因为自己所做的一切被自己曾经所鄙夷的猿族打败了,成为可悲、自私的小丑形象。猩猩凯撒聪明、善良、正义,他一开始也希望能够和人类交流,希望能够和人类和谐共处,然而他却在人类眼里看到了冷酷、自私、无情、残忍。正是因为人类对他的无情伤害,才令他走向了人类的反面。影片是对人类征服自然的一种批判。人类自大到认为自己能够扭转,推进或是掌握自然的法则,从而不顾一切后果的前进,却因此付出了代价。

然而这种生态批评不只出现在真人电影中,动画作品中这种对于人与自然的思考也不罕见。皮克斯工作室的动画电影《机器人总动员》也有着对人类对自然破坏的控诉。人类对地球的破坏最终使得地球遍地垃圾无法居住,人类自己逃向了外太空,留下了瓦力一个机器人去处理这满目疮痍的场面,地球成为人类文明进化的牺牲品。人类沦为科学技术下的傀儡和工具,失去了自我,也失去了家园。人类耗尽心力去研究科学,然而可笑的却是这并没有带给他们多大的快乐,他们的生活甚至不如一个每天处理垃圾的机器人有乐趣,他们自以为过上了理想的生活,有着机器人处理他们的饮食起居,早上只要睁开眼睛,其他什么的都不用做,就能享受到周到的服务,但是这种生活却让他们失去了自我,成为与机器人没有什么区别的生物。于是他们开始寻求回到地球的方法,因为只有回归到地球,他们才能重新过上曾经有意义的生活,因此他们派来伊芙去探测地球是否重新具备能够让人生活的能力。最后他们重新回到了地球,然而这一次他们是否会珍惜这个星球,却没有人能够知道。这种对在科技高速发展的年代人类精神生活的匮乏和生态信仰的扭曲的控诉是多么掷地有声。

动画大师宫崎骏在其作品创作中,总有着难以化解的生态情结,他的动画充满了对人性的关怀，人与自然的互相辉映。《幽灵公主》中，人类对大自然无情的摧残、触犯，使得原本善良的神物变得凶残，成为灾难。猪神拿各因被幻姬的铁珠所射杀，才变成了散播仇恨和诅咒的魔崇神，所到之处，草木皆毁，并到处害人；西关的猪神乙事主，是个五百岁的智者。在拿各死后，它带领着森林中的野猪们为保卫森林而战，但还是中了伞子道士们的诡计，死后亦变成了"魔崇神"。麒麟兽一直保护着森林的安全，是森林的保护神，但当被人类猎走头颅后，它却化成黏液毁掉了整个森林，所有的灾难都因人类而生，人类是这些灾难的始作俑者。有了灾难也就会有拯救，影片通过了一场人神大战完成了救赎的任务。然而尽管森林得到了拯救，却并不代表人类给森林带来的种种伤害就能一笔勾销。人类和自然的矛盾依然没有被解决，无论是神还是人都不能说是获取了胜利，神人两败俱伤，姗因无法原谅人类破坏森林的罪行，选择回到森林中。人与自然互相对立的结局也让人深省，警醒着人类不要走到那条绝路。

然而宫崎骏本人并不是否定主义者和悲观主义者，在他的其他作品中，人与自然的和谐相处处处可见。比如在让他获得了电影界中的最高荣誉奥斯卡最佳动画长片的电影《千与千寻》中，人与生态的和谐就随处可见。千与千寻表面上是一个少女的奇幻历险，但其实往更深一层讲，千与千寻其实是一个人与自然的故事。一开始白龙让千寻免遭他人毒手，帮助她在油屋找到了工作，让千寻能够挽救自己的父母，到后来千寻救助了濒死的白龙，唤起他的名字，让他重新记起过去的记忆。千寻与白龙相遇到相爱，再到分别，白龙在这个故事中担当着大自然的角色，他俩的故事是一种对人与自然的和谐的关系的影射。而片中的反派汤婆婆与白龙的故事是另一种人类与自然的关系的影射，汤婆婆代表的是人的贪念和欲望，她控制着白龙，强行让白龙做一些违背他本意的事情，这就像是在现实生活中，人类会为了自己的利益，依照自己的意愿去改造自然。但是白龙在这个过程中也并非没有好处，汤婆婆在事成之后会传授给他法术，法术的增强也让他获益不少，但是他却失去了以前的单纯和明朗，不复从前的纯真，就像是有时候对自然的改造虽然让自然在一定程度上朝着良性方向发展，但是却违背了自然定律。在白龙和汤婆婆的故事的结尾，白龙获得了自由，但他也没有找汤婆婆报复，他没有为汤婆婆拿到魔法印章，而汤婆婆也没有因此惩罚他。这样的结尾体现了人与自然的互相宽容。这也是宫崎骏先生所推崇的一种人与自然和谐的乌托邦式的自然世界。宫崎骏先生一向认为，人类不应该有依照自己的意愿随意改造自然的权利，无论这种改造在短期内会带给自然好处还是坏处。他推崇一种人类与自然能够沿着正常的轨道前行，就像是千寻与白龙的关系一样，互惠互利。

然而像《千与千寻》这种人与自然和谐相处的电影也不会仅局限于动画世界这个理想王国之中。为我国人民所熟知的法国电影大师吕克贝松也曾多次在自己的电影作品中植入自己的生态意识。《碧海蓝天》中体现了他的人与自然和谐共处的生态意识。《碧海蓝天》是一部美轮美奂的自然之歌,而在这部作品中,海不仅是一片汪洋,更是对人类命运的折射,对自然生命的敬仰。主角杰克从小热爱大海,这也使得他与好友恩佐成了潜水员。他对大海的爱在他遇到了乔安娜之后就无法掌控,他不知道该如何抉择,然而在恩佐因潜水去世之后,他不再彷徨,他选择了向海而生,投向大海,也许在肉体上他是死亡了,但是在精神上他却在海中永生了。电影里面两位潜水员杰克和恩佐对大海的态度也让人深思,杰克选择潜水是因为对大海的热爱,是因为他内心里对大海的亲近,但是恩佐对大海的爱却是有攻略性的,他只想战胜大海,打破自己的局限,驾驭在大海之上,他更像是人类普遍在大自然中扮演的角色,为了自己不惜牺牲自然。然而杰克对海洋的纯粹爱,是一种人与自然的内在和谐相处的体现,在他的生命中,他已经不能离开海洋,他与海洋在内心上是一体的。人与自然何尝不是一体的,我们并不需要征服自然来告诉别人我们有多强大,我们需要做的是尊重,亲近自然。我们不用像杰克一样,用生命来表达自己对自然的尊重,我们只需要将我们的尊重化为日常的行动。

但是以上的电影在让观众反思生态问题的同时,片中拍摄的优美的环境也吸引了不少观众,从而推动了拍摄地的生态旅游发展。张家界借助阿凡达片中"悬浮山"原型地为张家界乾坤柱的事实,开展了质疑导演、悬赏10万、经典更名、阿凡达之旅等一系列旅游营销活动,通过央视《新闻1+1》、联合早报等境内外媒体的竞相报道,激发了广泛的关注和争议。更因为《阿凡达》片中环境优美,万物生长的潘多拉星球和现实生活中污染严重,灾难频生的地球形成严重对比,唤起了人们的环保意识,所以张家界推广的这个生态旅游取得了很多游客的赞同,生态绩优度达到了4.89。张家界借助阿凡达的热度推广的这个旅游项目,在境外取得了广大接受度,张家界也因此在境外增加了自己的知名度。宫崎骏的影片中很多优美的景点,都来自现实生活中日本的某些景点,宫崎骏的电影不仅让人警醒要保护地球,更维护了其取景地的良好生态并推动了当地的旅游业。很多宫崎骏的影迷都会选择去宫崎骏取景的地方朝圣,而很多被取景的地方也会将其作为卖点来推广当地的旅游业。比如说日本的屋久岛,是《幽灵公主》的取景地之一,也是日本第一个被列入世界遗产的地方,其生态保持非常完好,还有日本的濑户内海,是《悬崖上的金鱼姬》的取景地,该作品是宫崎骏因为对人们漠视海洋环境无比失望而构想出来的,然而濑户内海的环境优美,生态环境完好,还有埼玉县、轻井泽等地方,现在的生态环境保持得都非常完好,其中也有宫崎骏的不少功劳在里面。吕克贝松拍摄的《碧海蓝天》不仅发人深省,更带动了其拍摄地西西里岛的旅游业发展,直至今日,碧海蓝天的拍摄地依然保持其原本的生态环境。2001年上映的《指环王》电影也为其拍摄地新西兰的生态旅游推广带来了不少贡献。在《指环王》之前,新西兰的旅游业几乎为零,然而在《指环王》上映之后，不少观众被影片中的景色所吸引，纷纷前往新西兰旅游，带动了新西兰的旅游业。同时因为旅游业的发展，使得新西兰当地政府也十分重视当地的生态环境保护，以免其遭到破坏使游客流失。

  从电影中折射出的创作者的生态思想，不仅能够让人反思生态保护问题，其影片中所拍摄的优美的环境更能推动当地旅游业的发展。并且因为片中传输的生态观念，使得人们在旅游途中会下意识地保护当地生态环境，帮助维持其生态环境，从而使得当地生态旅游业发展越来越旺盛，吸引更多的游客，形成一种在经济上和生态上都取得良好收益的共赢局面。

参考文献

[1] Crutzen P J, Stoermer E F. The "Anthropocene" [J]. IGBP Newsletter, 2000, 4: 17-18.

[2] Kates R W, Clark W C, Corell R, et al. Environment and Development: Sustainability Science [J]. Science, 2001, 292 (27): 641-642.

[3] Vitousek P M, Mooney HA, Lubchenco J, et al. Human Domination ofEarth's Ecosystems [J]. Science, 1997, 277 (5325): 494-499.

[4] 唐建荣. 生态经济学 [M]. 北京: 化学工业出版社, 2005.

[5] Western D. Human-modified Ecosystems and Future Evolution [J]. PNAS, 2001, 98 (10): 5458-5465.

[6] 张志强, 徐中民, 程国栋. 可持续发展下的生态经济学理论透视 [J]. 中国人口·资源与环境, 2003, 13 (6): 1-7.

[7] Gibson R. Should Environmentalists Pursue Sustainable Development? [J] Probe Post, 1991: 22-25.

[8] Gibson R. Specification of Sustainability-based Environmental Assessment Criteria and Implications for Determining "Significance" in Environmental Assessment. Canadian Environmental Environmental Assessment Agency, Ottawa.Monograph Prepared Under a Contribution Agreement with The Canadian Environmental Assessment Agency R&D Programme, revised January, 2002.

[9] Lélé S M. Sustainable Development: A Critical Review [J]. World Development. 1991, 19: 602-611.

[10] Stephen C F, Costanza R, Matthew A. W. Economic and Ecological Concepts for Valuing Ecosystem Services [J]. Ecological Economics, 2002, 41 (3): 375-392.

[11] Costanza R. Social Goals and the Valuation of Ecosystem Services [J]. Ecosystems 2000, 3: 4-10.

[12] Low B S.Why SexMatters: ADarwinian Look at Human Behavior [M]. Princeton University Press, Princeton, NJ. 2000.

[13] Ehrlich P, Raven P. Butterflies and plants: A Study in Co-evolution [J].

Evolution, 1964, 8: 586-608.

[14] Daily G C (ed). Nature's Services: Societal Dependence on NaturalEcosystems [M]. Washing, DC: Island Press, 1997.

[15] Brown M T, Herendeen R A. Embodied Energy Analysis and Energy Analysis: A Comparative View [J]. Ecological Economics, 1996, 19, 219-235.

[16] Schumpeter J A. History of Economic Analysis [M]. Oxford University Press, New York, 1978.

[17] Blaug M. Economic Theory in Retrospect [M]. Irwin, Homewood, IL, 1968.

[18] Loewenstein G, Prelec D. Negative Time Preference. American Economic Review [J]. 1991, 81 (2): 347-352.

[19] Gibson R.Squaring the circle ? Some Thoughts on the Idea of Sustainable Development [J]. Ecological Economics, 2004, 48 (4): 369-384.

[20] Pearce D W. Blueprint: Measuring Sustainable Development [M]. London: Earthscan, 1993.

[21] Tisdell C. Conditions for Sustainable Development: Weak and Strong [A]. In: Drsgun A K, Tisdell C ed. Sustainable Agriculture and Environment [C]. Cheltenham: Edward Elgar Publishing Ltd, 1999.

[22] Solow R. Sustainability: An Economist's Perspective. In: Dorfman R, Dorfman N (Eds.), Selected Readings in Environmental Economics [C].Norton, New York, 1993.

[23] Costanza R. The Value of the World's Ecosystem Services and Natural Capital [J]. Nature, 1997b, 387 (6630): 253-260.

[24]Daly H. On Wilfred Beckerman's Critique of Sustainable Development [J]. Environ Values, 1995, 4 (1): 49-55.

[25] Gowdy J. The Revolution in Welfare Economics and Its Implications for Environmental Valuation and Policy [J]. Land Econ. 2004, 80 (2): 239-257.

[26] Ehrlich P, Ehrlich A. The Population Explosion [M]. Simon and Schuster, New York, 1991.

[27] Robinson J. Future Subjunctive: Backcasting as Social Learning [J]. Futures, 2003, 35 (8): 839-856.

[28] Faucheux S, Nicola R I. Environmental Technological Change and Governance in Sustainable Development Policy. Ecological Economics [J], 1998, 27 (3): 243-256.

[29] Allenby B, Richards D J. The Greening of Industrial Ecosystems [M].

National Academy Press, Washington, 1994.

[30] Hawken P, Lovins A. Natural Capitalism: The Next Industrial Revolution [M]. Little, Brown, New York., 1999.

[31] Rosenberg N.Innovative Responsesto Materials Shortages [J].American Economic Review, 1973, 13(2): 11-18.

[32] Solow R. Intergenerational Equity and Exhaustible Resources [J]. RevEcon Stud, 1974, 41: 29-46.

[33] Stiglitz J. Growth with Exhaustible Natural Resources: Efficient and Optimal Growth Paths [J]. Rev Econ Stud, 1974, 41: 123-157.

[34] Cohen S, Demeritt A, Robinson J, et al. Climate Change and Sustainable Development: Towards Dialogue [J]. Global Environmental Change, 1998, 8(4): 341-371.

[35] Daly H E. Steady-State Economics [M].W.H. Freeman and Co., SanFrancisco, 1977.

[36] Daly H E. Allocation, Distribution, and Scale: Towards an Economics That is Efficient, Just, and Sustainable [J]. Ecological Economics, 1992, 6(3): 185-193.

[37] R pke I.Trends in the Development of Ecological Economics from the Late 1980s to the Early 2000s [J].Ecological Economics, 2005, 55(2): 262-290.

[38] Odum HT. Environment, Power, and Society [M].New York: Wiley-Interscience, 1971.

[39] Wackernagel M, Rees W. Our Ecological Footprint, Reducing Human Impact on the Earth [M].New Society Publishers, Gabriola Island, BC, 1996.

[40] Vitousek P M, Ehrlich P R, Ehrlich A H, et al.Human Appropriationof the Products of Photosynthesis [J]. Bio-Science, 1986, 34(6): 368-373.

[41] Clark C W. Renewable Resources and Economic Growth [J]. Ecological Economics, 1997, 22(3): 275-276.

[42] Andersen P. Beyond Local Knowledge and Institutional Reach: Micronutrient Disorders in Hill Agriculture [R]. In: RegionalConference on Physical Mobility and Development in the Mountains, Kathmandu, 2000.

[43] Hjorth-Andersen C. Forureningskonomi [M]. AkademiskForlag, Copenhagen, Denmark, 1975.

[44] Frey B, Stutzer A. Happiness and Economics: How the Economy andInstitutions Affect Well-Being [M]. Princeton University Press, Princeton, NJ, 2002.

［45］Welsch H. Preferences Over Prosperity and Pollution：Environmental Valuation Based on Happiness Surveys［J］.Kyklos, 2002, 55（4）：473–494.

［46］Johansson-Stenman O. What Should We Do with Inconsistent, Non-welfaristic, and Undeveloped Preferences. In：Bromley D, Paavola J（Eds.）, Economics, Ethics, and Environmental Policy［M］.Blackwell, Oxford, UK, 2002.

［47］Brander J, Taylor S.The Simple Economics of Easter Island：a Ricardo-Malthus Model of Renewable Resource use. American EconomicReview［J］, 1998, 88（1）：119–138.

［48］Nelson R, Phelps E. Investment in Humans, Technological Diffusion, and Economic Growth［J］.American Economic Review, 1966, 56（2）：69–75.

［49］于贵瑞，谢高地，于振良，等．我国区域尺度生态系统管理中的几个重要生态学命题［J］.应用生态学报，2002, 13（7）：885–891.

［50］Ecological Topic on Regional Scale EcosystemManagement in China［J］. Chin J Appl Ecol, 2002, 13（7）：885–891.

［51］Palmer M, Bernhardt E, Chornesky E. Ecology for a Crowded Planet［J］. Science, 2004, 304（28）：1251–1252.

［52］World Commission on Environment and Development. Our Common Future. Oxford University Press, Oxford, 1987：31–54.

［53］冯凌，成升魁．可持续发展的历史争论与研究展望［J］.中国人口·资源与环境，2008, 18（2）：208–214.

［54］季燕霞．福利经济学研究议题的动态演进［J］.学术论坛，2004（2）：74–77.

［55］刘钧．西方福利经济学发展浅探［J］.中央财经大学学报，2001, 3：6–11.

［56］Sen A K. The Possibility of SocialChoice［J］. American Economic Review, 1999, 89（3）：349–378.

［57］Ng Y K. Welfare-reducing growth despite individual andgovernment optimization［J］. Soc Choice Welf, 2001, 18（3）：497–506.

［58］Pearsall S H. In Absentia Benefits of Nature Preserves：a Review［J］. Environmental Conservation, 1984, 11（1）：3–10.

［59］Costanza R（Ed.）. Ecological Economics. The Science and Management of Sustainability［M］. Columbia University Press, NewYork. 1991：2–5.

［60］Turner R K, Paavola J, Cooper P. Valuing nature：lessons learned and future research directions［J］. Ecological Economics, 2003, 46（3）：493–510.

［61］杨建新，王如松．生命周期评价的回顾与展望［J］．环境科学进展，1998，6（2）：66-73．

［62］王如松．复合生态系统与循环经济［M］．北京：气象出版社，2003．

［63］于贵瑞．生态系统管理学的概念框架及其生态学基础［J］．应用生态学报，2001，12（5）：787-794．

［64］IPCC. 2007a. Climate Change 2007：The Physical Science Basic. Cambridge：Cambridge University Press.

［65］杨光梅，闵庆文，李文华．我国生态补偿研究中的科学问题［J］．生态学报，2007，27（10）：4289-4300．

［66］Smith A. An Inquiry into the Nature and Causes of the Wealth of Nations［M］．P. F. Collier & Sons，New York，1909.（Originally published in 1776）.

［67］萨伊．陈福生．政治经济学概论［M］．陈振骅，译．北京：商务印书馆，1997．

［68］Ayres R，Kneese，A.V. Production, consumption and externalities［J］．American Economic Review，1969（59）：282-297.

［69］Holder J，Ehrlich P R. Human population and global environment［J］．American Scientist，1974，62（3）：282-297.

［70］Westman W E. "How much are nature's services worth？"［J］．Science，1977，197：960-964.

［71］Schultz T W Investment in Human Capital［J］．American Economic Review，1961，51（1）：1-17.

［72］欧阳志云，王如松，赵景柱．生态系统服务功能及其生态经济价值评价［J］．应用生态学报，1999，10（5）：635-640．

［73］柯林·克拉克．经济进步的条件［M］．北京：商务印书馆，1957．

［74］马克·波拉特．信息经济论［M］．李必祥，等，译．长沙：湖南人民出版社，1987．

［75］陈继勇．知识经济对美国经济周期的影响［J］．世界经济，2002（11）：43-46．

［76］吴楚材，吴章文，郑群明，等．生态旅游概念的研究［J］．旅游学刊，2007（1）：67-71．

［77］卢小丽，武春友，Holly Donohoe．生态旅游概念识别及其比较研究——对中外40个生态旅游概念的定量分析［J］．旅游学刊，2006（2）：56-61．

［78］王金伟，李丹，李勇，等．生态旅游：概念、历史及开发模式［J］．北京第二外国语学院学报，2008（9）：24-30．

［79］胡茂伟．生态旅游兴起的背景分析［J］．太原城市职业技术学院学报，

2010，11：64-65.

［80］徐文君，张秀萍，何灵.论生态旅游、生态旅游系统及其基本特征［J］.内蒙古林业调查设计，2006（2）：66-68，70.

［81］唐卫东.生态旅游内涵及基本特征探析［J］.消费导刊，2010（7）：34-35.

［82］郭来喜.中国生态旅游——可持续旅游的基石［J］.地理科学进展，1997（4）：3-12.

［83］卢云亭.生态旅游与可持续旅游发展［J］.经济地理，1996（1）：106-112.

［84］高峻，孙瑞红.生态旅游学［M］.北京：高等教育出版社，2010.

［85］张建萍.生态旅游理论与实践.2版［M］.北京：中国旅游出版社，2003.

［86］张建萍.生态旅游［M］.北京：中国旅游出版社，2008.

［87］卢云亭，王建军.生态旅游学［M］.北京：旅游教育出版社，2001.

［88］赵爽，董鑫，苏欣慰，等.国内外生态旅游研究现状比较［J］.资源开发与市场，2013.

［89］卢学爽，王力峰.国内生态旅游研究综述［D］.桂林：桂林理工大学，2013.

［90］张建萍，朱亮.国内生态旅游研究文献综述［J］.旅游论坛，2009，2（6）.

［91］钟林生，马向远，曾瑜皙.中国生态旅游研究进展与展望［J］.地理科学进展，2016，35（6）.

［92］程德年.基于CiteSpace的国内生态旅游研究计量分析［J］.旅游论坛，2016，9（1）.

［93］陈希，李林.国内生态旅游研究现状及趋势［J］.安徽农业科学，2010.

［94］黄金火，杨新军，马晓龙.国内外生态旅游研究的问题及进展［J］.生态学杂志.2005.

［95］马勇，李玺.旅游规划与开发［M］.北京：高等教育出版社，2006.

［96］李建华，董明辉.区域生态旅游规划及发展趋势［J］.湖南文理学院学报（社会科学版），2005，30（6）：27-34.

［97］严力蛟.生态旅游学［M］.北京：中国环境科学出版社，2007.

［98］Burch W R. Wilderness — The Life Cycle and Forest Recreational Choice［J］. Journal of Forestry，1966，64：606-610（5）.

［99］Forman R T T. Ecologically Sustainable Landscapes：The Role of Spatial Configuration［M］// Changing Landscapes：An Ecological Perspective. New York：Springer，1990：261-278.

［100］肖笃宁，钟林生.生态旅游与景观生态学研究［J］.科学新闻，2000

（5）：5-5.

［101］韩文权，常禹，胡远满，等.景观格局优化研究进展［J］.生态学杂志，2005，24（12）：1487-1492.

［102］沙润，吴江.城乡交错带旅游景观生态设计初步研究［J］.地理与地理信息科学，1997（3）：53-56.

［103］刘忠伟，王仰麟，陈忠晓.景观生态学与生态旅游规划管理［J］.地理研究，2001，20（2）：206-212.

［104］吴必虎.旅游生态学与旅游目的地的可持续发展［J］.生态学杂志，1996（2）：37-43.

［105］爱德华·因斯克普，马克·科伦伯格.旅游度假区的综合开发模式：世界六个旅游度假区开发实例研究［M］.北京：中国旅游出版社，1993.

［106］田里，李常林.生态旅游［M］.天津：南开大学出版社，2004.

［107］韦艳.旅游的可持续发展与生态旅游环境容量研究［D］.成都：成都理工大学，2010.

［108］赵路.生态旅游景区生态旅游环境承载力研究及其应用［D］.杭州：浙江大学，2008.

［109］李春茂，明庆忠，胡笃冰.生态旅游环境容量的确定与量测［J］.林业建设，2000（5）：21-25.

［110］王平.体验导向型生态旅游开发模式的探讨.［J］.经济研究导刊，2011（19），158-159.

［111］李先跃.体验式生态旅游探讨.［J］.中国林业经济，2010，7（4）：36-38.

［112］周勤勤.体验式生态旅游的探讨.［J］.生态与环境工程，2010（19），211-213.

［113］谢彦君.旅游体验研究——一种现象学视角的探讨.［M］.天津：南开大学出版社，2005.

［114］薛玉梅.从旅游动机中再看生态旅游［J］.贵州民族学院学报，2005（1）：111-114.

［115］邱萍，梁平芳.浅析生态旅游市场的旅游动机［J］.商场现代化，2007（36）：243-244

［116］李燕琴.生态旅游者与一般游客行为特征的比较——以北京市百花山自然保护区为例［J］.经理地理，2007（7）：665-671

［117］李明辉，谢辉.中外生态旅游者动机与行为的比较研究［J］.旅游科学，2008（6）：18-23

［118］熊鹰.生态旅游承载力研究进展及其展望［J］.经济地理，2013（5）：

174-181

［119］佟敏，宋东宁.休闲旅游与生态旅游比较研究［J］.中国林业经济，2008（1）：8-10

［120］肖朝霞，杨桂华.国内生态旅游者的生态意识调查研究：以香格里拉碧塔海生态旅游景区为例［J］.旅游学刊，2004，19（1）：67-71.

［121］陈楠，乔光辉.大众旅游者与生态旅游者旅游动机比较研究——以云台山世界地质公园为例［J］.旅游与文化地理，2010（8）.

［122］文军，李星群.生态旅游体验差距分析及管理启示［J］.旅游论坛，2009（1）：26-29.

［123］张建萍，吴亚东.体验经济时代的生态旅游发展模式［J］.社会科学家，2009（12）：82-85.

［124］王立龙.生态旅游体验研究进展［J］.安徽农业科学，2012（30）：14827-14829，14832.

［125］黄震方.关于旅游业可持续发展的环境伦理学思考.［J］旅游学刊，2001（2）.

［126］杨丽娟，赖斌.论儒家"仁礼观"与生态旅游环境伦理体系构建.［J］生态经济，2005（10）.